澄明集

Cheng Ming Ji

曾扬华 著

中国出版集团 东方出版中心

目录

解读《论语》的首篇首章

　　孔子是先秦时期儒家的创始人,他当之无愧的是中国历史上影响最大的思想家,同时也是有名的政治家。他曾在鲁国为官,因难以实现他的政治主张,曾带了十几个弟子周游诸侯列国达十四年之久,始终未能施展其抱负。《论语》中记载了许多他关于为政的主张。孔子自然还可以称得上许多其他的"家",但他影响最大、最为人所称道的恐怕还是一个教育家。他晚年退居鲁国,除了整理修订文献,就是设帐授徒。他有弟子三千,贤人七十二,诸侯各国的人都慕名而来求学其门下。他是私学的创设者,为打破"学在官府"作出了重大的贡献。然而为人谦逊的孔子却曾不无自豪地说:"默而识之,学而不厌,诲人不倦,何有于我哉?"(《论语·述而》)正是这种"诲人不倦"的精神,使他获得了长久的尊崇,被奉为"万世师表"。虽经过五四运动的"打倒孔家店"和"文革"的"批孔""批儒"的重大劫难,但始终不能消弭孔子的现实影响和历史地位,倒是那两股批判潮流很快便烟消云散了。

　　《论语》记录了孔子及其弟子们的思想和言行,它是研究孔子思想的主要根据。作为一本具有重大影响的儒家经典,《论语》中必然会记录孔子有关这方面的许多言论,事实也确是如此。《论语》的篇章结构表面上似乎显得比较松散而不严谨,但认真加以考察又并不完全如此。《论语》共二十篇,试看它的第一、二篇《学而》和《为政》,讲的便是治学与治国之道。这正是孔子思想中的重要内容。据此推而论之，首篇《学而》的第一章理所当然更是应该集中在"学"字上做文章。事实是否如此呢？我们且看看《学而》第一章的原文。它只有三句话：

> 子曰："学而时习之，不亦说乎？有朋自远方来，不亦乐乎？人不知而不愠，不亦君子乎？"

这三句话从表面文字上看，是说了三件事，一是说学习，二是说朋友，三是说君子的气度，这三件事孤立地存在，彼此之间没什么关联。历来众多的《论语》注家、甚至是名家，大抵也是这么看的。试分别举古今各一例：

古代的如朱熹撰《四书章句集注》，这是注解"四书"的权威著作，对后世影响甚大，它在注解该章第二句时说：

> 朋，同类也。自远方来，则近者可知。程子曰："以善及人，而信从者众，故可乐。"又曰："说在心，乐主发散在外。"

这意思是说，朋友之所以会从远方来，是因为这个人能够"以善及人"，是个很好的人，所以远近的人都愿意接近他。可见和第一句"学而时习之"的事毫不相干。对第三句的解释也主要是说如何通过"成德"而成为君子。

今人有代表性的看法，如 2008 年出版的《名家批注论语》，主要集中了朱熹、何晏等名家的批注，还配以"译文"和配图。其"编者的话"中说：

> "学而时习之，不亦说乎？有朋自远方来，不亦乐乎？人不知而不愠，不亦君子乎？"强调学习，重视人情，追求君子风范——《论语》开篇就给出为人处世的内容和原则。

　　这里说得十分清楚:孔子的三句话,说了三件事,虽然都重要,却互不相干。它的看法,其实也是继承了朱熹等人的传统说法,只是表达得更为简单明白罢了。因此可以说,这些名家的观点,就代表了从古以来对这三句话的解释的主流看法。

　　这种看法从字面上来说,自然说得过去,但却未必能得其要领,即未必能说到点子上。因为孔子作为一个伟大的教育家,自必非常重视学习,正因为如此,全书二十篇,单把《学而》(即"学而时习之"的简称)放在全书之首,就不是偶然的了。《学而》篇居首的重要性,还体现在该篇共十六章,却有五六章都谈到"学习"或与之相关的内容,正是要突出该篇之所以居首的重要根据。既然如此,怎么可以理解首篇居首章地位的三句话,只一句说到学习,而第二、三句却与之无关,这是绝对不可思议的,这样就完全冲淡了作为首篇首章的意义,是不符合《论语》一书编者的本意的。

　　根据以上的分析,我们对《学而》篇首章的三句话就可以得出与历来看法完全不同的全新理解:这三句话说的不是互不相干的三件事,而是一件事,以及互有关联的三个方面,它们共同组成一个以"学"为中心的有机体系。对此,我们需要逐句加以阐释并串联起来才能说得明白。

　　第一句:"学而时习之,不亦说乎?"一个"学"字,占了全书第一篇第一章的首位,足见它在孔子心中、《论语》书中的主要地位。事实也是如此,在《论语》全书中,从不同角度说到"学"的重要性的地方还有许多,如:

　　　子曰:"学而不思则罔,思而不学则殆。"(《为政》)
　　　子曰:"吾尝终日不食,终夜不寝,以思,无益,不如学也。"(《卫灵公》)
　　　子曰:"小子!何莫学夫诗?诗,可以兴,可以观,可以群,可以怨。迩之事父,远之事君。多识于鸟兽草木之名。"

（《阳货》）

　　子曰："由也，女闻六言六蔽矣乎？"对曰："未也。""居！吾
语女。好仁不好学，其蔽也愚；好知不好学，其蔽也荡；好信不
好学，其蔽也贼；好直不好学，其蔽也绞；好勇不好学，其蔽也
乱；好刚不好学，其蔽也狂。"（《阳货》）

　　孔子以自己的切身经验指出：空想无益，还是学好。还具体
告诉学生，说如果去学《诗》，就不但可以获得一般的知识，甚至还
可以因此获得正确的"事父"、"事君"的本领，将来可以担当重任。
在这同时，孔子又从相反的角度告知学生，你如果只有许多良好的
道德、修身方面的美好愿望，却不好学，也只会产生完全相反的效
果。这一切正说明学的重要性。

　　孔子在强调学的重要性时，还很重视学的方法，这在《论语》中
有不少论述。但在全书开篇着重突出的一种、其实也是最基本的
一种方法却是"时习之"，学过后要经常复习。

　　把"学"与"时习之"这两个步骤紧密地联在一起，并入到一个
短句中，以致后来"学"与"习"便成为一个独立的单词而广被接受，
正说明这两者有同样的重要性。道理很简单，不"学"就无从"习"
起，学而不习也等于不学。这是一条被实践广为证明了的真理。

　　因为"学"了，又"时习之"了，经历了反复的过程，便能逐步深
入了解、体会、领悟，最后把原来不懂的、本属他人的东西转化为自
己的东西，甚至进一步加以深化和提高，岂不是自然便会产生一种
愉悦之感吗？所谓"不亦说（悦）乎"便是这种精神状态，只有当事
人才能亲身体会得到。

　　事实上孔子的许多学生都有这种体验，因此都非常重视这种
"学习"方法。同在《学而》篇中就记载了孔子的著名弟子曾子的话
说："吾日三省吾身：为人谋而不忠乎？与朋友交而不信乎？传不
习乎？""时习之"是否做到了，成为他每日自觉检查自己行为的重

要内容。

这便是"学而时习之"收到的明显效果。

第二句："有朋自远方来,不亦乐乎?"历来对这句话的注解都显得简略或不得要领,如《四书章句集注》中朱熹本人的注解是:"朋,同类也。自远方来,则近者可知。"意思是远方的人都来过从,则近处的人就更不用说了。但却没有具体说明,这些远近的人是为何而来?又为何因此便"不亦乐乎"起来了?朱熹在上文之后,又紧接着引了他所尊奉的程颐的话:"程子曰:以善及人,而从信者众,故可乐。"但这"以善及人"云云从何而来,却令人摸不着头脑,让人不知所云,等于没说。之所以会出现这种情况,其原因乃是在朱、程等人的眼里,这句话是一句孤立存在的话,与其他两句毫无关联,果真如此的话,那注解不出什么明确、实在的内容来,也就完全不奇怪了。不过这样一来,这句话孤独地出现在这个地方,就实在没多大意义了。谁能想象得出,《论语》的编排者会做出这样一件没水平的事情来呢?

但如果把三句话视作一个整体,那么这句话就非常好理解,自然也很重要,不是可有可无的了。我们且继续第一句话说下去。

"时习之"体现了一种勤奋的学习态度,但一个人的学习效率,如果只靠自己个人的刻苦努力,往往未必能达到最佳的效果。因为每个人的知识基础、思维方法以及悟性等等,都必然会受到一些限制,如果经常有志同道合的人一起切磋交流,效果就必然会好很多,所以《礼记·学记》便说:

独学而无友,则孤陋而寡闻。

可见"独学"是有多大的局限性。那么,什么人最适合共学呢?古人早已有了答案,《周易·兑卦》说:

> 君子以朋友讲习。

孔颖达对它的"疏"又说：

> 同门曰朋，同志曰友，朋友聚居，讲习道义。

也就是说，出自同一师门以及其他志同道合的人才称得上为朋友；朋友在一起，就要读书学文，讲习道义，缺少这种精神，便算不得是真正意义上的朋友。这条原则在很长的一段时间里，一直被真正的读书人遵奉着。《世说新语·德行第一》为我们记录了一则曹魏时人有名的故事：

> 管宁、华歆共园中锄菜，见地有片金，管挥锄与瓦石不异，华捉而掷去之。又尝同席读书，有乘轩冕过门者，宁读如故，歆废书出看。宁割席分坐曰："子非吾友也。"

我们且不去评判管、华二人行为的对错是非，只想指出一点，即这里透露了一个明确的信息，那就是直到那个时代人的意识里，朋友乃是能志同道合、共同学习、互相提高的人，而不是后代那种吃喝玩乐之徒，否则，便"非吾友也"。即使原来是好朋友，也必然要"割席"分离，毫不含糊。

搞清楚了上面这些原委之后，我们自然就会明白，当一个人天天埋头独自苦学的时候，忽然传来消息，"有朋自远方来"，这"独学"变成了"共学"，能不叫人"不亦乐乎"吗？

第三句："人不知而不愠，不亦君子乎？"如果我们上面对前两句的解释是正确的话，那么顺理成章，第三句的意思便应该是：在互相交流研习的"共学"过程中，如果别人对某些问题还不够理解的话，便应耐心解释，说清道理，而不应该不高兴，甚至动怒（愠），这样,不就显示出自己具有君子的风度么?

　　但是这一言之成理的解读,却和从古至今承传的主流说法完全不同,关键就在"人不知"这三个字上,历来是把这三个字解释成别人不理解我。所以有代表性的《名家批注论语》对第三句话的"译文"便是"别人不理解我,我却不埋怨,不也是一位有教养的君子吗?"这比起过去的许多注家说得十分明白易懂了。然而这种解释符合实际吗?却未必,这里必须对它做一些辨析,才能肯定我们上面说法的正确性。

　　孔子的确是不在乎也不计较别人对他的不理解,这在《论语》中多有表现。试举数例:

　　1. 子曰:"不患人之不己知,患不知人也。"(《学而》)

　　2. 子曰:"不患无位,患所以立;不患莫己知,求为可知也。"(《里仁》)

　　3. 子曰:"不患人之不己知,患其不能也。"(《宪问》)

　　4. 子曰:"君子病无能焉,不患人之不己知也。"(《卫灵公》)

　　将它们和第三句话相对照,我们便可明显地发现它们之间的不同:

　　第一,四例中都毫无例外地有"不己知"字样,意思十分清楚,就是不了解自己,而第三句中只有"人不知"三个字,缺了宾语,就让人不明白它是"不知"什么了,怎能确定它就是说不了解自己呢?

　　第二,孔子在表达这个意思时,思想很明确,必须标出"己"这个关键词,所以四例中都以相同的方式表达出来了。而且为了强调这个"己"的重要性,还特别使用了古汉语中才有的宾语提前的方法,即把宾语放在谓语之前。如果"人不知"也就是"不知己",它不但没有强调、突出这个"己"字,而且干脆把这个字都省掉了,这可能吗?

　　第三,四例中共同说到的不怕别人"不己知"乃起一种陪衬的作用,它们强调的是"患不知人也"和"病无能焉"等等,而不是"不己知"，否则的话，嘴巴上老在反复说自己不怕别人"不己知"，那反而是真的害怕别人"不己知"了。如果把"人不知"理解成就是"不己知"，那恰恰便是在强调和宣扬自己不怕"不己知"，只会产生相反的效果。

第四，在四例中，孔子对不怕别人不知道用的都是"不患"一词，它的含义大致上就是不计较、不在乎、不在意、无所谓等的意思。可是在第三句中用的却是"人不知而不愠"，"愠"比之前者就厉害多了，它可以从小到不高兴、不满意，到大至发脾气、动怒的地步。这完全不符合孔子在这件事情上明确表示过的心态，所以"人不知"绝对不是"不己知"，两者是毫无关联的两码事，硬要把它们等同起来，那只是胡牵乱扯。

第五，既然那"人不知"并不是"不己知"，却又要把第三句当作孤立的单独句子的话，那么我们只能说这个句子无解或者文句不通，因为谁也无法明白它"不知"的是什么。它成了一个病句。在《论语》的首篇首章的简短句子中竟会出现这种情况，那简直是不可思议！因为它把人们对首篇首章会有含义的期待破坏殆尽了。但谁能相信《论语》的编辑者会在首篇首章里弄出一句文理不通的句子来呢？

要消除这个困惑其实也很简单，只需如前所说把这三句话当作一个有机整体，互有联系，这样来解读，它就会显得文句顺畅，内容丰富，完全是一个十分优秀、精彩的好开篇。且听我们的串联解读：

孔子说：把学到的东西反复进行复习，必然会有收获，心里自然会感到很喜悦；有志同道合的朋友从远方来，大家在学习上可以互相切磋交流，收获一定更多，内心的喜悦因不断增加而外露出非常快乐；在这个过程中，不可避免地会产生不同意见，往往会认为对方是错误的，但一定要心平气和，不动怒气，善于包容别人，这样一来，自己便同时显示出了一种君子的风范。

这样的解读，"人不知"乃是承上句而来，自然便不成其为病句了。

把这三句话串联起来成为一个整体作如此的解读，是否符合孔子的本意呢？答案应该是肯定的，因为我们还可以在《论语》中找到其他类似的论说，如：

> 子曰："默而识之，学而不厌，诲人不倦，何有于我哉？"（《述而》）
> 叶公问孔子于子路，子路不对。子曰："女奚不曰，其为人也，发愤忘食，乐以忘忧，不知老之将至云尔。"（《述而》）

这两章话完全包含了首篇首章那三句话的意思，可以说，它只是用更简洁的方式呈现于最突出的位置罢了。

孔子的发奋勤学，绝不是一般人能做到的，比如他晚年学《易》，便达到"韦编三绝"（《史记·孔子世家》）的地步。孔子还非常注重学习方法和态度，他主张"就有道而正焉"（《学而》），还很有识见地提出："三人行必有我师焉。"（《述而》）并"不耻下问"（《公冶长》）。只要能学到东西，孔子是任何手段和方法都可以做出来的，所以他虽不无自豪其实又是实事求是地说："十室之邑，必有忠信如丘者焉，不如丘之好学也。"（《公冶长》）正是这种无人能比得上的刻苦学习精神和努力，才造就出一个独一无二的孔子，一个伟大的教育家。

孔子以其无比的博学，通过"诲人不倦"、"循循然善诱人"以及"人不知而不愠"的态度，培养了大批学生和人才。其中最为拔尖的如颜回，可以说深得孔子的真传，孔子曾赞扬他说："贤哉回也，一箪食，一瓢饮，在陋巷，人不堪其忧，回也不改其乐，贤哉回也。"（《雍也》）在别人难以承受的艰苦环境下，颜回却能在坚持读书中获取自己的乐趣。这种乐趣——"不亦说乎"、"不亦乐乎"，不深入其境的人是无法体味得到的。

孔子及其弟子们为后世树立了好学、苦学、善学的良好榜样，产生了积极的影响。但这种优良传统似乎并未得到始终如一的传承，出现过一些相反的情况。宋代苏轼在其《李氏山房藏书记》一文中说道："自孔子圣人，其学必始于观书。"又说，以前的人要获得一本书极其艰难，现在则很容易，"而后生科举之士，皆束书不观，游谈无根，此又何也"。所以他写此"记"，就是要"使来者知昔之君子见书之难，而今之学者有书而不读为可惜也"。

可惜苏轼的这个愿望并未得到完全实现，至少在今天，书籍比他那个时代何止多出千倍万倍，但主动想读书的人却十分之少，愿读书的人当中不知道该读什么书的又非常之多，大量阅读行为成为无效劳动，甚至具有负面作用，对这些普遍存在的现象人们却习以为常，怎能不令人叹息！

论孔子的教学方法与治学经验

一

孔子是中国历史上最早、也是影响极大的一位思想家。对于他,毛泽东同志早就指出:"从孔夫子到孙中山,我们应当给以总结,承继这一份珍贵的遗产。这对于指导当前的伟大的运动,是有重要的帮助的。"①孔子思想的实际情况虽然十分复杂,但也自有其本身的客观内容,是可以用马列主义的方法作出恰当的分析、评价的。但是由于政治的需要,历来的封建地主阶级,总是把孔子捧为至高无上的"圣人",甚至认为"天不生仲尼,万古长如夜"②。出于同样的需要,"四人帮"则将孔子贬为万恶不赦的千古罪人,"天下之恶皆归焉"。其实,封建地主阶级对孔子的顶礼膜拜,是利用而非真正尊重,目的还是为了自身的统治利益。"四人帮"对孔子的切齿痛恨,大施棍棒,也只是"项庄舞剑",意在打倒一大批老干部,以利其篡党夺权,并非真正批孔。这一捧一批,形似两个极端,然而正如孔子所说,"过犹不及"。它们都包含着同样卑鄙的政治目的。要正确评价孔子,首先必须澄清历代剥削阶级弄混了的事实。目前,尤其是要肃清"四人帮"的流毒,才能使我们的批判继承工作顺利开展起来。

---

① 《毛泽东选集》四卷合订本,第499页。
② 《朱子语类》卷九十三。

孔子是一个多见多闻、学问渊博的人。这不仅为他的弟子们所推崇，也为同时代的其他人所承认。墨翟就说他"博于诗书，察于礼乐，详于万物"（《墨子·公孟》）。他对后代的影响也是广泛的，应该从多方面加以批判、总结。本文仅就他对后世影响极大而又被"四人帮"颠倒了的关于教育的问题试加论述。

春秋以前，教育活动及文化知识都掌握在官府手中，所谓"学在王官"。春秋以来，教育开始从贵族的垄断状态中解放出来，这就是私人办学的兴起。孔子从事这种活动达四五十年之久，号称弟子三千，是成绩最大的一个教育家。虽然他招收学生的对象没有也不可能普及到奴隶之中，但已经把文化知识传播到了"士"和"庶人"这个阶层。这在历史上来说，无疑是一个很大的进步。

孔子生活在奴隶制面临崩溃的动荡时代。他站在反历史潮流的立场，力图复兴文王、周公之道。他所鼓吹的一套礼、乐、仁、义与克己复礼、忠君正名等，都适应了维护奴隶制统治的需要。因此，他的政治思想和主张是保守落后的。这种政治主张也必然会影响他的教育活动。孔子对学生的"四教：文、行、忠、信"（《论语·述而》）的内容，是与他的政治思想相一致的。他培养出来的学生，如子路、子贡、冉求等人，尽管各有所长，而孔子都自信他们"于从政乎何有"（《论语·雍也》），相信他们都是能实行他的政治主张的人才，是要他们"女为君子儒，无为小人儒"（《论语·雍也》）的。从这些方面来说，孔子的教育内容与培养目标都是为奴隶主阶级服务，是无足取的。但孔子的教育内容并不仅仅局限于传授"为政"的本领。他要求学生有较广博的知识和才能。他积极向学生广泛地传授古代的文化、历史知识。他还要学生"多见"、"多闻"，学习有用的实际知识，从古代典章制度到鸟兽草木之名，都在学习之列。同时，他还做了大量的整理、保存古籍的工作。他一人删订六经之说虽未尽可信，但他在这方面做了大量的工作却是无疑的。这些都和他的教育活动、教学内容紧密相关。因此，孔子在传播古代文化知识、保存先秦古籍方面是有不可磨灭的功绩的，决不能简单地一笔抹杀。然而在批判孔子时，却有人对他提出一些不切实际的责难，如指责孔子"把研究农业、手工业、军事、商业的实际知识完全排斥在外"，而且"轻视自然科学"，"自然科学在孔丘的教学内容中是没有地位的"。这种批判，是十分幼稚可笑的。学工、学农、学军等，是毛泽东同志在社会主义时期对学生提出的一些学习内容，怎能要求两千多年前的孔子也照此办理呢？孔子的时代，文化科学还不很发达，从春秋直至战国的诸子著作中可看到，各家有关哲学、政治、军事、经济、文艺等思想都统一在一部著作中，并无严格的学科分类，而孔子的教学科目倒是有了德行、政治、文学、言语等，应当说是很丰富的了。可是有人却无视这些而指责孔子的教学内容中没有自然科学，难道应当要求孔子在当时就办一所文、理、工、医齐备的综合性大学么？

　　自然，孔子作为一个著名的教育家，他留给后代的珍贵遗产，主要是在教育方法和治学经验方面，这在今天仍有一定的借鉴意义。不过，撇开其教育目的与主要教育内容而批判吸收其某些教育方法与治学方法是否可行呢？有人认为这是绝对不允许的，因为"方法论和世界观不可能、也不应该割裂开来。事实上，唯心主义和形而上学，既是孔丘的世界观，又是他的方法论"，因此，在这些人看来，孔子的教育方法与治学方法和他的教育内容与教育目的是一样反动的东西。然而，事物的客观现实并不这么简单。一般来说，作为方法论，是受世界观制约的，两者有密切关系。但是在某些情况下，由于人们的社会实践，有唯心主义世界观的人在某些具体问题上，能够遵循事物的客观规律，是可以克服唯心主义世界观的影响，避免形而上学的方法而产生出唯物的、辩证的思想因素来。这种事例，在中外历史上的各个领域中都是屡见不鲜的。也就是说，在某些具体问题上的具体方法并不绝对受世界观的支配。正如具有唯物主义世界观的人，在处理具体问题时也不一定都有正确的方法。正确的方法必须从社会实践中才能获得。孔子正是因为招收了大量学生,在几十年的长期教育实践中,才积累了一些符合现实客观规律的教育方法与治学方法。如孔子的世界观是唯心主义的,具有浓厚的天命思想。在认识论上,他鼓吹人有"生而知之者"(《论语·季氏》),"唯上智与下愚不移"(《论语·阳货》),他的学生子贡也吹捧他是"固天纵之将圣"(《论语·子罕》)。这些都是明显的唯心主义的先验论。可是在实际生活中,孔子从未承认过谁是"生而知之者",对他自己也是说,"我非生而知之者,好古敏以求之者也"(《论语·述而》),"若圣与仁,则吾岂敢"(《论语·述而》)。他还具体地叙述了自己从"十有五而志于学"开始的一生的知识积累过程,说明在这个具体问题上,他重视实践,有唯物主义思想。他在"学而知之"的思想指导下所总结出的许多具体的教育方法与治学方法,是带有人类认识活动的普遍规律性的,完全可以为我们今天批判地吸取而赋予它以新的教学内容。事实上,有的人为了某种目的,长篇累牍地批判孔子的教学方法,而不能说出一点我们今天为何不能借鉴的道理来。相反,毛泽东同志却教导我们:"对自己,'学而不厌',对人家,'诲人不倦',我们应取这种态度。"①谁也明白,人们决不会因此孜孜不倦地去读"诗云"、"子曰",也不会诲尔谆谆地去教授孔夫子的经书。毛泽东同志还号召大家"学个孔夫子的'每事问'"②,人们也绝对不会因为孔子当时是"入太庙,每事问"(《论语·八佾》),而去四处求教如何祀神祭祖,这不是最起码的常识吗?!

二

　　毛泽东同志指出:"曲阜县是孔夫子的故乡,他老人家在这里

---

① 《毛泽东选集》四卷合订本,第 500 页。
② 毛泽东:《反对本本主义》。

办过多少年的学校,教出了许多有才干的学生,这件事是很出名的。可是他不大注意人民的经济生活。他的学生樊迟问起他如何从事农业的话,他不但推开不理,还在背后骂樊迟做'小人'。"①毛泽东同志的教导,一方面批判了孔子轻视生产劳动,同时也肯定了孔子的办学成绩。孔子之所以能教出许多有才干的学生,是和他有一套独特的教育方法分不开的。

首先,孔子善于根据学生的不同性格和特点,以至他们兴趣爱好的差异,给予不同的、甚至完全相反的教学内容与实践要求,即所谓因材施教。如同是问"闻斯行诸",孔子对子路的回答是"有父兄在,如之何其闻斯行诸",而对冉有的回答却是"闻斯行之"。原因是"求也退,故进之;由也兼人,故退之"(《论语·先进》)。又如关于"何如斯可谓之士矣"的问题,孔子根据问者的不同性格,作了有针对性的回答。对子贡是说:"行己有耻。使于四方,不辱君命,可谓士矣。"而对子路则是说要"切切偲偲,怡怡如也"(《论语·子路》)。此外,在对待弟子们问"仁"、问"孝"、问"从政"等,孔子的回答都做到因人而异,而又能满足他们的要求,收到了较好的效果。有人为了否定孔子的这种教学方法,硬把他的因材施教中的"材"说成是孔子定的"天赋程度",把人分成四等,是唯心主义和形而上学的方法。事实完全不是如此。孔子对弟子们的"材"的评价是各式各样的,这决不是不费力气的唯心主义瞎说一气者所能做到。如说"柴也愚,参也鲁,师也辟,由也喭","师也过,商也不及"(《论语·先进》);又如说"枨也欲,焉得刚"(《论语·公冶长》),以及认为子贡不可能达到"我不欲人之加诸我也,吾亦欲无加诸人"这种"仁"的造诣,只能成为一个"瑚琏"之器(《论语·公冶长》)等等。这些观察分析的结果,都是富有性格特征的,有的还从不同的角度作了评价(如对"师"的论述),这和唯心主义的"天赋"才能有何相

① 《毛泽东选集》第5卷,第257页。

干？既能细致地了解学生，又能根据不同情况有针对性地进行培育，今天不还是值得我们认真实践的一种有效方法吗？

启发式，这是孔子教学方法中的另一重要内容。"诲人不倦"（《论语·述而》）和"人不知而不愠"（《论语·学而》），本是孔子自许的一种基本教学态度，同时他又强调："不愤不启，不悱不发。举一隅不以三隅反，则不复也。"（《论语·述而》）这种启发式的特点在于教师不是硬性地注入，而要掌握在学生求知而未知（"愤"）和欲言而未能（"悱"）之时，启而发之，就能收到事半功倍、"举一反三"的效果。这样，学生不但容易接受教师传授的知识，而且可以激发他们旺盛的求知欲。如颜渊就常在孔子"循循善诱"的启发下而进入一种"欲罢不能"的求知境界（《论语·子罕》），做到"闻一以知十"，以至孔子都自叹"弗如"（《论语·公冶长》）。因此，当学生不能做到"举一反三"的时候，则说明未能做到启发式，没有使学生进入积极、主动思维的状态。这样进行的教学，必然事倍功半，故还是以"则不复也"为好。这和"诲人不倦"、"人不知而不愠"的态度是不矛盾的。有人认为孔子这种"举一反三"的教学方法只是"把学生的思想禁锢在礼教囚笼中的狡猾手段"，"如果谁超越了这个圈子，谁就被认为是大逆不道，将会遭到严厉训斥"。事实却大不然，有一次子路、曾皙、冉有、公西华"侍坐"时，孔子要他们谈谈自己的抱负和志向，他们也都能大胆抒发自己的想法，尽管孔子认为"为国以礼"，而子路却"其言不让"，孔子也只是笑一笑而已（《论语·先进》），又何曾"严厉训斥"呢?！

孔子除了认真讲究教学方法外，还注意对学生提出严格的要求。这是他的办学活动能取得成功的一个重要原因。孔子十分强调对待知识要有老老实实的态度，不能弄虚作假。他对子路说："由，诲女，知之乎？知之为知之，不知为不知，是知也。"（《论语·为政》）他还要求学生在学习上具有坚持不懈、持之以恒的精神，不能半途而废。冉求曾对孔子说过："非不悦子之道，力不足也。"孔子说:"力不足者,中道而废,今女画。"(《论语·雍也》)因此他把做学问比喻为造山、平地来鼓励学生发挥主观能动性:"譬如为山,未成一篑,止,吾止也。譬如平地,虽覆一篑,进,吾往也。"(《论语·子罕》)孔子特别反对在学习上的懒惰行为,他说:"饱食终日,无所用心,难矣哉! 不有博弈者乎? 为之,犹贤乎已。"(《论语·阳货》)以致发现"宰予昼寝"时,孔子就骂他"朽木不可雕也,粪土之墙不可圬也,于予与何诛"(《论语·公冶长》)。孔子还教育学生,为了求得学习上的成就,就不能贪图生活上的安逸。他提倡"饭疏食,饮水,曲肱而枕之,乐亦在其中矣"(《论语·述而》),认为"士志于道,而耻恶衣恶食者,未足与议也"(《论语·里仁》)。因此他特别赞赏颜回的"一箪食,一瓢饮,在陋巷,人不堪其忧,回也不改其乐"(《论语·雍也》)的好学精神。此外,孔子提出的"学如不及,犹恐失之"(《论语·泰伯》)以及"知之者不如好之者,好之者不如乐之者"(《论语·雍也》),对学生来说,都是十分有益的学习态度和学习方法。

　　尽管孔子对学生要求很严,这只是从教学的效果出发的,并不像有人说的是什么"拼命维护'师道尊严',大搞'顺我者昌,逆我者亡'"等等。相反,学生在孔子的眼里是"后生可畏,焉知来者之不如今也"(《论语·子罕》),他并不认为学生一定不如先生。因此,在与学生的交往中,他还是比较平易近人的。孔子曾当众对弟子们说:"以吾一日长乎尔,毋吾以也。"(《论语·先进》)他鼓励学生要敢于发表自己的意见,不要因在师长面前而拘束。在《论语》中,虽然主要是记载孔子的言论,但也记有许多弟子与孔子交谈的各种各样的意见,可见孔子的教学活动还是比较生动活泼的。例如在一次与子夏谈诗时,孔子曾赞扬说:"起予者商也"(《论语·八佾》),认为子夏的看法对他也有启发。而对于他最喜爱的学生颜回,由于对孔子的话无条件地全部接受,孔子反而不满意,说"回也非助我者也,于吾言无所不悦"(《论语·先进》)。可见孔子是主张在教学上师生之间可以切磋琢磨，互"起"互"助"的。这难道是大搞"师道尊严"者所能做到的吗？又如孔子和大家在一起"言志"时，他对每人一一加以询问，而学生也可以"愿闻子之志"（《论语·公冶长》），他也同样作出回答，并未显得比学生高出一等。学生对孔子的言行产生怀疑时，还可以表示不满和批评。如："子见南子，子路不悦。夫子誓之曰：予所否者，天厌之！天厌之！"（《论语·雍也》）孔子只是发誓地进行解释，并未对子路加以斥责。孔子有一次大谈"正名"时，子路又当面说他："子之迂也！奚其正？"（《论语·子路》）这几方面说明，孔子与学生之间的关系是比较融洽的。如果没有这一条，孔子的因材施教、启发式等，也都难以顺利进行了。至于封建统治者把"师"抬到与"天地君亲"并列的地位以及尊孔子为"至圣先师"等，这是后人根据他们的需要而制造出来的，和孔子本人的言行是两码事。把后人的罪责归到孔子身上而加以鞭挞，这是一种很省力气的方法。但这样不但不能算批判孔子，反而把孔子真正应批判的东西掩盖起来了。

三

孔子的博学多识，和他有一套通过实践而总结出来的治学方法是分不开的。他对学生的教授得法和他自己的治学有方也有密切的关系，他对学生的一些要求实际上也就是他自己的治学体会。这方面也有不少值得求学者认真总结、借鉴的积极内容。

孔子多次称赞颜回"好学"，就因为他自己是十分刻苦好学的。他曾自信地说："十室之邑，必有忠信如丘者焉，不如丘之好学也。"（《论语·公冶长》）他自述自己的学习热情到了"发愤忘食，乐以忘忧，不知老之将至"（《论语·述而》）的地步。对任何知识的探索，没有这种顽强的学习精神和以学为乐的欲望是不能攀登它的顶峰的。

孔子治学的一个很大特点，是注意独立思考。他很重视"学"

和"思"的关系,提出"学而不思则罔,思而不学则殆"(《论语·为政》)。就巩固已学知识的方法来说,是有其科学根据的。因为所学的知识只有在理解的基础上,才能真正成为自己的东西。而"思"则是达致理解的必要手段。学而不思,不能消化,自然越学越糊涂。另一方面,如果思而不学,凭空去冥思苦想,必然劳而无功。所以比较起"学"和"思"来说,孔子还是着重于强调"学"的。他曾总结自己的经验说:"吾尝终日不食,终夜不寝,以思,无益,不如学也。"(《论语·卫灵公》)这样掌握"学"和"思"的关系,无疑是正确的。启发式的作用,也无非是让学生去认真思考教师所讲的内容,经过消化,从而变成自己的东西。从这里也可看到,孔子的教与学,其方法论是一致的。有人批判孔子说:"儒家读书的特点是,只求背诵,不重理解。"后世的腐儒是这样的,却不是孔子的主张。在巩固知识的方法上,孔子还强调反复学习的作用。他认为"温故而知新"(《论语·为政》),这是符合人类积累知识的客观规律的。他还认为反复学习可以从中获得求知的乐趣,所谓"学而时习之,不亦说乎"(《论语·学而》)就是这个道理。他的学生曾参每日检查自己三件事情,其中一条就是"传不习乎"(《论语·学而》),亦可见"时习"的重要性。

　　孔子在学习态度上的一个难能可贵之处,是善于向各种人学习,亦即所谓"学无常师"。(语出《论语·子张》,子贡所说:"夫子焉不学?而亦何常师之有?")除了他主张师生之间可以互相切磋,互"起"互"助"之外,他还主张"不耻下问"(《论语·公冶长》),即向比他低下或知识不如他的人求教。应该说这是一种值得提倡的学习态度。他还说:"三人行,必有我师焉。择其善者而从之,其不善者而改之。"(《论语·述而》)这说明他相信处处有自己的老师,而且善于向他们学习,无论"善者"或"不善者"均可从不同的角度在他们身上得到教益。所谓"见贤思齐焉,见不贤而内自省也"(《论语·里仁》),也同样是这个意思。他提倡的"多闻"、"多见"(《论语·为政》)以及"每事问"也表现了虚心好学的可贵态度。曾参曾说:"以能问于不能,以多问于寡;有若无,实若虚;犯而不校。昔者吾友尝从事于斯矣。"(《论语·泰伯》)孔门弟子推许的这种好学态度是和孔子的治学精神一脉相通的。

　　除了讲究正确的治学方法和虚心的态度之外,孔子还注意克服主观性给学习带来的障碍,表现在"子绝四:毋意,毋必,毋固,毋我"(《论语·子罕》),意即不要随意猜测,不要主观武断,不要固执己见,不要唯我所是。总之,是具有防止主观片面、尊重客观实际的意向。主观和臆想是治学者之大敌,孔子能排除它们,也是他注意向各种人广泛学习的结果。孤芳自赏,自以为老子天下第一的人,是不能做到这一点的。而孔子却每每认为"吾有知乎哉?无知也"(《论语·子罕》),不仅不承认自己是天生的圣人,而且还深感自己知识的不足。这种虚心向学、永不满足的态度,正是孔子能够博学多识的一个重要原因。

孟子的人格魅力

　　中国作为一个有数千年历史的文明古国,以其悠久灿烂的文化而著称,这种文化形成了我们民族强大的凝聚力,它使我们的民族历经艰难险阻,却能一直发展壮大,永远向前。在这条历史长河中,产生了许许多多著名的哲人和先贤,正是他们的先知和睿智,哺育了我们民族的心灵。他们光辉永照,影响长存,为中华民族累积了一笔宝贵的精神财富,他们的作用,一直要继续到永远。

　　在这一长串的历史名人当中,出现较早,影响巨大,且具有丰富的人格魅力的,应该首推战国时代的孟子。孟子是一个思想家,他所代表的儒家思想对中国的政治、社会生活、伦理道德产生了巨大的影响,这是大家都知道的。孟子作为一个人,他还是一个有丰富个性的人物,他有着特别的人格魅力,这一点就不是许多人都注意到了。本文就想评价一下他在这方面的特点。

一

　　孟子及其著作受到最高的推崇、其偶像地位的最后确立,乃在北宋中叶理学产生之后。在此之前,尤其孟子在世之时,他只是当时诸子百家中的普通一员,其学说也是普通的一说,尽管他和孔子一样,曾周游列国去宣传、推销他的政治主张,却并未受到过真正的重视,最后只好终老林下,著书授徒而已。然而就是这么一个极普通的人,却有着非凡的政治抱负和雄心壮志。他本是主张"不怨天,不尤人"的,并以此教育他的学生,可有一次他的学生却发现他露出了忧郁的神色,就以此问他,他说：

> 彼一时,此一时也。五百年必有王者兴,其间必有名世者。由周而来,七百有余岁矣。以其数,则过矣;以其时考之,则可矣。夫天未欲平治天下也：如欲平治天下,当今之世,舍我其谁也? 吾何为不豫哉?①

原来孟子的忧怨,不是因为个人的进退得失,而是为着国家的统一和治理未得实现。具体到孟子所处的战国时代,这种抱负是完全符合历史的进步和人民的愿望的。在这里,孟子不仅有宏伟的抱负,而且对自己充满了自信,富有性格魅力。"国家兴亡,匹夫有责"和"忧国忧民"这些传统美德,可以说是应该远溯到孟子那里的。

为了实现自己的抱负,孟子必须要推行他的学说和主张,而当时的思想、言论形势,对孟子的学说来说,是颇为不利的："圣王不作,诸侯放恣,处士横议,杨朱、墨翟之言盈天下。天下之言不归杨,则归墨。"②但尽管在这样艰难的环境下,孟子却毫不气馁,他果敢地提出：

> 我亦欲正人心,息邪说,距诐行,放淫辞,以承三圣者。……能言距杨、墨者,圣人之徒也。③

> 吾为此惧,闲先圣之道,距杨、墨,放淫辞,邪说者不

---

① 杨伯峻:《孟子译注·公孙丑下》,中华书局 1960 年版。
② 杨伯峻:《孟子译注·滕文公下》,中华书局 1960 年版。
③ 同上。

得作。①

他以大禹、周公、孔子这"三圣"的继承者自居,勇敢地把矛头直指当时最具影响力的杨、墨之学,旗帜鲜明,当仁不让,并为此把自己锻炼得能言善辩。这一点从整部《孟子》的文风中就可看出。孟子勇挑重担、不畏艰险、信心充沛的人格魅力,又一次得到生动的展现。

孟子不仅有宏大的理想抱负以及实现它的信心和勇气,而且还深知要肩负"大任"的人必须经得起各种艰苦的磨炼,以把自己培养成一个坚忍不拔的能人,所以他豪迈地说:

> 故天将降大任于是人也,必先苦其心志,劳其筋骨,饿其体肤,空乏其身,行拂乱其所为,所以动心忍性,增益其所不能。②

这既是孟子的自诩,也是他的自励。孟子的这种自我要求,完全是为了能实现他的政治理想,与那种为了个人能叱咤风云、表现自我的精神追求大异其趣,而且达到了一种他人难以比拟的高尚境界。所以当景春问孟子说:"公孙衍、张仪岂不诚大丈夫哉? 一怒而诸侯惧,安居而天下熄。"③孟子对这种"大丈夫"的形象断然加以否定,并讥之为"妾妇之道";同时又响亮地提出了他关于"大丈夫"的响当当名言:

> 居天下之广居,立天下之正位,行天下之大道;得志,与民

---

① 杨伯峻:《孟子译注·滕文公下》,中华书局 1960 年版。
② 杨伯峻:《孟子译注·告子下》,中华书局 1960 年版。
③ 杨伯峻:《孟子译注·滕文公下》,中华书局 1960 年版。

> 由之；不得志，独行其道。富贵不能淫，贫贱不能移，威武不能
> 屈，此之谓大丈夫。①

这段话，尤其是其中的三"不能"，已成为千古名言，表现出一种铁骨铮铮、挺拔傲兀的硬汉子气概，它已成为中华民族共同追求、景仰的一种品质。它不仅为前人所钦慕，也是后人的人格楷模，成为中华民族共同的精神财富。

二

前面所说的主要表现了孟子作为一个政治家、思想家、社会活动家之人格魅力，但终其一生，由于种种原因，孟子并未能实现他的政治理想和抱负，他最终也只是一个普通的人。这样的一个孟子，其人格特点又如何呢？全面考察一下，就会发现，他在这方面的表现，有着更为精彩而又丰富多彩的内容。

首先，孟子是一个非常执著的人。尤其对于自己的政治信仰，他的理想追求，到了舍生忘死的地步。他说：

> 鱼，我所欲也，熊掌亦我所欲也；二者不可得兼，舍鱼而取
> 熊掌者也。生亦我所欲也，义亦我所欲也；二者不可得兼，舍
> 生而取义者也。生亦我所欲，所欲有甚于生者，故不为苟得
> 也；死亦我所恶，所恶有甚于死者，故患有所不辟也。②

孟子的这种把仁义看得比生命还重要的思想品质，乃承传于孔子，孔子曾说过："志士仁人，无求生以害仁，有杀身以成仁。"③只是孟

---

① 杨伯峻：《孟子译注·滕文公下》，中华书局 1960 年版。
② 杨伯峻：《孟子译注·告子上》，中华书局 1960 年版。
③ 杨伯峻：《论语译注·卫灵公》，中华书局 1960 年版。

子把这个意思说得更充分、形象,起到了突出强调它的效果。孟子还说过"守,孰为大？守身为大"①,也是这个意思,即把保持住自己做人的操守、不使陷于不义这一点放在一切(包括生命)之上。孟子的这种精神对几千年来不同历史时期的仁人志士是影响深远的。一身充沛着浩然正气的宋代爱国名相文天祥在临刑之前书赞于绅曰:"孔曰成仁,孟曰取义。唯其义尽,所以仁至。读圣贤书,所学何事？而今而后,庶几无愧。"②自然是深受孟子影响。也是经文天祥的承传,此种影响一直深远地传诸后世。

　　孟子为了推行自己的学说,实现自己的政治理想,曾长时间地带领大批学生徒众奔走于各诸侯国之间,受到各国诸侯的供养,如他的学生彭更形容的:"后车数十乘,从者数百人,以传食于诸侯。"③但孟子在那些大大小小的诸侯国君面前,从未有丝毫低三下四、卑躬屈节的表现,相反,自始至终保持了一种不卑不亢、矜持自尊的姿态。这在与齐宣王的一次打交道中表现得特别突出。孟子本来要去朝见齐王,刚好齐王也派了人来委婉地请他去相见。孟子却不买账,硬说自己"不幸而有疾,不能造朝"④。齐王还信以为真,第二天又派了使者和医生来看望孟子,而他却到人家家里吊丧去了。他的家人一面谎告使者说孟子已上朝去了,一面又派人去拦截孟子,要他一定去朝见齐王。孟子还硬是不去,不得已只好在景丑氏家住了一晚。

　　孟子为何显得如此地高傲呢？他在和景丑氏的对话中道出了其中的奥妙:

　　　　……故将大有为之君,必有所不召之臣;欲有谋焉,则就

---

① 杨伯峻:《孟子译注·离娄上》,中华书局1960年版。
② 《宋史·文天祥传》,见《文天祥全集》,江西人民出版社1987年版,第750页。
③ 杨伯峻:《孟子译注·滕文公下》,中华书局1960年版。
④ 杨伯峻:《孟子译注·公孙丑下》,中华书局1960年版。

之。其尊德乐道不如是,不足与有为也。……汤之于伊尹,桓
公之于管仲,则不敢召。管仲且犹不可召,而况不为管仲
者乎?①

原来,孟子自信是"不(可)召之臣",他要求的是"将大有为之君",
而大有为之君是"不敢召"他这样不可召之臣的。他把齐桓公都
"不敢召"的管仲也不放在眼里,怎能容许齐王来召见他呢?尽管
齐王的话说得如此委婉、谦恭。通过这一件事,我们不但又一次深
切地感受到孟子对自己的抱负和能力是如何地自负,同时也看到
孟子对那些王公权贵们没有丝毫阿谀之态,而是非常潇洒自得。
正如他所说:

> 说大人,则藐之,勿视其巍巍然。②

他还很欣赏成𪩘对齐景公说的一句话:

> 彼,丈夫也;我,丈夫也;吾何畏彼哉?③

孟子这种不畏"大人"、充分自信的性格跃然纸上。从前孔子曾说:
"君子有三畏,畏天命,畏大人,畏圣人之言。"④相比起来,孟子就
显得另有一副肝胆。

　　但是在一般的情况下,孟子并非一个自视甚高的人,而是能以
平常心态看待自己,认为自己和普通人完全一样:

---

① 杨伯峻:《孟子译注·公孙丑下》,中华书局1960年版。
② 杨伯峻:《孟子译注·尽心下》,中华书局1960年版。
③ 杨伯峻:《孟子译注·滕文公上》,中华书局1960年版。
④ 杨伯峻:《论语译注·季氏》,中华书局1960年版。

储子曰："王使人瞯子，果有以异于人乎？"孟子曰："何以异于人哉？尧舜与人同耳。"①

孟子通过说连尧舜和普通人都是一样，来强调说明自己更是和普通人没有区别。倨上亲下，这就是孟子，和世俗常见的谄上欺下之徒截然不同。孟子的这种人格永远光辉闪耀。

孟子在对待货财的问题上，有自己特别的一种态度。过去学界常把他作为儒家重义轻利观的代表，从治国的角度来说，的确如此，他曾对梁惠王说："王何必曰利，亦有仁义而已矣。"②但他并不是完全拒绝钱财的，而是有他一套严格的原则。一方面，他决不随便收受他人的钱财，态度十分鲜明。他曾说：

非其道，则一箪食不可受于人。③

所以孟子——

前日于齐，王馈兼金一百而不受……若于齐，则未有处也。无处而馈之，是货之也。焉有君子而可以货取乎？④

"未有处"是没有接受钱财的理由。在孟子看来，接受没有正当名目的钱财，就等于让人家收买了，所以即使有"兼金一百"也是决不能收受的。这种可贵的品质，一直为后世的君子所仰慕和遵循。只可叹时至今日，不但贪官污吏们不知义为何物，就是士人中被钱财收买的也不知有多少。

---

① 杨伯峻：《孟子译注·离娄下》，中华书局 1960 年版。
② 杨伯峻：《孟子译注·梁惠王上》，中华书局 1960 年版。
③ 杨伯峻：《孟子译注·滕文公下》，中华书局 1960 年版。
④ 杨伯峻：《孟子译注·公孙丑下》，中华书局 1960 年版。

　　但孟子又不是一个盲目排斥钱财的人,他认为正当的馈赠还是可以接受的,所以孟子——

　　　　于宋,馈七十镒而受;于薛,馈五十镒而受。①

为什么他又接受这些钱财的馈赠呢? 原因是:

　　　　当在宋也,予将有远行,行者必以赆;辞曰:"馈赆。"予何为不受? 当在薛也,予有戒心;辞曰:"闻戒,故为兵馈之。"予何为不受?②

原来,宋国和薛国的馈赠是当时的正常礼仪,孟子自然就接受了。在孟子看来,如果合乎正道,不但这区区数十镒可以接受,就是更大得不得了的财富,都是可以接受的,所以他又曾坦然对彭更说:

　　　　如其道,则舜受尧之天下,不以为泰——子以为泰乎?③

看来,孟子并不是一味地排斥钱财的,把他看成一个绝对的重义轻利者也未必合适。

　　孟子的为人做事是非常重原则的,但他又不是一个死板的人,他在重原则的同时,又讲究变通。他在批评杨朱、墨翟的走极端和比较肯定子莫的紧守中道时又说:

　　　　子莫执中。执中为近之。执中无权,犹执一也。所恶执

---

　　①　杨伯峻:《孟子译注·公孙丑下》,中华书局 1960 年版。
　　②　同上。
　　③　杨伯峻:《孟子译注·滕文公下》,中华书局 1960 年版。

一者,为其贼道也,举一而废百也。①

在这里,孟子清楚地表示了要有权变的思想,认为一个不懂得权变、只知执著一点的人,是会坏事的。在对待"嫂溺"这一具体事件上,孟子的主张更充分体现了这种精神:

> 淳于髡曰:"男女授受不亲,礼与?"孟子曰:"礼也。"曰:"嫂溺,则援之以手乎?"曰:"嫂溺不援,是豺狼也。男女授受不亲,礼也;嫂溺,援之以手者,权也。"②

从这里可以看出,孟子这个原则性极强的人,又是一个十分有人情味的人,他和后世的腐儒是大异其趣的。

由于种种原因,孟子和孔子一样未能实现其政治主张和理想。这确是一件令人遗憾的事,孔子甚至颇为感叹地说:"道不行,乘桴浮于海。"③一副无可奈何的伤感样子。而孟子的胸怀似乎更为宽广,他的人生重要目标固然是想实现其政治抱负,但又决不仅限于此,他似乎还有更丰富的人生乐趣,他曾说:

> 得志,与民由之;不得志,独行其道。④

他在不得志的失意情况下,仍有自己的一套生活追求和乐趣。他在理想不得实现,"致为臣而归"⑤之后曾说:

---

① 杨伯峻:《孟子译注・尽心上》,中华书局1960年版。
② 杨伯峻:《孟子译注・离娄上》,中华书局1960年版。
③ 杨伯峻:《论语译注・公冶长》,中华书局1960年版。
④ 杨伯峻:《孟子译注・滕文公下》,中华书局1960年版。
⑤ 杨伯峻:《孟子译注・公孙丑下》,中华书局1960年版。

> 君子有三乐,而王天下不与存焉。父母俱存,兄弟无故,
> 一乐也;仰不愧于天,俯不怍于人,二乐也;得天下英才而教育
> 之,三乐也。君子有三乐,而王天下不与存焉。①

这"三乐"乃是与父母兄弟一起共享天伦,于人于事问心无愧和为
天下培养英才。他七十多岁回到家乡,"退而与万章之徒序《诗》、
《书》,述仲尼之意,作《孟子》七篇"②,并创造了一套很有特色的教
学方法。他不但生活得很快乐,而且还在著述上颇有成就,影响
后世。

因此,孟子的一生,不仅是一个有理想、有抱负,同时孜孜以求
的人,而且不论在什么情况下,都是一个积极向上、乐观有成的人。

三

作为一个优秀的思想家,他既然有执著追求和信守的东西,也
就必然会有他反对和憎恶的东西。孟子就是如此,而且两者的情
感都同样强烈。

孟子认为像一个人的外形必然具有四肢那样,其内在精神必
然也应具备四种要素,那就是他所说的:

> 恻隐之心,人皆有之;羞恶之心,人皆有之;恭敬③之心,
> 人皆有之;是非之心,人皆有之。④

既然这"四心"人皆应有之,那么,没有"四心"的人自然就丧失了作
为人的基本条件,所以孟子对这种人就加以猛烈的抨击:

---

① 杨伯峻:《孟子译注·尽心上》,中华书局 1960 年版。
② 司马迁:《史记·孟子荀卿列传》,岳麓书社 1988 年版,第 592 页。
③ 按:《孟子》书中其他地方有时又作"辞让",其义近同。
④ 杨伯峻:《孟子译注·告子上》,中华书局 1960 年版。

> 由是观之，无恻隐之心，非人也；无羞恶之心，非人也；无
> 辞让之心，非人也；无是非之心，非人也。①

孟子的言辞虽然显得很激烈，但却是十分合乎逻辑的。因为人作为万物之灵，就在于他们独有其他万物所不具备的这些高级情感和理性，否则，当然就"非人也"。也因此，孟子提倡的这"四心"，一直成为我们中华民族的传统美德，为历代人所崇奉。然而并非任何时候，每个人都能信守它们，否则，孟子也就不会斥责无"四心"的人为"非人"了。特别在利欲横行、金钱万能的年代，这种"非人"就会猛增，即使一些文化层次很高，还有着什么桂冠、头衔者也不例外，而且这一类人的"非人"化表现显得尤其卑劣、无耻。

孟子在对"非人"进行鞭挞的同时，特别突出地表现出对两种人的谴责和鄙视。

一是乡原。孟子先是引孔子的话说："乡原，德之贼也。"（《尽心下》）乡原就是最戕害道德的人。孟子常常通过借引他所崇敬的孔子或曾子的话来强调、突出他的观点，然后才进一步对乡原这种人的特点作具体的描述，说他们——

> 非之无举也，刺之无刺也，同乎流俗，合乎污世，居之似忠信，行之似廉洁，众皆悦之，自以为是，而不可与入尧舜之道，故曰"德之贼"也。②

就是说，乡原这种人要说他的不是，却又没什么把柄，他在龌龊的环境里同流合污，表面上又好像诚实廉洁。他对什么人和事都不发表意见，大家都喜欢他，他也沾沾自喜，然而这种人是完全违背

---

① 杨伯峻：《孟子译注·公孙丑上》，中华书局 1960 年版。
② 杨伯峻：《孟子译注·尽心下》，中华书局 1960 年版。

了做人的正道、破坏了做人的道德。孟子指斥的这种人,其实就是通常所说的好好先生,他们专做好人,表面上谁也不得罪,这已经是一种"无是非之心"的"非人"也。这种做人态度的实际效果是自己捞了好处而助长和支持了邪气,损害了集体利益和道德正气。这种人今天仍然存在,这种作风不同程度地侵蚀了许多人,其危害为许多人所不觉察。孟子在几千年前就尖锐地抨击这种人,可谓别具只眼。

孟子着力谴责和鄙视的第二种人是小人。首先,孟子引用了一个晋国驾车的人王良的故事。王良不听赵简子(晋国正卿)的命令,坚决不肯为他的嬖臣奚驾车,说:"吾不贯与小人乘,请辞。"①王良之所以抗命而拒绝奚,是因为奚是一个小人。孟子对王良的行为大加赞赏,自然是反映了孟子本人对小人的憎恶。

其次,小人必有的一个共同特点便是奴颜婢膝,吹牛拍马,依附攀缘,毫无羞耻。孟子对这种人也特别鄙视,并借曾子的话来形容他们:

　　曾子曰:"胁肩谄笑,病于夏畦。"②

他认为小人做这种丑态,比酷夏在田地里劳作还要辛苦。这种比喻,正鲜明地反映了君子与小人的不同心态与特点。

孟子不但在思想言论上抨击小人,而且在行动上也强烈地体现出来。他对王驩的极其鄙视与厌恶就说明了这一点:

　　孟子为卿于齐,出吊于滕,王使盖大夫王驩为辅行。王驩

---

① 杨伯峻:《孟子译注·滕文公下》,中华书局1960年版。
② 同上。

朝暮见,反齐滕之路,未尝与之言行事也。①

孟子在齐国为客卿时,奉齐宣王之命,以"盖大夫王驩为辅行",出使吊于滕,他们来往两国之间,做同一件事,早晚相见,孟子却自始至终没有和那位王驩说过一句话,看来孟子是十分讨厌王驩其人才对他表现得十分冷漠而不屑一顾。不过这里并未具体说到王驩是一个什么角色。

而另一件事情却让我们对这个王驩有较具体的了解,同时也感受到孟子的可贵人格,而这时的王驩已经由"盖大夫"升为"右师"之职了:

　　公行子有子之丧,右师往吊。入门,有进而与右师言者,有就右师之位而与右师言者。孟子不与右师言。右师不悦曰:"诸君子皆与驩言,孟子独不与驩言,是简驩也。"孟子闻之,曰:"礼,朝廷不历位而相与言,不逾阶而相揖也。我欲行礼,子敖(按:王驩字)以我为简,不亦异乎?"②

这里生动地描绘出一幅官员之间的活动画图:齐国的大夫公行子丧子,众官员往吊,官居右师的王驩也来了,由于他身为齐国执政之官,手握重权,所以他一到来,许多人都上前去和他说话,围着他转,可以想见出那一副副巴结谄媚的样子。如果仅仅是这样,还可以看成只是众官的丑态罢了,然而只要稍加分析,就可发现,王驩本人就和这众官是一路货色。首先,王驩本人如果不吃这一套,这众官就不会如此抢着去奉承他;其次,王驩不仅乐于接受众人的奉承,他同时还在观察有没有不去趋候他的人,而且就发现了

---

① 杨伯峻:《孟子译注·公孙丑下》,中华书局 1960 年版。
② 杨伯峻:《孟子译注·离娄下》,中华书局 1960 年版。

孟子不买他的账,于是马上"不悦"起来,还打起官腔来表示他的不满,这不是一个十足的小人吗?!可赞赏的是,孟子不但没有前去巴结他,反而当场用"礼"压住他,实际上是斥责了这一帮无耻之徒。在这里,孟子犹如鹤立鸡群,闪耀着他人格的光辉。这样,我们也就会明白前面说到的孟子和王驩一起出使齐国时,为什么根本不理睬他了。因为孟子早已看透了这个人,而且对小人的态度是前后一致、始终如一的。

小人是自古以来就存在的,一般来说,物欲膨胀、道德沦丧之时,小人就特别多。他们的卑污行为大到对国家,小到对一个单位、部门都会产生灾难性的影响,实在不能不防。小人现象已作为一个严重的社会问题存在了。因此,我们在这里强调一下孟子的这种精神和品格,实在是很有现实意义的。

四

孟子这种人格的形成决非偶然,除了他自幼曾受到良好的家庭教育,如"孟母三迁"之类脍炙人口的事例之外,更主要的还是他自己长期自觉锻炼的结果。这一点,他在回答学生公孙丑的一次提问中表述得十分清楚:

> "敢问夫子恶乎长?"曰:"我知言,我善养吾浩然之气。"
> "敢问何为浩然之气?"曰:"难言也。其为气也,至大至刚,以直养而无害,则塞于天地之间。其为气也,配义与道;无是,馁也。是集义所生者,非义袭而取之也。行有不慊于心,则馁矣。"①

原来孟子平常十分注意养"浩然之气",这种气是以"义与道"为其

---

① 杨伯峻:《孟子译注·公孙丑上》,中华书局 1960 年版。

内涵的,因此它刚直磅礴,充满道义,是天地间一种浩然正气。正是这种正气,造就了孟子的人格魅力,并表现在各个方面,而且影响到千秋万代。文天祥的《正气歌》及其为人,就是典型的例子。即是今天,也要讲究而且特别需要正气。虽然由于时代的不同,这种正气的具体内涵也有差异,但它们无疑又是相通的。这种正气还有一个重要特点,即"是集义所生者,非义袭而取之也",也就是说它需要持之以恒地以"义与道"来培育它,是一种长期积累的结果。这就把一些有时也装装门面的小人之行排除在外了。小人与正气是绝对不挨边的。

和"养气"有密切关系的,孟子还同时很重视"尚志":

　　王子垫问曰:"士何事?"孟子曰:"尚志。"曰:"何谓尚志?"曰:"义而已矣,杀一无罪非仁也,非其有而取之非义也,居恶在? 仁是也;路恶在? 义是也。居仁由义,大人之事备矣。"①

"尚志"之说,在内涵上和"养气"是一致的,都是要用所信仰的仁义来充实为人的浩然正气;不同的是,"尚志"之说,是专为"士"——读书人提出来的。知识分子是有文化的,理应比一般人有更高的要求,更重要的是,这一群体的人又是可能为官的,他们的人格品质如何,关乎社会民生,因而显得尤其重要了。孟子的时代如此,今天同样也不例外。当代现实社会中有那么一种"士",在功名利禄的驱使下,"只见银,不见人",他们不择手段,攫名夺利,什么"羞恶之心"、"是非之心"一概全无。他们为了捞取好处,即使沦为"非人"也毫不在乎。因此,更令人觉得孟子的话是何等深刻,他的言行,更显出其迷人的魅力,历千古而不易。

---

①　杨伯峻:《孟子译注·尽心上》,中华书局 1960 年版。

《典论·论文》语译和评介

曹丕:《典论·论文》

　　文人相轻,自古而然。傅毅之于班固,伯仲之间耳;而固小之,与弟超书曰:"武仲以能属文为兰台令史,下笔不能自休。"夫人善于自见,而文非一体,鲜能备善。是以各以所长,相轻所短。里语曰:"家有敝帚,享之千金。"斯不自见之患也。

　　今之文人,鲁国孔融文举,广陵陈琳孔璋,山阳王粲仲宣,北海徐幹伟长,陈留阮瑀元瑜,汝南应瑒德琏,东平刘桢公幹:斯七子者,于学无所遗,于辞无所假,咸以自骋骥骦于千里,仰齐足而并驰。以此相服,亦良难矣。盖君子审己以度人,故能免于斯累而作论文。

　　王粲长于辞赋;徐幹时有齐气,然粲之匹也。如粲之《初征》、《登楼》、《槐赋》、《征思》,幹之《玄猿》、《漏卮》、《圆扇》、《橘赋》,虽张、蔡不过也。然于他文未能称是。琳、瑀之章表书记,今之隽也。应瑒和而不壮。刘桢壮而不密。孔融体气高妙,有过人者;然不能持论,理不胜词,至于杂以嘲戏。及其所善,扬、班俦也。

　　常人贵远贱近,向声背实,又患闇于自见,谓己为贤。

　　夫文本同而末异。盖奏议宜雅,书论宜理,铭诔尚实,诗赋欲丽。此四科不同,故能之者偏也;惟通才能备其体。

　　文以气为主；气之清浊有体，不可力强而致。譬诸音乐，曲度虽均，节奏同检；至于引气不齐，巧拙有数，虽在父兄，不能以移子弟。

　　盖文章，经国之大业，不朽之盛事。年寿有时而尽，荣乐止乎其身，二者必至之常期，未若文章之无穷。是以古之作者，寄身于翰墨，见意于篇籍，不假良史之辞，不托飞驰之势，而声名自传于后。故西伯幽而演《易》，周旦显而制《礼》，不以隐约而弗务，不以康乐而加思。夫然，则古人贱尺璧而重寸阴，惧乎时之过也。而人多不强力，贫贱则慑于饥寒，富贵则流于逸乐，遂营目前之务，而遗千载之功。日月逝于上，体貌衰于下，忽然与万物迁化，斯志士之大痛也。

　　融等已逝，唯幹著《论》，成一家言。

【语译】

　　文人之间相互看不起，从古以来就是这样的。傅毅比之于班固，彼此本没有什么高下；而班固却轻视傅毅，他在写给弟弟班超的信中说："傅毅因为会做文章而做到典校图籍、治理劲奏的官职，但他的文章写起来却冗长得无法自制。"人们总是善于表现出自己的长处，而文章并不止一种体裁，很少有人能够全面擅长，所以各人就都以自己的长处来轻视别人的短处。俗话说："自家的破扫帚，也看得千金重。"这是没有自知之明的毛病。

　　当今的文人，鲁国的孔融、字文举，广陵的陈琳、字孔璋，山阳的王粲、字仲宣，北海的徐幹、字伟长，陈留的阮瑀、字元瑜，汝南的应玚、字德琏，东平的刘桢、字公幹：这七个人，学问渊博，无所不学，文辞能创新，而无须依傍。他们都凭自己的才能，像驰骋纵横的千里马一样，在文坛上并驾齐驱。这样要谁服输别人，自然就很不容易了。君子客观地估量了自己再去比较别人，所以才能避免文人相轻这种积习而写出公正的评论文章来。

王粲擅长于作辞赋,徐幹的文章气势显得舒缓而欠遒劲,但还是可以与王粲相匹敌。像王粲的《初征》、《登楼》、《槐赋》、《征思》等赋,徐幹的《玄猿》、《漏卮》、《圆扇》、《橘赋》等赋,就是张衡、蔡邕这样的名家也不能超过他们。但他们写起别的文章来就不能达到这样的水平。陈琳、阮瑀的奏章、表文及书信、记事之类,是当今的妙品。应瑒的文章气势较平和而不雄壮。刘桢的文章气势雄壮而不严谨。孔融的天性和才气都很高超,有超过别人的地方,但不善于写理论文章:注重辞藻而缺乏说理,甚至在文章中还掺杂一些嘲谑的词句。到他写自己所擅长的文章时,是可以和扬雄、班固同等列的。

一般人只尊重古远的而轻视近时的,向往虚名而不求实际,又常有看不清自己的毛病,只认为自己了不起。

凡文章从根本上说都有它的共同性,而不同的体裁又各有其特点。奏章议事的文章要典雅,书信和议论文要有条理,铭文和悼词贵在真实,诗歌和辞赋喜爱华丽有文采。此四种体裁的特点各有不同,所以作者们所擅长的也往往只偏于某一方面。只有全才才能各种体裁的文章都写得出色。

文章以作者的个性风格为主,而风格却有俊爽超迈或凝重沉郁的不同类型,它们各有根源,不是可以勉强达到的。这好比音乐一样,曲调虽然相同,节奏的缓急也一样,而演唱的人行腔运气却不能一致,其间的优劣是决定于资质的天赋,这是父兄也不能移传给自己的子弟的。

文章是可以治理国家、留传不朽的盛大事业。人的寿命是有限度的,荣华欢愉也只能限于自己一身,这两者都必有一个尽期,不像文章那样可以传之久远。所以古代的作家,从事于文字著述,在文章中表现自己的心志,不假借历史家的记载,也不依靠权势的宣扬,而名声自然留传于后世。所以周文王被幽禁时还推演《易》卦,周公位居显要仍制作《周礼》,他们专意著作,不因为困厄而无所事事,不因为满足于富贵而转移写作的志愿。正因为这样,所以古人把一寸光阴比一尺璧玉看得还重,生怕时间白白地过去。而一些人常常不肯努力,处境贫贱时,就为饥寒所征服,富贵时又一味贪图安乐,只经营眼前的事情,而丢掉千年的功业,时光流逝了,身体也衰老了,很快地就和其他万物一起消逝了。这是有志之士最为痛心的事情。

孔融等早已过去了,只有徐幹的著作《中论》能成一家之言而至今流传。

【评介】

《典论·论文》的作者是三国时魏文帝曹丕。他是一个很有才学的人,幼年时就博览群书,能写文章,爱好文学,七言诗写得很好,尤其注重理论文的写作。他在给王朗的信里曾说:"人生有七尺之形,死为一棺之土。惟立德扬名,可以不朽;其次莫如著篇籍。"可见他是十分重视著书立说的。他所撰写的《典论》一书,还是他做太子时的著作,原有百余篇,当时曾流行过,后来亡佚了。现在只剩下《自序》《论文》两篇较为完整。所谓"典论",意思是对各种事物的法则的论述。所以其中的《论文》,就是论述文章(包括文学)当中作者所认为的一些重要原理。它是中国文学批评史上第一篇评论文学的专论。对后世有不可忽视的影响。

在《典论·论文》中,曹丕第一个把文章的重要性提到了空前的高度,他认为:"盖文章经国之大业,不朽之盛事。"过去儒家的传统观念是把文章看成末务,重在孝、悌、仁、义的实践,只有在这些方面"行有余力,则以学文"。扬雄并把辞赋看成是"雕虫篆刻"、"壮夫不为"的小玩艺。而曹丕则认为文章是具有可以为国家政治服务的重要意义,决非无关重要的雕虫小技。同时文章又绝不仅仅是政治道德的附庸,它还有自己的独立性,所以好的文章可以成为千古"不朽之盛事"。这样来看待文学的功能与性质,理解它与政治的关系，无疑是十分正确的，也可以说是个创见。东汉末年，在黄巾起义军的打击下，东汉王朝的统治不仅在政治上崩溃瓦解，长期以来禁锢人们思想的儒家传统观念也受到冲击。曹操的《举贤勿拘品行令》就公开征召"负污辱之名，见笑之行，不仁不孝，而有治国用兵之术"的人物，在当时来说，是一种思想上的大解放。曹丕这种一反传统的理论，正是当时时代的产物，具有鲜明的进步性。

由于文章有这样一种作用，所以曹丕竭力激励人们要发愤著述，举出穷厄的周文王和显赫的周公旦作例子，不要"贫贱则慑于饥寒，富贵则流于逸乐"，而应该"贱尺璧而重寸阴"，争分夺秒地去努力完成著作事业。这些话，在今天读来，仍然是富有现实意义的。建安时期，在曹家父子周围聚集了一批文人，他们受到当权者的重视，三曹父子又都是当时有名的文学家，在他们的提倡下出现的建安文学，是文学史上的一个繁荣时代，所以曹丕这种重视文学的主张就不是偶然的。

在《论文》中还第一次提到文学的文"气"问题。曹丕认为："文以气为主；气之清浊有体，不可力强而致。"他的所谓"气"，指的是由作家的不同个性而表现出来的各自的文学风格。他认为从大的方面来说，这种"气"可分为"清"、"浊"两大类，而具体的人又各有不同。如《论文》中说到"徐幹时有齐气"，"孔融体气高妙"，应玚"和而不壮"，刘桢"壮而不密"，都是指的个性风格而言。风格本是作者个性、生活经历、思想境界、文学修养等种种因素的综合产物，每个作家的风格也必然是千态百样的。一个作家只有充分发挥自己的独特风格，才能创造出高水平的文学作品；一个时代也只有让作家们都表现出自己的特殊风格，才会出现文学繁荣的局面。曹丕能从理论上肯定不同风格的存在，并且加以具体的划分，也明显是建安时代文学繁荣，不同文"气"的作家都能尽己之长，并驾齐驱地在文坛上驰骋的现实反映，它对当时的文学创作及以后的文学理论都产生了积极的影响。今天仍然值得重视。不过他认为"气"是"不可力强而致"的，"虽在父兄，不能以移子弟"，这就过分强调了"体"——先天禀赋的作用，而忽视了实践努力的人事意义，不免带有唯心主义的色彩，这是一种有害的理论。

《论文》中另一个重要内容，是对文体的论述："夫文本同而末异，盖奏议宜雅，书论宜理，铭诔尚实，诗赋欲丽。此四科不同，故能之者偏也；唯通才能备其体。"所谓"本同"，是说凡文都是表达作者一定的思想感情的；而不同文体的表达方式各有所"宜"，这就叫"末异"。曹丕把各种文章共分成四体，其中特别值得注意的是他明确地把文艺性的作品诗赋和其他文章区分开来了，而且指出了各种文体的不同特点。对于诗赋，他主张"欲丽"，就是要有声音辞藻之美，富于文采；否则，光有正确、深刻的思想内容，也不易为人们所接受。应该说这是把握到了文艺作品的特性的。所以这里的"丽"，是区别于其他三种文体所要求的"雅"、"理"、"实"等特点而言。至于后来一些形式主义的文学创作，轻视内容，专重形式，其责任是不能归到曹丕身上去的。曹丕之前，人们对文章体裁的概念还比较模糊，能看到文艺作品区别于其他文体的特性的人就更少，曹丕对文体加以区分并指出它们的特性，既推动了后来对文体的研究，又划清了文艺作品与其他学术性著作的界限，这在文学批评史上是有着积极的贡献的。

曹丕在品评建安七子的同时，还接触到文学批评的思想方法和态度问题，他反对和批评了两种不良的倾向。

一是相沿已久的"文人相轻"。这种陋习是由于"各以所长，相轻所短"而产生的。因此他指出"文非一体，鲜能备善"，只有客观地"审己以度人"，能看见自己的短处，又能看见别人的长处，这样才能免除这种毛病。他对建安七子的评价，就是顾及优劣，兼论长短，既非一味颂扬，也不一笔抹杀。在当时品议人物风气甚浓的情况下，这种批评态度是值得赞许的。

二是"贵远贱近,向声背实"。崇古非今的观念,是根本看不见文学发展的趋势的,这也是儒家的一种传统观念,这是任何一个时代要繁荣自己的文学所必须批判的。至于"向声背实"——只看名声,不问实质,更是一种庸俗的作风,批评工作如果染上了这种恶习,就常常会坑害名家而扼杀新苗,是文学发展的一个大障碍。

肯定曹丕这些批评意见的意义,大概还由于这不仅仅是他那个时代所独有的现象吧。

欧阳修与《朋党论》

　　欧阳修是唐宋古文名家,《朋党论》更是他散文中的名篇,历来受到赞誉。然亦有持异见者。今人有多种欧阳修散文的选本未加选取,有的论者更认为《朋党论》的观点是"错误的"、"荒谬的",因为它有助宗派意识之恶性膨胀等等,所以仍有加以探讨之必要。窃以为若仅就文章而言,《朋党论》也许还可以找出其他不足之处,但却不能简单地把它否定,其受到诟病之处,亦还有待作进一步的辨析。

　　首先,应该重视此文写作的背景,这一点,史有明确的记载:

　　　　初,吕夷简罢相,夏竦授枢密使,复夺之,代以杜衍,同时进用富弼、韩琦、范仲淹在二府,欧阳修等为谏官。石介作《庆历圣德诗》,言进贤退奸之不易。奸,盖斥夏竦也。竦衔之。而仲淹等皆修素所厚善。修言事一意径行,略不以行迹嫌疑顾避。竦因与其党造为党论,目衍、仲淹及修为党人。修乃作《朋党论》上之。①

　　也就是说,此文的起因是"庆历新政"时范仲淹、韩琦、欧阳修等革新派受到保守派的攻击,"竦因与其党造为党论",诬之为"朋

<hr>

① 李焘:《续资治通鉴长编》卷148。

党",欧阳修乃写了这一篇答辩文章。据此,则必须明确,欧阳修此文的目的,不在于鼓吹"朋党"的合理性,而着重点在对论敌所加这顶帽子的回击。正因为如此,我们就很容易会看到:《朋党论》的中心,不在阐述"朋党"的功过和是非,更未自认为"朋党",全文所着力之处乃在于君子与小人之辨。所以文章一开头就说:

> 臣闻朋党之说,自古有之,惟幸人君辨其君子小人而已。大凡君子与君子,以同道为朋;小人与小人,以同利为朋,此自然之理也。

文章接下来的一段中心论点,乃在进一步发挥、阐释君子与小人之异同:小人所好者为利禄财货,他们为此而"暂相党引以为朋",若伤害了这个利益,"虽其兄弟亲戚,不能保";君子追求的则是道义、忠信、名节,以之事国,同心相济,并始终如一。在此立论的基础上,文章又归结到人君必须强调君子与小人之辨上来:"故为人君者,但当退小人之伪朋,用君子之真朋,则天下治矣。"

在立论之后,文章又举了从传说中的"尧之时"直到前朝的"唐之晚年"四个典型事例,说明它们兴亡治乱的原因,最后又回到他最初的立论上来:后人都"称舜为聪明之圣者,以能辨君子与小人也"。因此,文章的立论、根据、结论都是围绕着这个中心来撰构的,而未论及"朋党"之事,更无后人强加给他的所谓"君子有党"之说。

由此,我们也可看出此文在行文上的几个特点。第一,此文名为《朋党论》,却未在"朋党"二字上做文章,而是在辨析"君子之朋"与"小人之朋",说明它们之间的原则区别。而"朋"与"朋党"应是两个不同的概念。"朋"是同类、同群的一批人,是由信守、奉行同一道义而形成的一个群体,是"自然之理也",而非为了一己私利的目的而纠合在一起的"朋党",这与孔子提倡的"君子群而不党"①是一致的。这从欧阳修的举例中也可看出。欧阳修曾引《书》曰："纣有臣亿万，惟亿万心；周有臣三千，惟一心。"之后曾有阐释说："周武王之臣三千人为一大朋，而周用以兴。"这里所说的"三千人"，实际囊括了周武王时"举其国之臣"。这正说明这种"朋"乃同心同德的一群人，并非后世之"朋党"。因为"朋党"一定是有与之相对立的另一（或多个）"朋党"，既然周武王时"举其国之臣三千人共为一朋"，那么，哪里还能找得出人来另结为与之相对立的朋党呢？

第二，此文毕竟也提及了"朋党"一词，但只有两处。而这两处又说了什么呢？其一处是在文章的开头："臣闻朋党之说，自古有之。惟幸人君辨其君子小人而已。"从其语气来看，这里是点破了今天也有人在说这种东西，但希望人君不要去管它们，只是要分辨君子与小人是最重要的。这里实际上是委婉地批评了"竦因与其党造为党论"之说的那班人，而要求皇帝不必去理睬他们。这也就说明了欧阳修自己是不会去提倡"朋党"的。第二处在说了舜善用皋、夔等二十二人之后，提出"后世不诮舜为二十二人朋党所欺"，则意在说明这二十二人也不应被视为"朋党"，只是君子之朋而已。

由以上分析可知，被后人标题为《朋党论》的这篇文章，乃是欧阳修写给皇帝看的，目的在回答保守派强加给他们的帽子，他希望皇帝不要相信这种谰言，不要把他们"目为党人"，要像舜那样"不疑而皆用之"。欧阳修根本就没有承认他们是"朋党"，自然，也就谈不上提出"君子有党"了。

尽管欧阳修并未提出"君子有党"，也绝未认可自己有一个朋党，但后来的反"朋党"论者却硬把这一罪名强加在他的头上，并把他作为始作俑者而痛加诛伐，如清代的雍正皇帝就可作为这方面

---

① 《论语·卫灵公》。

的代表,他在其《御制朋党论》中竟说:

> 宋欧阳修《朋党论》创为异说,曰君子以同道为朋。……
> 朋党之风至于流极而不可挽,实修阶之厉也。设修在今日而
> 为此论,朕必诛之以正其惑世之罪。

雍正皇帝出于维护封建专制,害怕朝廷出现"朋党"而致君权旁落,
因而极其憎恶"朋党说",这是不足为奇的。问题却在于历来认为
北宋以来出现了一股"朋党论"的思潮,却未认真辨析他们之间的
异同,而至今仍笼统地说"范、欧等人提出'君子有党论'"。[①] 其实
却并非如此。北宋以来,的确是不止一人有过可以称为"君子有党
论"的言论,如北宋初年王禹偁就作过《朋党论》,其中就有"君子之
党"、"小人之党"[②]的说法。后期的秦观也作过《朋党》上、下篇,其
开篇就说:"臣闻朋党者,君子小人所不免也。"[③]可是这两人所处
的时代,又恰恰一前一后,和"庆历新政"的这一批人挨不上边。而
欧阳修未有"君子有党"之说已如前论,至于范仲淹虽也有这方面
的言论,但具体又是如何说的呢? 史亦有载,在回答宋仁宗的提问
"自昔小人多为朋党,亦有君子之党乎"时,范仲淹回答说:

> 臣在边防,见好战者自为党,而怯战者亦自为党。其在朝
> 廷,邪正之党亦然,惟圣心所察尔。苟朋而为善,于国家何
> 害也。[④]

这里也只是说到朋党的客观存在,而未正面说到自己有朋党,所强

---

① 《朋党政治研究》第 54 页。
② 王禹偁:《小畜集》卷 15。
③ 秦观:《淮海集》卷 13。
④ 李焘:《续资治通鉴长编》卷 148。

调的也是要"察"——即分辨"邪正",其实也是区别君子与小人。这和欧阳修的观点是基本一致的。这里还可一提的是深受欧阳修器重的苏轼,他政治上是属旧党,却也写过一篇《续欧阳子朋党论》,此文重点正如他在文末点明的:"愚是以续欧阳子之说,而为君子小人之戒。"①说明在苏轼的眼里,也认为欧阳修的《朋党论》实为写君子与小人之辨,只因意犹未尽,故又"续"之耳。同时代还有一个重要人物司马光,他是熙宁变法时旧党的首领人物,有趣的是他也写过一篇《朋党论》,而且他一方面指出朋党之患是"自古有之",同时又大讲君子、小人之不同:"夫君子、小人之不相容,犹冰炭之不可同器而处也。故君子得位,则斥小人;小人得势,则排君子,此自然之理也。"②读了以上诸家之论,我们不由会感到,这些都打着《朋党论》招牌的言论和文章,与其说是在论朋党,还不如说是都在论君子与小人。这一从孔夫子就开始了的重要论题,在这个时候又如此地热火起来,究竟是什么原因,不也是一个更具实质性的论题吗?

综观以上各家之说,欧阳修之论是不足以与"君子有党"之说挂上钩的,只是由于欧阳修文章的地位和影响都处于特别突出的位置,因此尽管他并未提出"君子有党",更没有承认自己有党,而深恶臣下结帮聚党以至危及皇权的雍正,未加细辨而拿欧阳修作替罪羊来威吓他的臣下,是完全不奇怪的。我们今天却不应顺着这条思路走下去。

我们认为欧阳修写《朋党论》的目的不在于鼓吹"朋党"或"君子有党",而在于君子与小人之辨。除了从文章本身可辨明之外,还可从欧阳修之为人得到答案。欧阳修是一个典型的儒家传统君子,他为官洁身为公,不谋私利,为人耿直,嫉恶如仇,所以深受小

① 《苏轼文集》第1册,中华书局1986年版,第28页。
② 《全宋文》卷1219,巴蜀书社版。

人嫉惮而加以排挤、诬陷，但他却毫无顾忌，不避阱险。仁宗景祐三年，范仲淹遭贬，尹洙、余靖等上章论救，也遭贬谪，当时左司谏高若讷在朝中缄默不言，却在背后非议范仲淹，欧阳修乃奋笔投书高司谏，怒斥其"不复知人间有羞耻事尔"①，真"可谓有君子之勇"②。欧阳修在朝中刚正不阿，风节凛然，被贬地方也备受百姓爱戴，滁、扬二州皆曾为他立生祠；他年过六十，即曾六次上疏乞退而不允，他的这种人格，曾受到当时人众口一词的称颂。如曾巩说欧阳修："公在庙堂，总持纪律。一用公直，两忘猜昵。不挟朋比，不虞讪嫉。独立不回，其刚仡仡。"③苏辙在指出欧阳修写《朋党论》的背景后也说："公性疾恶，论事无所回避，小人视之如仇雠，而公愈奋厉不顾。""公性刚直，平生与人尽言无所隐。及在二府，士大夫有所干请，辄面谕可否，虽台谏论事，亦必以是非诘之，以此得怨，而公不恤也。"④这就难怪这样一位文章道德独步当时的人，在当时是如何受到大众的景仰了："及其释位而去也，莫不冀其复用。至其请老而归也，莫不怅然而失望。"⑤而当其去世消息传来时，"天下学士闻之，皆出涕相吊"。⑥试问，这样一位封建社会不可多得的道德君子，除了为反击小人的诋诬而论及朋党，又怎会去营私结党，做出像内侍蓝元震所攻击的"以国家爵禄为私惠，胶固朋党"⑦的事来呢？自然，又怎会去"创为异说"，写文章鼓吹"朋党"呢？苏轼说："欧阳子曰：'小人欲空人之国，必进朋党之说。'呜呼，国之将亡，此其征欤？"⑧可见，欧阳修对"进朋党之说"者的动机是

---

①　欧阳修：《与高司谏书》。
②　《神宗实录·本传》。
③　《全宋文》卷 1271，巴蜀书社版。
④　苏辙：《欧阳文忠公神道碑》。
⑤　苏轼：《祭欧阳文忠公文》。
⑥　苏辙：《欧阳文忠公神道碑》。
⑦　李焘：《续资治通鉴长编》卷 148。
⑧　《苏轼文集》第 1 册，中华书局 1986 年版，第 28 页。

看得极严重的。在此情况下,他自己怎么还会去搞朋党呢? 自然,苏轼是同意欧阳修的看法的。

了解了欧阳修之为人及其遭际,尤其是他本人遭到了"朋党"攻击,那么他向皇帝提出君子与小人之辨这一命题,就不仅是可以理解,同时还是十分必要的。而且从文章学的角度来看,这一论说又是十分巧妙的,它借用了攻击者的题目,而转换了内容,从而揭示出了问题论争的实质之所在,从这里表现出了作者敏锐的思想和作文的高超技巧。此文历来如此受赞赏,恐怕是与此有关吧。

封建政治生活中的朋党活动是一种客观存在,它由来已久,在欧阳修写《朋党论》之前就十分普遍,此后也是继承了这条道路而历代争斗不息,这是封建社会的政权性质及其他社会原因所决定的,不以人的意志为转移。它与欧阳修写《朋党论》并无联系,把责任推到欧阳修身上完全是愚庸之见。其实,雍正皇帝也不过是借题发挥而已,目的在于警吓他的臣下不要搞朋党。

君子与小人也是由来已久的社会客观存在。小人是危害国家、社会的蠹虫。搞朋党的人固然可以称对方为小人,但在没有朋党斗争之时,小人也是存在的,也是应受到谴责的。孔夫子自然不是搞朋党的,他的《论语》中就有大量君子、小人之辨。"鞠躬尽瘁,死而后已"的诸葛亮,大概也没人说他是搞朋党的,他以一生丰富复杂的政治实践经验,也对君子与小人之辨特别警惕。他在有名的前《出师表》中就鲜明地告诫刘后主:"亲贤臣,远小人,此先汉所以兴隆也;亲小人,远贤臣,此后汉所以倾颓也。"这里的"贤臣"自然也就是指的与小人相对立的君子。可见区分清楚君子与小人而分别对之采取不同的态度,对国家、政治有着何等重要的意义。它也可以说是儒家一种传统的进步思想。欧阳修的君子与小人之辨,可以说就是继承了这一进步的思想传统而来的。苏轼对欧阳修之说,似乎觉得意犹未尽,他写的"续"论确实是将欧阳修的思想发挥得淋漓尽致,而且有更深刻的见解。而从欧、苏两文的内容都可说明他们的《朋党论》之命意所在。当然，皇帝总是昏庸的多，许多时候，他们总是乐意"亲小人，远贤臣"的，其中原因苏轼的"续"论中有很精到的说明：

> 君子以道事君，人主必敬之而疏。小人唯予言而莫予违，人主必狎之而亲。疏者易间，而亲者难睽也。

苏轼还说到，在君子与小人之争中，往往"小人者必胜"。何则？

> 君子者不得志则奉身而退，乐道不仕。小人者不得志则徼倖复用，惟怨之报。此其所以必胜也。

从苏轼的话不仅可以看出往往"小人必胜"的缘由，而且可悟出，真正的君子是绝不会搞朋党的。

君子与小人，不仅在几千年的封建社会存在，今天也仍然存在，而且同样影响甚大。读欧阳修、苏轼的文章，在今天仍有很大的警醒意义。

论宋代的小说理论批评

在中国传统的文学观念里,小说及其作者一向是处于被歧视的境地,不论什么作品,都不能登大雅之堂,一般被目之为"闲书",即使如《水浒》《红楼梦》等这样可以跻身世界优秀著作之林的小说,也曾被诬为"诲盗"、"诲淫"之作。它们的作者,不但在官史之中见不到他们的身影,就是笔记野史中,也难得看到他们的多少踪迹,所以连今天已被公认的"四大奇书"的作者为谁,也成为学者争论不休的问题,有关他们的生平事迹的材料,就更显得凤毛麟角了。形成这种状况的原因很多,中国古代文学发展的特点是一个重要的因素。中国小说(广义的)的产生虽然很早,但其兴盛和成熟,却是和中国封建社会后期市民阶层的兴起、发展相联系的,具体来说,直到宋元话本的出现,小说的影响才逐渐扩大,而优秀、璀璨的鸿篇巨制乃在明清以后才产生。因此,在此之前,小说的影响和作用远远不能和正统的诗文抗衡,也就是很自然的事了。

小说如此,受制约于它的小说理论批评,就更不能例外。

尽管如此,在宋代之前,曾给予小说以足够重视并影响于后代的并非绝无其人。如两汉之际的桓谭,在其《新论》中就曾指出:

> 若其小说家,合丛残小语,近取譬论,以作短书,治身理家,有可观之辞。

他在批评了小说形式短小的同时，却指出小说对"治身理家，有可观之辞"。在当时来说这种观点是难能可贵的。可惜该书已散佚，无由见其全貌，上面几句话也是保留在李善的《文选》注中，因此桓谭小说理论的影响不大。

其最足称道并且又给予后世以巨大影响的当为同时代的历史学家班固。他在《汉书·艺文志》中就记录有小说十五家、作品一千三百八十篇，是史书上第一篇颇具规模的小说目录。他并且指出：

> 小说家者流，盖出于稗官，街谈巷语，道听途说之所造也。孔子曰："虽小道，必有可观者焉，致远恐泥，是以君子弗为也。"然亦弗灭也。闾里小知者之所及，亦使缀而不忘。如或一言可采，此亦刍荛狂夫之议也。

他还说：

> 诸子十家，其可观者九家而已。

在以上的言论中，班固虽然对小说进行了一些批评，但窃以为不应如一些论者那样把它看得太严重，因为从小说在当时的情况来看，它确实是出于民间（所谓"街谈巷语，道听途说者之所造也"），它的地位和作用，比之同时的儒、墨、法、道等其他九家来，也只算是"小道"。而且班固在《艺文志》中对其他九家也都有不同的批评和指出其不足与流弊，因此对小说同样加以批评，甚至带有轻视之处，那也是很自然的事。而在这同时，应该说班固对小说看法的积极意义才是主要的，影响更是好的。首先，他把小说定为十家之一，与其他诸子并列，这从当时的实际情况来说，是大大抬高了小说的地位，也为小说后来的地位奠定了基础。其次，与其他九家相比，把当时的小说视为"小道"，并未过分贬抑它；但班固同时又搬出"孔子曰"来，说"虽小道，必有可观者焉"（按：这段话出自《论语·子张》，实为孔子学生子夏所说），这就为这种"小道"的合理存在，找到了有力的根据。其实，这段"孔子曰"所说的"小道"，其所指绝对不可能是"小说"，因为"小说"一词最早乃出现于战国时代的《庄子·外物》篇中，其义也非后世的小说的含义。班固要这样说，只不过有意要把孔子拉出来作大旗罢了。相反，在《论语·阳货》中，孔子说过："道听而途说，德之弃也。"如果要贬抑小说，这倒是非常对板的锐利武器，而班固却没引用它，可见他是对小说作了偏袒的。第三，班固还为小说的未来作了预言："然亦弗灭也。"可以说这是为小说的存在和前程呼喊，认为它颇有生命力，是有发展前途的。历史事实也证明了其正确性。因此，在中国古代小说理论批评史上，班固是确立中国古代小说地位的一个奠基者，在他的时代为小说及其理论作出了巨大的贡献。

此后，魏晋南北朝出现了志人与志怪小说，可以说开始有了小说文学的雏形。而至唐代，则进入了有意为小说的时代，小说在其发展途中有了明显的进步。然而同时的小说理论与批评，则谈不上有多少积极的建树，而且在对小说的根本看法上，往往采取蔑视和排斥的态度。如唐代著名史学家刘知幾在其《史通·采撰》中，就曾表示"恶道听途说之违理，街谈巷议之损实"，这自然是针对小说而言的。具体到南朝小说《世说新语》、《搜神记》等，则径斥之为"其事非圣，扬雄所不观；其言乱神，宣尼所不语"，仅以"刍荛鄙说"一言以蔽之。他是完全吸取并发挥了班固对小说持批评态度的一面，而毫不顾及班固的其他意见，这也可以代表当时一般的封建士大夫对小说的看法和态度。因此韩愈写了一篇类似小说体的《毛颖传》，就遭到了时人"大笑以为怪"（见柳宗元《读韩愈所著〈毛颖传〉后题》）等讥笑，也就不奇怪了。

到了宋代，中国的小说出现了重大的历史变化，产生了被称为

"话本"的白话小说,古典小说从此进入了一个崭新的阶段。这时小说的地位也处于一个颇为复杂的境地。

一方面,传统的对小说采取漠视甚至鄙夷的态度仍然沿袭下来。有几个难得记载了下来的小故事可以说明这一点。一则是罗大经《鹤林玉露》卷十三载:

> 杨诚斋在馆中,与同舍谈及晋于宝。一吏进曰:"乃干宝,非'于'也。"问:"何以知之?"吏取韵书以呈,"干"字下注云:"晋有干宝。"诚斋大喜曰:"汝乃吾一字之师。"

另一则载于张邦基《墨庄漫录》卷五:

> 世谓子瞻诗,多用小说中事,而介甫诗则无有也。予谓介甫诗时为之,用比子瞻差少耳。……(略去举例)

从前一则可看出,著名诗人杨万里连干宝其人也没听过,足见其对《搜神记》绝无知晓;后一则可见世人(包括作者在内)对小说的藐视,连诗中"用小说中事"也在非议之列。陈师道《后山诗话》中的又一则记载,也反映了同样的观念:

> 范文正公为《岳阳楼记》,用对语说时景,世以为奇。尹师鲁读之曰:"传奇体耳。"《传奇》,唐裴铏所著小说也。

尹师鲁对《岳阳楼记》的议论自然是一种调侃语,但却透露出了对传奇小说的真正瞧不起。

然而另一方面,当时的小说却不顾人们怎样看待它,而以其自身强大的生命力进入了千家万户,甚至受到帝王将相的青睐。据天都外臣的《水浒传序》记:

小说之兴，始于宋仁宗。于时天下小康，边衅未动。人主垂衣之暇，命教坊乐部，纂取野记，按以歌词，与秘戏优工，相杂而奏。是后盛行，遍于朝野。

笑花主人的《今古奇观序》也记：

至有宋孝皇以天下养太上，命侍从访民间奇事，日进一回，谓之说话人。而通俗演义一种，乃始盛行。

可见北宋和南宋的这几个皇帝不仅都是小说迷，而且是小说创作的积极推动者。不仅皇帝如此，达官贵人亦不例外，且看欧阳修《归田录》卷二所记"钱思公"即官兼将相的钱惟演的情况：

钱思公虽生长富贵，而少所嗜好。在西洛时，尝与僚属言平生惟好读书，坐则读经史，卧则读小说，上厕则阅小词。盖未尝顷刻释卷也。

看来这位手不释卷的钱惟演，俨然把小说的地位放在小词之上了。其实他看书的方式未必分得这么清楚，很难说坐着就不看小说的。而当时其他许多士大夫知识分子也必是爱读小说的，否则，王安石、苏轼的诗里就不能那样"多用小说中事"，张邦基更不能把王安石诗中的这些"用事"一一列举出来，自然尹师鲁也不能一眼就分辨得出《岳阳楼记》中哪些是"传奇体"了。再看宋人吴自牧的《梦粱录》,《东京梦华录》，灌园耐得翁的《都城纪胜》，周密的《武林旧事》，西湖老人的《繁胜录》等生动记叙的当时"说话"的盛况以及"说话"的繁杂门类，则更可见小说在人民群众中的普及状况。天都外臣说的"是后盛行，遍于朝野"，是一点不假的。

宋代小说地位和作用的明显提高，还可从另两点看出来。一是大规模的小说结集的出现，为以前历朝所罕见。如《太平广记》共五百卷，于太平兴国二年由李昉等奉宋太宗之命所编纂，唐以前的小说基本上都收集在内，保存了许多已遗失的作品，功不可没。李昉在《太平广记·表》里谈到编此书的目的乃是"启迪聪明，鉴照今古"，作皇帝治国参考之用，它表明此时小说的意义已大大突破了班固所说的乃"小道"，"致远恐泥，是以君子弗为也"的局面。另一部由南宋洪迈编撰的笔记小说集《夷坚志》，它分甲、支甲、三甲、四甲四乙四部书，共四百二十卷，其卷帙的浩繁，用力之艰辛，为私家辑撰之少见，深得世贤与后人的赞誉，对后世志怪小说以及宋元的"说话"、戏曲有很大的影响，和《太平广记》一起成为"说话"人及戏曲取材的重要资料宝库。此外的其他目录著述，对小说也表现了相当的重视，如欧阳修等的《新唐书》、郑樵的《通志》、晁公武的《郡斋读书志》和陈振孙的《直斋书录解题》等都有小说的著录。这种现象以前是不多见的。欧阳修还在《新唐书·艺文志》的序言中径把小说称为"出于史官之流也"。这显然与从班固开始、沿用已久的视小说为"刍荛狂夫之议"的看法大异其趣。这种变化有力地说明了小说的地位和人们对它的看法都大大改变了。

　　宋代的小说理论的批评就是在这样的一个背景下产生的。当时虽然并没有出现什么鸿篇巨制，也谈不上有什么系统的论说，但就其已接触到的种种问题和观点来说，却可以在小说理论批评史上竖起一块令人瞩目的里程碑。

　　首先，宋代第一次有人破天荒地把小说提到了与正统诗歌相并列的地位上，从而大大提高了小说的身价。它具体表现在对唐人小说的评价上。对于唐人小说，尽管如前所说，当时的士大夫还是相当熟悉的，但在他们的意识里，却大抵多是持藐视眼光的。叶梦得《石林诗话》有一则说："'开帘风动竹，疑是故人来'，与'徘徊花上月，空度可怜宵'，此两联虽见唐人小说中，其实佳句也。""虽见唐人小说中"云云，就明显表现了这种倾向。但同时代人洪迈，

却提出了另一种截然不同的看法,在他的《容斋随笔》中有说:

> 唐人小说,小小情事,凄婉欲绝,洵有神遇而不自知者,与
> 律诗可称一代之奇。

洪迈把唐人小说与处于诗歌黄金时代的唐诗相提并论,这是否誉
之过高,自然还可以有不同的看法;但它却说明,宋代也有人独具
只眼,把小说的地位作了大幅度的提高,这是继班固之后对小说所
做的最充分的肯定和最高的评价。值得注意的是,洪迈的这种看
法,对后人也产生了明显的影响,而且得到了积极的支持。如明代
署名桃源居士(论者疑即冯梦龙)的《唐人小说序》就说:"唐三百
年,文章鼎盛,独诗律与小说,称绝代之奇,何也? 盖诗多赋事,唐
人于歌律以兴以情,在有意无意之间;文多征实,唐人于小说摘词
布景有翻空造微之趣……所谓厥体当行,别成奇致,良有以也。"可
以说是接受和发挥了洪迈的意见。

南宋人曾慥曾编纂过小说总集《类说》,他在该书的《序》里
写道:

> 小道可观,圣人之训也。余乔寓银峰,居多暇日,因集百
> 家之说,采撷事实,编纂成书,分五十卷,名曰《类说》,可以资
> 治体,助名教,供谈笑,广见闻,如嗜常珍,不废异馔,下筋(按:
> 疑为"筯")之处,水陆具陈矣。览者其详择焉。

曾慥在这里谈到的是小说的社会功能问题。在此之前,班固虽提
出过"小道可观",但"可观"者何,语焉不详。桓谭的《新论》提出了
可以"治身理家",其作用也只局限在较小的范围内。此后则没有
人正式谈到过这个问题。宋初李昉在《太平广记·表》里提出的
"足以启迪聪明,鉴照今古",也是着眼于统治者的借鉴作用而言。

而曾慥的小说"可以资治体,助名教,供谈笑,广见闻"之说,则是就小说本身的功用而言,他所概括的四个方面,虽然在内容上仍有明显的封建意味,但应该说,其所涵盖的小说功能本身是相当广泛而全面的,后来的论者在这个问题上的认识都未能超越这个水平。它甚至在今天亦有一定的借鉴意义。

塑造出鲜明、生动的人物形象,乃是小说的重要任务,也是小说是否成功的一个重要条件。它还是小说区别于其他文体的一个主要特征。小说史上真正有意识塑造而且出现了成功的艺术形象乃在唐代传奇,但唐人远远未能在理论上予以注意,真正开始注意人物形象问题的还是宋人。北宋宗室赵令畤所著《侯鲭录》中有一篇题为《元微之崔莺莺商调蝶恋花》的鼓子词,该词共十三章,其散文部分乃截取唐代元稹《莺莺传》的原文或改编其意而成。其中便有对小说的艺术形象问题所发表的议论:

> 乐天谓微之能道人意中语,仆于是益知乐天之言为当也。何者? 夫崔之才华婉美,词采艳丽,则于所载缄书诗章尽之矣,如其都愉淫冶之态,则不可得而见,及观其文飘飘然仿佛出于人目前,虽丹青摹写其形状,未知能如是工且至否?

《莺莺传》的成功以及它的巨大影响,是和崔莺莺这个艺术形象分不开的。正是赵令畤首先指出她有一种"不可得而见"的"态",即人物形象的神态,虽然画家未必能摹写其形状,可是看了元稹的文章,却产生了"飘飘然仿佛出于人目前"的艺术效果。这里的出发点固然在于对元稹之"文"的称赏,但同时也道出了小说中人物形象的重要性。

把眼光投注到小说的人物形象上,还有一个值得提出的人物,便是南宋末年的刘辰翁。刘辰翁评点的《世说新语》,言简意赅,往往短短数语,就有不少涉及小说的人物形象问题。例如对"庾公目中郎"一则批曰："此神气又似矜傲。"对"王子敬语谢公"一则，批曰："语本不足道，而神情自近，愈见其真。"对"蔡叔子云"一则，批曰："外貌。"对"何晏七岁"一则批曰："字形语势皆绘。"对"谢车骑道谢公"一则，批曰："意态略似，但不成语。"对"谢太傅寒雪日内集"一则，批曰："有女子风致，愈觉'撒盐'之俗。"对"谢万北征"一则，批曰："甚得骏态。"对"谢公尝与谢万共出"一则，批曰："'故作尔'三字极得情态。"……这些例子，或从用字，或从外貌，或从神态，或从风致等不同点着笔，而其共同点则都是说人物形象的问题。这一点在刘辰翁的笔下可说是非常重视的。

要塑造好丰富复杂的人物形象，绝对离不开编排故事情节。这也是小说不同于诗、文等文学体裁的一个重要特征。宋以前的小说理论批评，基本上没有接触到这个问题，而宋代却有了明显的突破。前引洪迈《容斋随笔》所说的"唐人小说，小小情事，凄婉欲绝，洵有神遇而不自知者"，能产生使人"凄婉欲绝"的艺术效果，是和必然具有故事情节的"情事"分不开的。《容斋随笔》卷十五又说："……大率唐人多工诗，虽小说戏剧，鬼物假托，莫不宛转有思致，不必颛门名家而后可称也。"这"鬼物假托"中，自然也离不开故事情节的安排。刘辰翁对《世说新语》的批语，也注意到了小说的情节以至细节描写问题，如对"张凭举孝廉"一则批曰："此纤悉曲折可尚。"就是指出此则写出了故事情节的曲折以及极纤微的细节描写，这是符合此则故事的实际的。再看另一则故事及其批语：

　　桓公卧语曰："作此寂寂，将为文景所笑。"既而屈起坐曰："既不能流芳后世，亦不足复遗臭万载耶？"

刘辰翁对此有批曰："此等较有俯仰，大胜史笔。"所谓"有俯仰"，是指有如"卧语"、"既而屈起坐"等细节的描绘，并认为因为有了这些，故"大胜史笔"。也就是说，刘辰翁既很重视小说中的这类细节描绘,同时还指出了这正是小说与史书不同、甚至超过史书之处。刘辰翁的这种看法也是发前人所未有的。

在中国古代小说理论批评史上,有几个一直争议的问题,它们同时给小说的创作带来了很大的影响。其中很突出的一个是小说内容的虚与实的问题。小说本来就离不开虚构,在今天来说,这只是一个普通的常识,但在小说的理论批评史上,许多论者总是把小说和历史紧紧联在一起(其原因是另一个需要专门论述的问题)。如南朝时郭宪的《汉武洞冥记自序》就认为小说乃写"旧史之所不载者";唐代刘知幾《史通·杂述》则认为小说应该"能与正史参行"等等。从这种观点出发,于是便有了小说的内容必须真实的命题,并把它作为评价小说的一个根本原则。从《晋书·干宝传》批评干宝《搜神记》是"博采异同,遂混虚实"开始,强调小说创作的"真实"的观点就一直贯穿下来,它对小说创作的发展起到过明显不利的影响。而持相反意见,认为小说不必求真,也可以虚拟的意见随着出现,洪迈便是这种意见的突出代表。在《夷坚乙志序》中,洪迈说:

> 凡甲乙二志,合为六百事,天下之怪怪奇奇尽萃于是矣。夫《齐谐》之志怪,庄周之谈天,虚无幻茫,不可致诘;逮干宝之《搜神》,奇章公之《玄怪》,谷神子之《博异》,《河东之记》、《宣室之志》、《稽神之录》,皆不能无寓言于其间。若予是书,远不过一甲子,耳目相接,皆表表有据依者。谓予不信,其往见乌有先生而问之。

在这里,洪迈指出从《齐谐》以来的志怪小说,都是"虚无幻茫,不可致诘"或兼有作者用意之作,即不可能是"真实"的。至于他自己编撰的《夷坚志》,他一方面说是"皆表表有据依者",另一方面又以玩笑的口吻说:"谓予不信,其往见乌有先生而问之。""乌有先生"本身就不存在,因此,他的真实意思也是在说《夷坚志》其实和上面那些志怪小说的性质一样,是不可能"真实"的。这一点意见,到了他后来写的《夷坚支序》中就说得十分明白了:

> 稗官小说,言不必信,固也。……《夷坚》诸志,皆得之传闻,苟以其说至斯,受之而已矣。……读者曲而畅之,勿以辞害意可也。

这里明确告知大家,"稗官小说,言不必信",不要求"真实"。《夷坚志》的故事就都是得自传闻,有人送材料来,他就收受,编撰入书中,而不必问其真实与否;读者也只须了解它的意思,而不必过细去推敲它的辞语。这可说是旗帜鲜明地倡"虚"贬"实"了。"虚实"之争,几乎持续于小说理论批评史的全过程,而洪迈可说是正确意见的一个创始者。

宋人还有对唐人小说及其作者作出更具体、深刻评价的,乃是南宋人赵彦卫的《云麓漫钞》,其卷二记:

> 唐之举人,先藉当世显人,以姓名达之主司,然后以所业投献,逾数日,又投,谓之"温卷"。如《幽怪录》、《传奇》等皆是也。盖此等文备众体,可见史才、诗笔、议论。至进士则多以诗为贽。

这里透露出小说发展到唐,与班固及以后相当长一段时间的小说有很大的不同。小说不是来自所谓"街谈巷语,道听途说",而是文人有意识的创作;它的作者更非被称为"刍荛狂夫"的草野细民,而是有了功名的"举子"。而且写这种小说的人还需要有"文备众体"——具备史才、诗笔、议论的能力。它和洪迈的看法是相通的。这也说明为什么叶梦得尽管看不起小说,却不得不承认小说里的一些诗乃是"佳句"。赵彦卫的看法,既从各个具体的方面肯定了唐人小说的地位,同时也是对以后的小说作者提出了更高的要求:必须有"文备众体"的才能。代表中国古代小说成就最高峰的《红楼梦》,就具有"文备众体,艺融一炉"的特点,这或许不是偶然的吧。它也说明赵彦卫对作家提出的要求是正确的,它具有承前启后的理论意义。宋元之际的小说理论及小说资料专家罗烨,在其《醉翁谈录·舌耕叙引》的《小说引子》中说:"夫小说者虽为末学,尤务多闻。非庸常浅识之流,有博览该通之理。"又有诗曰:"小说纷纷皆有之,须凭实学是根基。开天辟地通经史,博古明今历传奇。藏蕴满怀风与月,吐谈万卷曲和诗。……"高度肯定了小说作者的才能和博学,和赵彦卫的意见是一致的。

宋代的小说理论批评,还有一项突出的特点,就是以刘辰翁对《世说新语》的评点为代表,开创了小说评点派的先河。刘辰翁的大量评点,包括了思想内容与艺术形式的许多方面,往往三言两语,便道出了不少精辟的见解,受到了当时和后世人的赞许。李贽、金人瑞、张竹坡、脂砚斋等小说评点大家,可说都受过他的影响。如果说,评点派是中国古代小说理论批评的一种主要形式,而且获得了重大成就的话,刘辰翁就可说是这一派的老祖宗,具有不可磨灭的功劳和重要的地位。

总的来说,中国古代小说发展到了宋代,其社会地位和影响都产生了一个飞跃,为前代小说所望尘莫及。建立在这个厚实基础上的宋代小说理论批评,也取得了大的突破,它从许多方面接触到小说理论批评中的一些重要问题,使人耳目为之一新,它有力地冲击了传统观念中对小说的种种偏见,更为明清两代小说理论的巨大成就作了良好的铺垫,对明清小说创作成就也有不可估量的贡献。

关羽与"义"

关羽以一员普通武将,后世竟能声名大显,以至跻身圣人之列,与孔子并称为文、武二圣,继而又被统治者封为"大帝",他的神像祠庙,几乎无处不有,其影响俨然蹈乎孔子之上。原因何在?说起来也简单,就靠的一个"义"字。而关羽的"义"名,是和《三国演义》分不开的,因为他是被后世称为书中"三绝"中"义绝"的人物。这"义"为何物?为何有此神奇力量?虽然人们有过许多议论,似乎仍然可以有进一步探究之处。

在我国封建社会的长期历史发展中,形成了自己一系列的伦理道德观念,诸如忠、孝、仁、爱、礼、义、廉、耻等等。这些观念,一般来说,都有明确界限和内涵。唯有一个"义"字,却具有颇为复杂的含义。而其中具备道德伦理、行为规范含义的概念,就是适宜、合理的意思。《易·乾》说:"利物足以和义,贞固足以干事。"皇侃在疏解这个"义"字时说是"言天能利益庶物,使物各得其宜"。把"义"释为"使物各得其宜"的观念,就一直被后人所接受和沿用下来。对后世影响极大的程朱理学的代表朱熹解释"义"字,也就是"事之宜也"或"天理之所宜"(见《论语·学而》、《论语·里仁》),即承袭了这种思想。

然而这一被普遍接受而成为传统思想的说法,实际上却蕴涵有许多含糊之处。因为所谓"宜",它具有善、合适、得体、合乎分寸等意思,是人人都可接受和希求的。但面对处置具体的事物和各种纷繁的人际关系时,怎样才算为"宜",则不同阶级、阶层、集团、行业、文化程度、性格修养的人,就往往会有不同的甚至大相径庭的看法和要求,光一个"义"字就无法规范得了。因此所谓"义",以及传统所解释的"宜",从某种意义来说,乃是一个尚不具备有确切意义的概念(至少在《三国演义》的运用中就反映了这种情况,后面再作具体分析),是在具体运用时,不同的人可以作出不同理解因而各行各的"义"的概念。

于是为了伸张自己的看法和适应自己的要求,不同的人在运用它时就常常给予"义"以一些附加的词语,明显的如"忠义"则突出了统治阶级的观念和要求,而"侠义"则往往表现了下层平民的愿望和行为。由于它们之间有一个"义"字作为交叉点,就是说有其某些相同之处,所以有些性质本来不同的行为和事情的含义有时也可以混同起来或兼而有之,此所以晁盖的"聚义厅"可以一夜之间平稳地变为宋江的"忠义堂",梁山好汉中的多数人可能并未意识到这种改变的意义,而实际上它却反映了梁山好汉中有的是结义而来,意欲造反,有的却是为等待招安、体现忠义而借居水泊,他们的动机和要求本是尖锐对立的,却暂被一个"义"字维系着,但它最后必然会、事实也是产生了尖锐的矛盾,以至决裂。

既然"义"与解释它的"宜"是与大家都有着密切的关系,它几乎时时刻刻和人们的生活行为都发生联系,因此人们对它的需要就特别广泛和迫切,需要打着它的旗号来做事,但在对它的意义的解释无法取得一致的情况下,就很需要有一个大家都能接受的行为偶像,使不同的人不管做起什么事来都能在他身上找到"义"的根据。

《三国演义》中的关羽便是这样一个具有能适应不同人需要的"义"的最合适的人选。

首先,关羽的"义"突出地表现在与刘备的关系上。在桃园三结义时,三人就拜香立下过誓言:"背义忘恩,天人共戮。"他们也都是严记谨守的。而首先受到极其严峻的考验的是关羽,"屯土山关公约三事"之后,关羽一直受到曹操的优厚待遇,所谓"封侯赐爵,三日一小宴,五日一大宴,上马一提金,下马一提银"。然而这一切都留不住关羽,当关羽打听到失散后的刘备的下落时,便坚决要执行"约三事"中的"但知刘皇叔去向,不管千里万里,便当辞去"。在曹操有意避而不见的情况下,他毅然"挂印封金",留下曹操的一切赏赐,护送二嫂去寻刘备,而且作出了千里走单骑,过五关,斩六将的壮举。古城与张飞相会,又斩蔡阳以明心迹,最后得以兄弟主臣再度会合,实现了关羽致刘备书中所说的"窃闻义不负心,忠不顾死。……羽但怀异心,神人共戮"的心愿。特别值得注意的是,关羽是在刘备很不得意、自己还在寄人篱下的情况下作出这番举动的,这一点确是不易做到。他也因此"义"名震天下。这是很正常的事情。

其实,如果仅就关羽为不背盟誓而紧随刘备这件事情本身来说,本来并非一件什么大了不起的事。就在刘、关重逢之时,书上又写到赵云来投刘备,赵与刘并无结义关系,只是在公孙瓒手下时与刘备有过接触,便对"玄德甚相敬爱,便有不舍之心"。后来分别时又互相"执手垂泪,不忍相离"。公孙瓒败亡后,袁绍招用他,赵不肯前往,一心要投刘备,因刘备又恰在袁绍处,不好前去,结果"四海飘零,无容身之地"。因闻得张飞在古城,来探情况,幸得与刘备相会。赵云"奔走四方,择主而事"的事情,并未引起读者的多少注意,其原因乃在于书上未把它的过程作详细的介绍以至渲染,赵云"四海飘零,无容身之地"时的许多可歌可泣的经历以及对刘备向往之情便都给淹没了;而关羽寻找刘备的过程,书上却用了近三回的文字作了大量的描绘和渲染,其中不仅表现了关羽对刘备信守的"义",还突出了他的神勇,他的富贵不能淫、威武不能屈的可贵品质,因而为世人瞩目,这就不奇怪了。关羽死后,作者引"后人有诗叹曰"赞美关羽,说他《春秋》义薄云,昭然垂万古,不止冠三分"，主要也是这一段故事所产生的影响。当然，在这件事情上关羽表现出来的"义"也确是应该赞许的。

关羽的离去，对费尽心机，一意想招收他的曹操来说，无疑是一个极大的打击。事实也是如此，当曹操刚看完关羽的告辞书信时，即"大惊曰：'云长去矣！'"然而我们却看到，这件对曹操来说似乎有百害而无一利的事情，在曹操惊魂甫定之时，他却还能从中发掘出一些积极的意义来。当时蔡阳因平时不服关公，立即要去追赶，曹操却说："不忘故主，来去明白，真丈夫也。汝等皆当效之。"并斥退蔡阳，不令去赶。后来又补充解释说："彼各为其主，勿追也。"平心而论，在刘、关、张之间，确是既有主从（当时还谈不上君臣），又有兄弟的关系，而结义兄弟的关系乃是主要的，也是关羽决定自己行动的出发点，这从刘、关的书信来往中可以看出。刘备在不明原由的情况下写信责他："备与足下，自桃园缔盟，誓以同死。今何中道相违，割恩断义？"关羽则抱着满怀委屈，答以"窃闻义不负心，忠不顾死。……羽但怀异心，神人共戮"。说明他们都十分重视这个桃园所结的"义"。但也不可否认，他们之间也有一定的主从关系，关羽在与张辽的"谈判"中就说到"吾仗忠义而死，安得为天笑"；在告别曹操的信中又说到"羽少事皇叔，誓同生死"，并称刘备为"故主"。因此关羽的行动，除了以"义"为主之外，确也有"忠"的成分在内，曹操以他为榜样，要诸将学他的"不忘故主"，"各为其主"，也不是完全无据的。事实上，"忠义"二字已并存于这一事件之中，所以曹操得以利用这一事件。这也是曹操能够容许关羽如此"专行"的原因所在。曹操的这个举措，原意在对部下宣扬他的"忠"，但对其他人来说，实际上是帮助张扬了关羽的"义"名；同时也为不同利益的人甚至是对立的双方都能在同一事件上肯定关羽的行为开了先河。

由于刘、关、张以结义的关系放在首位，主从（后来是君臣）关系还在其次，而且一直是遵循这个原则的，因而在一定的情况下，就难免会出现个人的"义"凌驾于集体(集团)利益之上的事情。第五十回华容道上"关云长义释曹操"就是一个典型的例子。曹操当时兵残马疲,已成瓮中之鳖,遇到关云长的埋伏人马,本可手到擒来。但在曹操亲自告求之下,"云长是个义重如山之人,想起当日曹操许多恩义,与后来五关斩将之事,如何不动心",最后还是"长叹一声",把曹操一干人马放过去了。应该说,这是一件严重违犯纪律、抛弃原则、极大地损害了刘备集团利益的大事故。从道理上来说,关羽其实自己也明白这件事的性质,在开头和曹操答话时他还说:"今日之事,岂敢以私废公?"然而他在行动上终究还是把个人的"恩义"放在一切之上,"以私废公"了。而当孔明要按"军令状"执法,"遂叱武士推出斩之"的时候,刘备却又来求情说:"昔吾三人结义时,誓同生死。今云长虽犯法,不忍违却前盟。望权记过,容将功赎罪。"这里,刘备同样也是把个人的"义"放在一切之上,结果,便以权代法,放了关羽。(而同样犯了"军令状"的马谡却被孔明"挥泪斩"了之了。)对于这一明显十分错误的行为,关羽不但没有受到军法的制裁,甚至没有受到任何指责,而且相反,作者还对他给予了大力的褒扬。首先在回目就称此事为"关云长义释曹操";当孔明下令要处斩关羽时,作者又插进来曰:"正是:拼将一死酬知己,致令千秋仰义名。"这样,关羽本是犯了一个大错误,他不仅明知是"以私废公",从华容道回来时还曾对孔明说:"关某特来请死。"可见这件事情的严重性。但是在作者笔下,却把它当成一件"义"举来歌颂,使得关羽不但又一次"义"名大扬,而且是"千秋仰义名"了。关羽这件"以私废公"的错误所得到的"义"名,其影响似乎并不在千里走单骑,弃曹投刘这一义举之下。于是《三国演义》又通过关羽这个形象把一件"以私废公"的错事反而渲染成为一件"义"举,这又赋予了"义"以新的内涵。

　　正因为如此,所以刘备、张飞似乎也都顺理成章地沿着这个"义"字的轨迹走了下去,而且越走越远。关羽因奉行了一条违背联吴抗魏方针的错误路线，最终败走麦城，落得了一个丧身失地的悲剧下场。关羽之所以不愿执行这条对刘蜀来说是至关重要的基本国策，其实并非他另有一套什么不同的高明见解，说到底，乃是因为在一个"义"字的作梗下，要他在魏、吴之间选择出敌或友时，他在感情上怎样也是向曹魏这一方倾斜的，所以才最后酿成了这场悲剧。而刘备、张飞不是总结他的经验教训冷静对待，而是不顾一切，刘备死抱住"桃园与关、张结义，誓同生死"的信条，不听一切谏阻要起倾国之兵为关羽报仇，结果同样兵败身亡，给蜀国的事业带来不可弥补的巨创。其原因都在一个"义"字上栽了跟头。

刘、关、张的行为，不仅在今天看来是明显的错误，就是当时的人也普遍认识到他的不妥。以诸葛亮为首的蜀中群臣都反对过刘备伐吴，赵云还谏说："汉贼之仇，公也；兄弟之仇，私也。愿以天下为重。"学士秦宓也奏说："陛下舍万乘之躯，而循小义，古人所不取也。"甚至诸葛瑾来做说客时也指出刘备的行为是"舍大义而就小义也"。实际上都批判了这种狭隘的"小义"。但看来，这桃园结义的三兄弟都中这"小义"之毒极深，为其所困，所以犯了一连串越来越厉害的错误。

可是《三国演义》的作者却并未明确表现出对这种"小义"的批判态度，而是相反，对关羽华容道放走曹操也称之为"义释"，为之张扬，因此使得这种危害极大的"小义"似乎还显得十分美好，这就使它在小农思想成为汪洋大海的封建社会有着广大的市场，人人都乐于接受。

总而言之，在关羽这个形象身上所体现出来的"义"包含了非常丰富、又很复杂甚至是互相矛盾的内容。之所以如此，是因为一方面如前所述，"义"的概念本来就不明确，有很大的含糊性；在《三国演义》里，也同样如此，许多不同的事情都可以用一个"义"字来涵盖它，如第五十回"关云长义释曹操"，第五十三回"关云长义释黄汉升"，第六十三回"张翼德义释严颜"，本来是三件性质完全不相同的事,可作者都冠以"义释"的名号,而且都在回目里标出来。这种混乱的概念在关羽这个形象身上尤其表现得更为突出,于是几乎什么样的人,都可从他身上找到为自己行为作根据的"义",在此基础上,加上后世有人一再着力张扬,关羽自然就成为大家都崇拜的"义"的偶像了。其实在不同人的心目中,关羽这个"义"的化身的形象是大不一样的。过去论者往往把关羽之所以成为人们崇拜的偶像归结为统治者、尤其是清朝统治者大力捧他的结果,这固然是原因,但却是较次要的原因,因为如果不是传统中的关羽、尤其是《三国演义》中的关羽有这样一个形象的话,那是要捧也捧不起来的。而且关羽以"义"出名的形象在清以前就颇有影响了,《水浒传》中的好汉不就常以"桃园结义"作为他们聚义的榜样吗? 就是在今天,不仅在国内的许多地方,就是在域外有华人聚居的地方,仍不时可见到关圣人的图形和坐像,大概也和他的"义"所体现的丰富性有着密切的关系吧。当然,有了这个基础,也就不排斥还具有后人所加给他的更新的内容了。

《西游记》校注前言

　　在我国古典小说宝库中，《西游记》称得上是一部家喻户晓、妇孺皆知的作品，作者吴承恩以他那驰骋万里、挥洒自如的天才想象力，使我们进入了一个非现实的魔幻世界。

　　作为《西游记》主体的取经故事，并非作者构创，而是由真人真事衍化而来，经历了一个长期的积累演变过程。唐贞观元年（627），青年僧人玄奘为了取得佛教经义，只身赴天竺（印度）学习佛经，途中备尝苦辛，终于在贞观十九年（645）携经六百五十七部回到长安。玄奘西行取经的这种经历，本身就具有非常强烈的传奇色彩。第二年，他的弟子辩机根据他的口述整理成《大唐西域记》一书。后来，他的门徒慧立等又写了《大唐慈恩寺三藏法师传》。两书都记载了玄奘西行途中的奇遇和见闻。从此，取经故事便在民间广泛流传，在流传过程中越来越趋于神奇化，并开始脱离原来的历史内容。

　　到宋代，说话艺术兴盛，取经故事也成为民间艺人的重要素材。现存最早的以小说形态存在的形诸文字的《大唐三藏取经诗话》，就是南宋的说经话本，书中的猴行者化为白衣秀士，已初具孙悟空的雏形，他神通广大，一路降妖伏魔，在保护唐僧取经的过程中起了很大作用，并已取代唐僧成为取经故事的主角。由南宋到明初，取经故事在多种文艺形式中发展起来，取经故事也开始定型，其中最引人注目的是至迟在明初出现的《西游记平话》，全书已散佚，但在明初编辑的《永乐大典》里，还保留了它的一段题名为"梦斩泾河龙"的故事，其情节与今本《西游记》第九回前半部基本相同。另外，成书在《永乐大典》之前的朝鲜汉语教材《朴通事谚解》中也提到了这本《西游记平话》，并概述了书中"车迟国斗圣"一段故事，与今本《西游记平话》四十回也大体一致。与此同时，西游故事也被搬上舞台，金院本有《唐三藏》，元杂剧有吴昌龄所著的《唐三藏西天取经》，虽均已不存，但却说明了西游故事的深入民心。元末明初，杨讷所著的《西游记杂剧》，开头补充了唐僧出生的部分，已经具备了很多重要情节。这些前代的民间传说和平话戏曲，给吴承恩创作《西游记》打下了坚实的基础。

吴承恩(约 1500—1582)，字汝忠，号射阳山人，淮安府山阳县(今江苏淮安)人。吴承恩的父亲吴锐，做些布匹绸缎的生意，愤世嫉俗却不甚得志，"性一无所好，独爱玩群籍，不问寒暑雨旸，日把一编坐户内，大官过，亦不知，前驺呵之，乃徐起"。读到"屈平见放"、"伍大夫鸱夷"、"诸葛孔明出师不竟"，竟"双双流泪"。而且好俯仰时政，"意有所不平，辄抚几愤惋，意气郁郁"。① 生活在这样的环境里的吴承恩，不能不受到影响，他小时候便"性敏而多慧，博极群书"，②对唐人流传下来的神怪小说，尤其喜爱，"每偷市野稗言……迨于既壮，旁求曲致，几贮满胸中矣③。因此，能够"为诗文下笔立成……复善谐剧，所著杂记几种，名震一时"。④

吴承恩虽少有文才，却屡困场屋，四十几岁时才补了个岁贡生，又因母老家贫，不得不屈尊去做了个长兴县的县丞，这是一个与他思想性格极不相符的职位，结果，只做了七年，他便拂袖而归，重新过着放浪诗酒、恬淡自适的生活。

① 吴承恩：《先府君墓志铭》。
② 〔明〕天启《淮安府志》。
③ 吴承恩：《禹鼎志序》。
④ 〔明〕天启《淮安府志》。

除了《西游记》外，吴承恩还留下了不少诗作，《二郎搜山图歌并序》就是其中一首著名的气势磅礴的作品，与《西游记》的精神一致，诗人以他那纵横恣肆的笔触，为我们描绘了一幅惊心动魄的狐妖狂虺斩绝图，"救月有矢救日弓，世间岂谓无英雄？"一股刚直傲岸、浩然涤荡之气充溢诗中，这正如他在《禹鼎志序》中所表述的"吾书名为志怪，盖不专明鬼，时纪人间变异，亦微有鉴戒寓焉"。心中的悒郁不平如骨鲠在喉，不吐不快而又不能一吐为快，便寄之于妖魔鬼怪的故事，"国史非余敢议，野史氏其何让焉"，我国古代文学史上不乏这种现象。

《西游记》是吴承恩创造的一个独有的艺术世界。郑振铎先生曾说："唯那么古拙的《西游记》，被吴承恩改造得那么神俊丰腴，逸趣横生，几乎另外成了一部新作，其功力的壮健，文采的秀丽，言谈的幽默，却确远在罗氏（罗贯中）改作'三国'，冯氏（冯梦龙）改作'列国志传'之上。"①

的确，《西游记》讲的是一个佛教的取经故事，却丝毫不见宗教文学的迂腐陈旧。与以往取经故事的写法大不相同，吴承恩更改了传统的结构方式，开卷便是"灵根育孕源流出"，并把"大闹天宫"提到了全书的开头。孙悟空的出生惊天动地，他无父无母，乃天地日月之精孕育而成，这就一下子超越了世俗社会可能有的种种限制和约束。他一诞生，便"目运两道金光，射冲斗府"，惊动了玉帝，这两道金光，正是一股与生俱来的睥睨万物、雄视天下的傲然之气。果然，他过着"不伏麒麟辖，不伏凤凰管，又不伏人间王位所拘束"的自由自在的生活，一旦想到虽不归人王法律，不惧禽兽威严，却暗中还有阎王老子管着，便定要学那长生不老之方，还要到幽冥界十八层地狱中勾了自己的名字，终得"今番不伏你管了"。天宫里官分九品，爵为八等，有着严格的尊卑界限，孙悟空却以他那一

————————

① 郑振铎：《〈西游记〉的演变》。

往无前、任情而为的斗争,完全扰乱了天宫多少万年延续下来的统一和整肃,毁灭了神佛道世界的所谓庄严性和神圣性,声名赫赫、不容冒犯的玉皇大帝在孙悟空的造反面前吓得手足无措,遣将擒拿,反被打得落花流水,威风扫地;降旨招安,又被孙悟空发现是个骗局,直"打得那九曜星闭门闭户,四天王无影无形",往日威严的天宫如今被一只小小的猴子搅得一片忙乱,直到如来佛降临,他还是"天宫让与我,便罢了;若还不让,定要搅攘,永不清平"。在孙悟空那里,丝毫没有什么尊卑界限,当初"造反",也因为他有无穷本事,玉帝却甚不用贤,只让他养马,这意味着对他的藐视,严重损伤了他的自尊,这种"不知人事,辄敢无状"的行为,与过去文学作品中的书生怀才不遇的满腹牢骚,小姐相思怀春的缠绵幽怨相比,完完全全是个崭新的世界,其血性真情读之真若春风扑面而来,这是全书最酣畅淋漓的一笔。《西游记》中出现的这种全新的氛围,并非偶然,在吴承恩生活的明代中后期,在思想意识领域出现了一股强烈的要求个性解放的思潮。嘉靖年间的李贽,在他的《焚书》中,充满了蔑视礼教、反对道学、反贤非圣的异端思想,他标举童心,说"夫童心者,绝假纯真,最初一念之本心也"。这就是要提倡那种率真诚笃、无所拘束的鲜明个性,而艺术上,也要求有真性情,"夺他人之酒杯,浇自己之垒块;诉心中之不平,感数奇于千载"。这时出现的一大批作家,徐渭、汤显祖、袁宏道等,都以这种艺术主张为本,写出了一大批奇文绝字,吴承恩的《西游记》,可说正是这股思潮的又一集中体现。

从全书的第七回起,开始了取经的历程,孙悟空仍继续着他的斗争。取经途中,斩妖除魔,每一次战斗离开了孙悟空都寸步难行。如果说故事开头孙悟空破石而出的不凡降世,求仙访道的曲折经历,七十二般变化,十万八千里筋斗的殊异本领,一次又一次战胜天兵天将的光辉业绩已充分展示了孙悟空超凡绝伦的本领的话,那么西天取经的历程更使孙悟空的敢作敢为得到了淋漓尽致的生发与渲染。可以说，没有孙悟空，吴承恩的《西游记》也将不复存在。

取经途上的斗争，实为更复杂多变，而孙悟空除了继续保持着勇敢顽强的基本性格外，还懂得了随机应变，运用多种战术来消灭敌人，不仅正面拼斗，还经常钻进对方肚子里，"跌四平，踢飞脚"，"打秋千，竖蜻蜓，翻跟头"，疼得妖魔遍地打滚，满口求饶，从而转弱为强，反败为胜。他的降妖，不仅为了取经顺利，还常常是为民除害。一有妖魔，便盯住不放，见恶必除，除恶务尽，如过通天河时，河中怪物以童男女祭赛，虽与取经无碍，孙悟空却一定要救人患难，使一庄人免了祭赛，全了儿女。

更重要的，在取经途中，孙悟空对诸神佛道，仍是桀骜不驯，一有机会，就要捉弄一番。他经常以轻蔑的态度嘲弄那些神佛统治者，他骂观音"悫懒"，咒她"一世无夫"；揶揄佛祖是"妖精的外甥"；在车迟国里，还将三清神像推入毛厕，自己却大享供品；要他保护唐僧取经，他要求山神土地、四海龙王、值日功曹随时听命，连佛祖、玉帝也要为他服务。

有意思的是，吴承恩在《西游记》里，还经常点出妖魔鬼怪与天上诸神佛道的关系，书中大多数妖魔鬼怪，都是神佛的门下或徒弟。像作恶多端的红孩儿成了观音的善财童子；金峣山的兕大王是太上老君的坐骑；黑松林的黄袍怪是天上的奎木狼星；小雷音寺的黄眉妖是弥勒佛的司磬童子；蝎子精是如来佛的徒弟；狮驼洞的三个妖魔——青狮怪、黄牙老獠是文殊、普贤菩萨的坐骑，大鹏"与如来有亲"。他们以神佛为靠山，"一封书到灵山，五百阿罗都来迎接；一纸简上天宫，十一大曜个个相钦。四海龙曾与他为友，八洞仙常与他作会。十地阎君以兄弟相称，社令、城隍以宾朋相爱"。难怪孙悟空一遇难题，常常要上普陀岩拜询菩萨，或是入灵霄殿追问玉帝了。而那些打死的白骨精、豹子精、五树精、蜈蚣精都是自行成怪，没有神佛后台的。

这些神佛下界为妖后，凭着佛法道术，一个个为非作歹。通天河里的灵显大王，原是观音的弟子，修成手段后，一年一次祭赛，专吃童男童女，若不依，便要降祸生灾，使贫苦百姓个个家破人亡；红孩儿，占了山神、土地们的血食香纸，使众神一个个衣不充身，食不充口，"披一片，挂一片，裙无裆，裤无口"，却被观音收为善财童子。神佛下界为怪，妖魔升天为神，神、魔原为一体，由此可见一斑。特别是，有些妖魔下界害人，还是奉旨而来的，像谋害乌鸡国王的青毛狮子怪，便是"奉佛旨而来"，只因文殊菩萨受到乌鸡国王怠慢，如来佛祖便派此怪把国王推入井下，浸了三年，定要报了"一饮一啄"之恨。佛家口口声声"救人一命，胜造七级浮屠"，这里却何曾见到半点慈善之心。而书中的玉帝，也非大慈大悲之辈，而是心胸狭隘，睚眦必报，天竺国凤仙郡侯一时性起，将斋天素供，推倒喂狗，玉帝便施以惩罚，使全郡亢旱三年，百姓难以活命，"十门九户俱啼哭，三停饿死二停人，一停还似风中烛"。观音禅院的僧徒，为霸占唐僧的锦襕袈裟，不惜谋财害命，妄图烧死唐僧师徒四众。说到取经成员，包括唐僧师徒四众和那匹白马，都和神佛有着宿怨。孙悟空自不必说，八戒、沙僧、白马都是天神，因犯了过失而遭贬；像沙僧原是灵霄殿的卷帘大将，在蟠桃会上，失手打碎了玻璃盏，被玉帝贬入凡界，还七日一次，将飞剑穿入胸胁百余下；而唐僧也是如来的弟子金蝉子，因为不听说法，被贬入东土，才有了这番磨难遭际。取经人不是因坚定的宗教信仰，而是因触犯了天神被迫走上了取经路途，作者设置这一番源流，大大淡化了其宗教意味。

吴承恩除了把批判锋芒指向宗教蒙昧主义以外，还不时地"讽刺揶揄则取当时世态加以铺张描写"。① 神佛世界的不少事情都有人间世态万象的影子，有时作者似乎是不经意写来，又不经意写过，淡淡一笔，随手拈来，细细品味，却意味隽永。第四十三回的鼍

① 　鲁迅：《中国小说史略》。

龙,是西海龙王的外甥,封在黑水河养性,却依势行凶,占了黑水河神府,伤了许多水族,而西海龙王竟不准河神的上诉状子。乌鸡国王无处伸冤,也是因为窃国篡权的狮子怪"神通广大,官吏情熟,都城隍常与他会酒,海龙王与他有亲,东岳齐天是他的好朋友,十代阎罗是他的异兄弟。因此这般,我也无门投告"。阴司冥府,本应铁面无私,秉公办事,可唐太宗魂游地府时,判官崔珏竟因为生前是"太上先皇驾前之臣",又与魏徵是"八拜之交",故在收到当朝宰相魏徵的求情信后,便私改生死簿,给唐太宗添上阳寿二十年。唐僧师徒四众费尽千辛万苦到达西天,只因没有"人事"奉送阿傩、伽叶,便传以无字之经,如来不但不问罪,反而附和说往日传经"只讨得他三斗三升米粒黄金回来,我还说他们忒卖贱了,教后代儿孙没钱使用"。师徒四众一路出生入死,战胜了一个又一个艰难险阻,都为着灵山佛地这片清净圣土,极乐世界,到时一看却仍有"凶魔欺害呢"!这真是绝妙的讽刺!这正是当时普遍存在的封建社会徇私舞弊、姑息养奸、官官相护的丑恶现象的折射和反光。

　　在斩妖除魔的惊险历程中,作者还特意安排了九个人间国度,作者对其中国王的荒淫昏庸、道士的弄权祸国进行了无情的揭露和尖锐的讽刺。比丘国里,妖精扮作道人,进女色以取悦当朝,便被封为国丈,又进献海外秘方,要用一千一百一十一个小儿心肝做药引子,服后便有千年不老之功,"人家父老,惧怕王法,俱不敢啼哭"。虎力、鹿力、羊力三个妖仙,扮成道士,以会呼风唤雨、扦砂炼汞等道家法术,取得了车迟国王的宠爱和信任,被称为"皇亲国戚",拜为"国师",国王在他们的唆使下,到处捕拿和尚,使二千多和尚死了六七百,自尽了七八百,剩下的全要给妖道为奴。乌鸡国国王宠信结拜的钟南山全真道士,后来弑王篡位;而灭法国国王竟许下罗天大愿,要杀一万个和尚。这些描写和吴承恩生活的嘉靖年间的史实相当接近,明代许多昏君都崇奉道教,嘉靖皇帝为了益寿延年,炼金丹、建斋醮、大兴道术,道士们利用这种心理,通过炼丹、祈雨、献方术、进女色等手段获取宠信,邵元节、陶仲文等方术之士便被加授礼部尚书,一品服俸,他们爬上高位后,又与当朝官宦奸臣狼狈为奸,共同残害百姓,一些正直的士大夫上书进谏,却多被下诏入狱,甚至迫害致死,这种现实引起了许多士大夫和广大人民群众的强烈不满。因此《西游记》虽然运用的是神话的形式,却具有深刻的现实意义。它表现了丰富的社会内容,反映了当时重大的社会矛盾,它的思想倾向和人民的愿望和要求息息相通。

另外,《西游记》除了师徒四众这几个主要人物外,还写了大大小小无数个配角,但每个角色写来都是妙趣横生。很重要的一点,就是书里面"神魔皆有人情,精魅亦通世故"①。唐僧,作为取经途上的"领导人物",却失去了历史上高僧玄奘的神采。他一方面能始终意志坚定,矢志向西;另一方面又软弱无能,若离开了徒弟的帮助,就连一碗斋饭也化不到,稍有危险,便吓得六神无主,"战战兢兢,滴泪难言"。如过比丘国时,国王声言要用唐僧的心肝做药引子,他便拉住孙悟空哀求,孙悟空想出了个"师作徒,徒作师"的主意,唐僧答道:"你若救得我命,情愿与你做徒子、徒孙也。"为求一命不惜屈尊,比起历史上那个孤身一人、勇敢无畏的高僧来,大为逊色。但这些,却正显示了他作为一个普通人,而不是一个神化了的圣僧的可亲、可近与可信。

孙悟空是个了不起的英雄,可身上的毛病也有不少,闹龙宫时,强行拿了人家的金箍棒,又死皮赖脸地索拿披挂,并且威胁说:"真个没有,就和你试试此铁!"取经途上,一路上的山神土地,也不管有碍无碍,动不动就"伸出孤拐来,各打五棍见面,与老孙散散心",也的确霸道了些。可这些缺点、毛病不仅没有损害人物形象的塑造,却反而更增添了孙悟空作为一个锋芒毕现、浑身傲气的形象的丰富性和立体感。即便是一些小人物,也塑造得栩栩如生。

---

① 鲁迅:《中国小说史略》。

火焰山的牛魔王,只因玉面公主"有百万家私,无人掌管",便撇下妻子铁扇公主罗刹女,自愿被"招赘为夫",不到两年,却给罗刹女"不知送了他多少珠翠金银,绫罗缎匹,年供柴,月供米,自自在在受用",而玉面公主骂他是"惧内的庸夫",他也不得不陪着小心:"我有哪些不是处,你且慢慢说来,我与你陪礼。"直是一个夹在妻妾之间、委曲求全、左右为难的丈夫形象。妖魔涂上了人的色彩,富含人情味。还有像平顶山的精细鬼、伶俐虫,对孙悟空变出的假宝葫芦,从不相信到惊叹其本领,到贪图便宜,"这样好宝贝,若不换啊,诚不是养家的儿子",再到发觉上当,其憨厚单纯之态,也足令人开怀。

读小说最忌简单地攀附比拟,读《西游记》当然也一样,它呈现于我们面前的毕竟还是一个超人间的想象的世界。从整本书来看,其运笔的洒脱无拘,构思的奇异莫测,语言的诙谐妙趣,在古代小说史上是空前的。

《西游记》里,能超越时空,纵横万里,古往今来,天上人间,无时不可在,无处不可到,真可谓惊心动魄:一个跟头可以十万八千里,去冥府勾了生死簿就可以永生,宝葫芦可以一时三刻化人为脓水,风雨雷电,可以召之即来,挥之即去,生花之笔,奇思异想,美不胜收。在一些细节上,也体现了作者创造性的想象力。如孙悟空闹天宫后被二郎神追赶,躲不过,变作一座土地庙:大张着口,似个庙门,牙齿变作门扇,舌头变作菩萨,眼睛变作窗棂,尾巴不好办,变作一根旗杆竖在后面。第六十七回红蟒大蛇精一口吞下了孙悟空,孙悟空用那根金箍棒拦腰一撑,那怪物"躬起腰,就似一道路东虹";又撑起肚皮,那怪物"翘起头来,就似一只赣保船";又把铁棒用力往脊背上捅出去,那妖怪便似风一般,往前一蹿,终于鸣呼丧命了。作者那丰富的浪漫主义想象手法,令人叹为观止。

还有一点,就是《西游记》极富喜剧色彩,通篇都给人以喜剧的感受,小说处处是笑声,即便是在生死存亡的危急关头,作者也忘

不了他的幽默乐观的精神风格。孙悟空在狮驼国被青毛狮子怪一口吞进腹中,妖怪甚是得意:

> 大圣道:"我儿子,你不知事! 老孙保唐僧取经,从广里过,带了个折叠锅儿,进来煮杂碎吃。将这里边的肝、肠、肚、肺,细细儿受用,还够盘缠到清明哩!"那二魔大惊道:"哥啊,这猴子他干得出来!"三魔道:"哥啊,吃了杂碎也罢,不知在那里支锅。"行者道:"三叉骨上好支锅。"三魔道:"不好了! 假若支起锅,烧动火烟,焰到鼻孔里,打嚏喷么?"行者笑道:"没事! 等老孙把金箍棒往顶门里一搠,搠个窟窿。一则当天窗,二来当烟洞。"

剑拔弩张之际,尚能无忧无虑地打趣戏谑,如果没有一种乐观机智的战斗精神,是无论如何也笑不起来的。

在人物塑造方面,《西游记》也多滑稽诙谐的调子。猪八戒可说是全书人物中喜剧效果最浓厚的了,他的一言一行都让人发笑。在取经集体中,他是俗念最多的一个。他原是天河里的天蓬元帅,被贬下凡人间错投了猪胎,身上有着诸如贪吃、好色、偷懒、爱占小便宜等诸多毛病,就是这些毛病,使他一路上出尽了洋相。他被迫从高老庄走上了取经的路途,却不时挂着要回丈人家的念头,最担心的是"和尚误了做,老婆误了娶"。他常常自作聪明,却反见呆傻。第三十二回,八戒假称巡山,却找了个山凹睡了一觉,怕不好交待,便编了一通谎话,对着三块青石搬演了一遍,一路上还不断温习个不停,自觉编造得妥妥帖帖,却被孙悟空偷听了去,结果回来他越是一本正经、有模有样地对答,越是让人发笑。又有一次,孙悟空为鼓动猪八戒出阵,将远处妖雾说成是村民蒸的白米干饭、白面馍斋僧的蒸笼之气,一向嘴馋的八戒信以为真,便主动要求去打草喂马,被群妖围去推推拥拥要去蒸了,他还喜不自禁地嚷道:

"不要扯,等我一家家吃将来。"又一次为吃出了丑。

此外,在行文用语方面,那些滑稽谐语更是比比皆是。像在朱紫国,猪八戒嘲笑太监阴不阴,阳不阳,不能称为"公公",叫他们是"奶奶知事";在布金禅寺,猪八戒把饭食一搅直下,沙僧劝他"斯文"些,八戒急将起来:"斯文!斯文!肚里空空!"沙僧也笑道:"二哥,你不晓的。天下多少斯文,若论起肚子里来,正替你我一般哩。"这些戏谑之言,信手拈来,不仅使人解颐,也讽刺了一些反常的社会现象。

几个世纪以来,《西游记》一直是我国古代流传最广的小说之一,其版本之众多就是一个明证。今天我们能见到的众多刻本中,以明刊金陵世德堂"新刻出像官板大字《西游记》"最早,其他的明代版本还有余象斗《四游记》中编入的杨致和四十一回《西游记传》,朱鼎臣的《鼎锲全像唐三藏西游释厄传》,以及崇祯年间刊刻的"李卓吾先生批评《西游记》",清代刻本则较多。

在众多刻本中,世德堂本和崇祯李卓吾评本是较好的、也是较接近的早期刊本,过去国内整理的《西游记》多以世德堂本为底本,包括人民文学出版社1955年和1979年两次校订出版本。本书则以崇祯本为底本,并参校清代刻本而成,所参校的清代刻本包括:清嘉庆六年(1801)刻本《西游原旨》,清咸丰二年(1852)竹西琅环书室刻本《西游真诠》,晋省书业公记本《新说西游记》,清初刊本《西游证道书》等,并参考了人民文学出版社两次校订整理本。

明代刻本中,世德堂本和崇祯本都未详细著录唐僧出身故事,仅在第十一回中用二十四句七言韵语作了一个简略介绍,后文又以唐僧自述形式多次提到,第九十九回总结的八十一难前四难——金蝉遭贬、出胎几杀、满月抛江、寻亲报冤也是其出身事件;而明代朱鼎臣本则有一卷对唐僧出身内容的细致描写;杨致和本是不到二百字的唐僧出身叙述;清代刻本从清初汪澹漪《西游证道书》始,补出了一回"陈光蕊赴任逢灾,江流僧复仇报本",以后的清代刻本都依此补出。各本唐僧出身故事错综复杂,牴牾差异之处亦不少,例如清代刻本中,补出的故事收留唐僧的是法明长老,第十一回却说是迁安和尚,后文叙述唐僧经历的七言诗中有"洪州剿寇诛凶党"一句,而水寇冒充陈光蕊做官并被剿灭之地却是江州,补出的第九回中唐僧生父陈光蕊在贞观十三年(639)中状元成亲,而第十二回唐僧应荐道场也在贞观十三年。世德堂本和崇祯本是无意刊落,还是主动删去了这段故事? 删去这段故事的目的是为了突出孙悟空的主角地位,还是因为有关情节有损圣僧形象? 还有待研究。以前国内校本多改动明早期刻本第十至十二回的分回和回目,以在正文中补入唐僧出身故事,这虽然给我们提供了一个完整的故事内容,但却也带来了某些情节上的前后矛盾、不相照应的弊病。本书正文以崇祯本为依据,只以文字较精炼,内容也较合理的"书业公记"本第九回附录于后,这样,既能保持原本的全貌,又避免了前面说到的缺陷。

　　明崇祯本较其他刻本,有许多优越之处。如第一回石猴跳入水帘洞前,有一首五言诗,最后一句为"天遣入仙宫","天"字世德堂本作"王","书业公记"本作"正",都不恰当。第四十五回虎力大仙拜求金丹圣水,有一段韵语,"……广张供奉,高挂龙旗,通宵秉烛,镇日香馥……"这段韵语中的"香馥",世德堂本作"香菲","书业公记"本作"香焚",都不如崇祯本"香馥"贴切合韵。又如第三十四回两个小妖被骗后找葫芦,崇祯本作"都去地下乱摸,草里胡寻,到袖子,揣脚问,那里得有",这里"到(犹倒)袖子",世德堂本作"吞袖子",清刻本作"各袖子",不甚妥当。又如第二十二回沙僧自叙生平时"饶死回生不典刑","典"字世德堂本和"书业公记"本均误作"点"字。当然,崇祯本也有其错误、不当之处,均参照各本酌改,不一一列举。

　　本书插图,人物绣像部分采用民国年间上海锦章书局影印的《绘图增像西游记》中的十幅人物像,正文插图选取明刻崇祯李评本中的附图,为徽派著名刻工刘君裕、郭卓然所镌(其中散佚的九十四回插图,以金陵世德堂本同回图像补入)。这些附图有助于读者对故事情节和背景内容的感性认识,分别录于书首和每回正文之前,供读者欣赏。

在注释方面,我们本着普通读者的需要,对其中较生僻难懂的典故、宗教用语、口语及古汉语常用词作了注释,共计七百多条。由于时间紧迫,本书的缺漏之处在所难免,望广大读者予以指正。

严嵩其人

一

　　《明史》的《奸臣传》里,列有六名大奸臣,其中当国擅权时间最长、影响最大、危害至深的当数严嵩,他的作为具有许多奸人的共性,他的奸术在中国历史上的奸臣中也是拔尖超群的,因此拿他来作一番剖析,不仅可以对此人有所认识,而且对后世也有一定的警示意义。

　　严嵩(1480—1567),字惟中,一字介溪,江西分宜人,弘治十八年(1505)考取进士,改翰林院庶吉士,授编修。后因病移归,在钤山脚下读书十年,日习诗文艺事。还朝后任职南都,在南京居五年。嘉靖十二年(1533),以贺"万寿节"到京师,辅臣留修《宋史》,后又被首辅夏言委任礼部尚书。

　　当时正逢朝廷"大礼议"之争。因武宗正德皇帝无后,死后便由他的堂弟、兴献王朱佑杬之子朱厚熜承袭皇位,是为世宗嘉靖皇帝。嘉靖登位之初,出于私心,便要求尊他已死的父亲兴献王为兴献皇帝、母为兴献皇后,这遭到以先朝首辅杨廷和为首的大臣们的反对。严嵩初到朝廷任职时,在此事的议论中,出于常理,严嵩的态度也是和大臣们一致的,后因知嘉靖帝对此大为不满,严嵩便态度大变,一反原来的作为,《明史·严嵩传》(以下简称《严嵩传》)载:

> 帝将祀献皇帝明堂,以配上帝。已,又欲称宗入太庙。嵩
> 与群臣议沮之,帝不悦,著《明堂或问》示廷臣。嵩惶恐,尽改
> 前说,条画礼仪甚备。礼成,赐金币。自是,益务为佞悦。帝
> 上皇天上帝尊号、宝册,寻加上高皇帝尊谥圣号以配,嵩乃奏
> 庆云见,请受群臣朝贺。又为《庆云赋》、《大礼告成颂》奏之,
> 帝悦,命付史馆。寻加太子太保,从幸承天,赏赐与辅臣埒。

由原本反对,到完全赞成而且积极筹办,后来还主动作"赋"写
"颂",卖力吹捧皇帝,因而产生了"帝悦"的效果,自己也获得了赏
"金币",封"太子太保","从幸承天,赏赐与辅臣埒"的荣耀与宠幸。
他同时马上总结出一条重要的从政原则:"益务为佞悦"——也就
是对皇帝要更加拍马奉承,以讨其欢心。

严嵩从此便的确是尽心竭力地这样做了。《严嵩传》载:一
次,嘉靖皇帝特制了五顶特别的帽子赏赐给夏言等众大臣,"言不
奉诏,帝怒甚。嵩因召对冠之,笼以轻纱。帝见,益内亲嵩。嵩遂
倾言,斥之。言去,醮祀青词,非嵩无当帝意者"。这首辅夏言,颇
为古板,认为这种帽子不合法度,因此不肯戴用,不领皇帝的情;而
严嵩不但戴着去见了皇帝,还在帽子上披了轻纱,以示珍重,于是
皇帝更加亲近严嵩,就喜欢他写的青词,夏言便受到了排斥。

以后严嵩更加装出一副卖力办事的样子,因此更加得到皇帝
的青睐。《严嵩传》记载,严嵩后来拜武英殿大学士,入直文渊阁,
还掌礼部事。

> 时嵩年六十余矣,精爽溢发,不异少壮。朝夕直西苑板
> 房,未尝一归洗沐,帝益谓嵩勤。久之,请解部事,遂专直西
> 苑。帝尝赐嵩银记,文曰"忠勤敏达"。寻加太子太傅。

已经年过花甲的严嵩,竟然像年轻人一样精力充沛地每日在值班

处为国事辛劳，久不归家，连沐浴也忘了，这在整个朝廷里哪能找
出第二个人来呢？这又哪能不被皇帝由衷地喜欢因而加倍地宠信
和重用呢？奖以银牌、加封太子太傅就是十分明显的信息。

　　要巴结和奉承好皇帝老子，就得摸准他的心思，顺着他的意愿
去说话行事。但皇帝们多是一些喜怒无常的家伙，又和臣子们远
隔宫墙，哪能事事都摸得准呢？所以狡黠和用心精细如严嵩，固然
取得了突出的成效，但也不是没失手过。嘉靖二十一年（1542），皇
帝遭遇"宫变"——被一些宫女联手谋杀未遂之后，就移居西苑万
寿宫，不入大内。后万寿宫遭火焚，严嵩建议皇帝暂居当年英宗做
太上皇时所居的南城离宫，皇帝很不高兴，便渐渐疏远严嵩而倾向
于徐阶。所以严嵩平时不但自己身体力行，去揣摩皇帝的意图，还
绞尽脑汁，通过各种手段和途径去获取这方面的信息。《明史·夏
言传》曾说到嘉靖帝常派人与大臣沟通的情况：

　　　　帝数使小内竖诣言所，言负气岸，奴视之。嵩必延坐，亲
　　纳金钱袖中。以故日誉嵩而短言。言进青词往往失帝旨，嵩
　　闻益精治其事。

夏言的官僚架子无足论矣，而严嵩这样放下身段去厚待这些下人，
具体目的是什么呢？明末人朱国祯所辑《皇明大事记》卷三十六又
有说到严嵩私下勾结内侍的情况，当时嘉靖帝在西苑迷恋"玄修，
陈设斋醮"，长期与外界隔绝，严嵩便"阴结内侍，纤悉驰报，报必重
赉一大锭为常"。原来严嵩结交内侍，频施重金，乃是通过贿赂方
法，广搜宫中大小情报，重点是皇帝的信息，以便他的拍马奉承能
深合帝旨，他的青词也能直达心曲，自然就能更获得皇帝的宠幸。
与此同时，夏言自然就被比了下去，无论为官的表现或撰写青词，
都远逊严嵩一筹，而他自己却懵然无知，最后怎能不败在严嵩手
下，连老命也葬送了。

清初的谷应泰在其《明史纪事本末》第五十四卷中也记有严嵩厚待"小珰"的情节，与上引两段文字的内容相近，文字稍有出入而已。几个明史大家都注目这件事情，乃是因为严嵩以内阁辅臣的身份，为达到其卑鄙龌龊的政治目的，竟不惜卑躬屈节去勾结、利用小太监，这就充分显示了这个大奸臣的奸诈之处。这种奸诈之徒，为达其目的，是任何事情、任何手段都做得出来的。又如严嵩本是由夏言擢引入朝的，严嵩在步步高升之时，却一直在觊觎夏言的相位，明里暗中都在排挤、打击他。可是有一次夏言掌握了严嵩之子严世蕃的种种恶行想报告皇帝，严嵩知道后慌了神，《明史纪事本末》第五十四卷写道：

> 嵩惧甚，挈世蕃诣言求哀，言称疾不出，嵩赂其门者直走言榻下，及世蕃长跪泣谢，言遂置不发。嵩父子愈恨之。

为逃大难，严嵩又用贿赂手段买通了门子才来到拒绝见他的夏言榻前，不顾脸面地拉着儿子一起"长跪泣谢"，真是丑态百出。夏言竟受其迷惑而放了他。按常理严嵩本应感激夏言，可他却相反，"父子愈恨之"。这便是奸臣的本色：奸诈狡猾，翻脸无情，恩将仇报，厚颜无耻。所有的奸人都具有这些特性。

有了皇帝的宠幸，自然至关重要，但并不十分保险，因为皇帝是喜怒无常、行为多变的，说不定什么原因，宠臣也可以瞬间从天际坠入深渊。嘉靖帝原本不也是宠信夏言的吗？可就在严嵩的蛊惑下，惨遭"弃市"的悲剧。这不但是严嵩所亲见，更是他所亲为的结果。所以为了最大限度地巩固自己的权势，严嵩在极力奉承讨好皇帝的同时，他还必须拉帮结伙，聚集一批能为他所用之人，形成一股势力，然后才可以牢保自己的权势并为所欲为。所有的奸臣都是这样做的，严嵩自然不会例外，而且做得更为疯狂、有成效。

严嵩首先是广为结纳各方人士，贿赂内侍，笼络厂卫，联姻权

要。《明史纪事本末》第五十四卷,录有兵部员外郎杨继盛向皇帝揭发他的"十罪五奸",其第五奸说:

> 嵩又令子世蕃将各部之有才望者,俱网罗门下,各官少有怨望者,嵩得早为斥逐。是陛下之臣工,多嵩之心腹。

所以嘉靖二十九年(1550)便有刑部郎中又说到严嵩的种种劣行,并指出:

> 诚以内外盘结,上下比周,积久而势成也。(同上书)

"势成"之后,严嵩还有重要的一步棋,便是把他的党羽亲信安插到重要的部门,以为其所用。《严嵩传》所说:"嵩握权久,遍引私人居要地。"便是这个意思。且看几个主要的例子。

首先要说的当然是他的儿子严世蕃。此人未经科考,完全靠其父做到工部左侍郎,兼掌尚宝司。据《明史》本传介绍,他"短项肥体,眇一目",但"剽悍阴贼",又"颇通国典,晓畅时务"。其奸诈大有超过其父之处。严嵩老耄之时,许多政务都靠此子代理,"诸司白事,辄曰:'以质东楼。'"东楼是严世蕃的别号。就是严嵩的许多青词也都出自其子之手。很多时候,他可以说便是乃父的替身,这自然是一个不可或缺的人物。

第二个要说的是赵文华,严嵩的干儿子。《明史》本传说他"性倾狡",可以说与严嵩是性相近,所以当严嵩日渐显耀时,遂相与结为父子。"嵩念己过恶多,得人在通政,劾疏至,可预为计,故以文华任之。"通政使职掌呈转封驳内外奏章和引见臣民之言事者诸事宜,是臣下与皇帝沟通之间的一个关卡,严嵩控制了它,就等于为自己设了一道防护墙,所以扳倒他谈何容易。

还有一个鄢懋卿,官至左副都御史,《明史》本传说:"懋卿以才自负,见严嵩柄政,深附之,为嵩父子所暱。"当时户部请派四司卟政,"嵩遂用懋卿"。"至是懋卿尽握天下利柄,倚严氏父子,所至市权纳贿,监司都邑吏膝行蒲伏。"

由此数例,可见其他。《明史·陆炳传》说:"时严嵩父子尽揽六曹事,炳无所不关说。"足见严嵩不但掌控了许多要害部门,而且是把握了整个朝政。

二

严嵩既然总揽了朝政,而且可以为所欲为而畅行无阻,这个大奸臣自然就胡作非为起来。由于他专权时间特别长,所以罪行无法历数,这里只着重说它两个最主要的方面。

首先是擅权揽政,独断专行。明世宗嘉靖皇帝登位之初,还显得有所作为,采取过一些措施,革除武宗时的弊政,有过一定的成效,曾给人以期待。可是这种好苗头没有继续下去,却在一些道士的蛊惑下,去追求长生不老之术,长期潜居西苑,日夜讲道修玄,斋醮祈祷,炼丹服药。宫外则夏言与严嵩激烈争夺首辅之重位,最后夏言两度下台且被杀。严嵩从此一任首辅十四年,而世宗则于嘉靖十八年(1539)开始,二十余年不再上朝,权力皆被严嵩所控。

> 大臣希得谒见,惟嵩独承顾问,御札一日或数下,虽同列不获闻,以故嵩得逞志。(《严嵩传》)

早在嘉靖二十二年(1543)严嵩解除礼部事进入内阁后,他就玩弄权柄,操纵朝政,《明史纪事本末》记载:

> 嵩既入内阁,窃弄威柄,内外百执事有所建白,俱先白嵩许诺,然后上闻。于是副封苞苴,辐辏其户外。

严嵩不但一入内阁便擅权,而且收受贿赂也同时开始。严嵩的这种不同寻常的特权,更主要的是使用在维护自己的利益和达到自己的政治目的上。比如兵部左侍郎杨继盛上疏参劾严嵩"十罪五奸",被嘉靖帝庇护,将杨下狱。严嵩便对杨恨之入骨,施手段把杨牵入其他案中被判死刑。据《明史纪事本末》卷五十四记载,刑前,杨的妻子张氏上疏救夫,愿以己代死,言辞恳切:

> "乞将臣枭首以代夫命,夫生一日,必能执戈矛御魑魅,为疆场效命之鬼,以报陛下。"奏入,为嵩所抑,不得达。盖杀谏臣自此始。由是天下益恶嵩父子矣。

一代名臣杨继盛就因严嵩的一手遮天而冤死刀下,令人扼腕。

严嵩专权日久,野心越大,他不但自己包揽一切,还要把他的儿子引入到这个权力中心来,以稳固和加强他的地位,他也这样做到了。所以《明史纪事本末》卷五十四又说:

> 专政既久,诸司以事请裁,嵩必曰:"与小儿议之。"甚曰"与东楼议之"。东楼,世蕃别号也。世蕃益自恣。

严世蕃的这种张狂猖獗、目空一切的态势,《严嵩传》说得更明白:严嵩"子世蕃方官尚宝少卿,横行公卿间"。一对奸臣父子如此称霸于朝廷,简直是凌驾于皇帝之上了。无怪乎杨继盛在弹劾严嵩的十大罪状之二中说:

> 权者,人君所以统御天下之具,不可一日下移。嵩一以票本自任,遂作威福,用一人即先谓曰:我荐之也;罚一人则又号于众曰:此得罪于我,故报之也。群臣感嵩甚于感陛下,畏嵩甚于畏陛下,窃君上之大权,二大罪也。

窃君上之大权,树自己之威势,胆大妄为,一至于此,在中国历史上的奸臣谱中,鲜有出其右者。

第二个方面要说的是严嵩的不择手段,聚敛财富,达到了疯狂的地步。

奸臣同是贪官,本是常态,但严嵩之贪,却远非一般贪官所可比拟。《明史·沈炼传》载沈炼上皇帝疏中说道:"今大学士嵩,贪婪之性疾入膏肓,愚鄙之心顽于铁石。"确是说到了严嵩的贪婪程度。我们可以分几点来略加述说。

1. 严嵩钱袋大张,不论什么人的钱,什么来路的钱,要求干什么的钱,他都来者不拒,多多益善,而且他不仅是被动受贿,还要主动出击,搜刮尽可能多的钱财。

《明史·叶经传》载:还在嘉靖十几年的时候,发生了两单王府爵位承袭权的斗争,"皆重贿嵩,嵩许之"。这不是一般的家庭纷争,而是政权高层的王府内的王位争夺,当时的严嵩只是任职礼部尚书,并未像后来那样独揽大权,他竟敢都"许之",真是大胆妄为,为了金钱可以不顾一切。后来叶经要揭发此事,严嵩很恐惧,就在皇帝前诬告叶经,致其被杖毙。

嘉靖时,明朝遭遇"北虏南倭"的严重祸患,边境吃紧,而《明史·沈炼传》又言,当时"嵩贵幸用事,边臣争致贿遗。及失事惧罪,益辇金贿嵩,贿日以重"。《明史·王宗茂传》也说:"往岁寇迫京畿,正上下忧惧之日,而嵩贪肆益甚……海内百姓,莫不祝天以冀其早亡,嵩尚恬不知止。"虏寇已兵至京郊,严嵩作为首辅,不思御敌之策,还一味借危乱之机疯狂搜刮钱财,真是无耻之极,无怪乎老百姓只有祈祷天帝来诛杀他了!

为了巩固、加强自己的权势和地位,严嵩把自己的儿子严世蕃也引入权力中心。这个"短项肥体,眇一目"却"剽悍阴贼"(《明史·严世蕃传》)的家伙,果然不负乃父之期望,不但弄权、写青词等都是一把好手,尤其在聚敛钱财方面更是青出于蓝,更胜于蓝。

这方面史料上有许多记载,如《皇明大事记》第三十六卷之《严嵩》,载徐阶揭诸官向严世蕃行贿之种种情状及名目:

> 自中外百司以及九边文武大小将吏,岁时致馈,名曰问安;凡勘报功罪以及修筑城墙,必先科克银两,多则钜万,少亦不下数千纳世蕃所,名曰买命;每遇大选急选、推升行取等项,辄遍索重货,择地拣官,巨细不遗,名曰讲缺;及已升官履任,即搜索库藏,剥削小民金帛珍玩,惟所供送,名曰谢礼。

这些官员所涉及之面是如此之广,行贿的名目是如此之多,贿银数量是如此之大,那全是挪用的公帑和搜刮来的民膏民脂,能不令人发指! 但还有或许是更为严重的,在紧接上面引文之后徐阶又揭露道:

> 甚者户部解发各边银两,大半归之世蕃,或未出都而中分,或已抵境而送还。以致士风大坏,边事日非,帑藏空虚,闾阎凋瘁,贻国家祸害,迄今数载未复。

连国家分拨给边防的军费都敢大量甚至全数吞没,造成国库空虚,边防松弛,民生凋敝,世风败坏,国家能不败亡吗? 所以大明王朝的毁灭,严氏父子实难辞造衅开端之责!

徐阶的这段话语,字面上指向的是严世蕃,根底上更是同时指向严嵩。

2. 卖官鬻爵,更是严嵩敛财的一条重大罪行,它情节特别恶劣,影响特别严重,已超出钱财本身之外。

只要有银子投到严嵩钱袋里,任何官爵都唾手可得。《皇明大事记》卷三十六《严嵩》对此有这样的生动描述:

> 择官选地,取如探囊;朝菅暮获,捷若影响。

想去何地做何官,一天之内便可办妥,这是何等高速的办事效率!其实也不奇怪,有钱可使鬼推磨之故也。不过,他们尽管动作迅速,可手脚一点也不乱,每笔交易都是有章有法可循。御史邹应龙的劾疏中就说到此事:

> 每一开选,则视官之高下而低昂其值;及遇升迁,则视缺之美恶而上下其价。以致选法大坏。(同上书)

疏中还有凭有据地列举了两个实例:刑部主事项治元以一万三千金而转吏部,举人潘鸿业以二千二百金而得知州,这样就不仅是证据确凿,而且揭示出一个普通职位便动辄千金、万金,这严氏父子擅权二十年,能算得清他搜刮了多少银钱吗?

在如此高速运转的卖官流程中,严嵩是怎样掌控、操作的呢?明末邓士龙所辑《国朝典故》第三十七卷记有傅策参劾严嵩的一条非常简洁而又十分具体的材料:

> 其家富于内藏。吏、兵二部选官,至持簿入嵩之门,任其填发,故俗呼文选司郎中万寀为"文管家",职方司郎中为"武管家",驿地骚动,公私耗竭。

原来六部中最为重要的吏、兵二部"选官"的方式竟是造好任命的簿册直接送到严嵩家中,任其决定填发。这哪里是政府在"选官",竟完全是一家私人老板根据早已到手的货款在发送货物啊!它是这样大规模地、毫不遮掩地进行,古今中外有谁还曾见过?中央政府的官员是这样产生,全国的地方官员又如何,宁可问乎?

　　3. 严嵩敛财无数,富可敌国,绝对算得上是中国历史上数一数二的大贪官。

先看看同时人对严嵩家财富状况的一些描述：

嘉靖二十九年(1550)，刑部主事徐学诗上疏揭严嵩输运财产回江西老家的情形："近因都城有警，密输财贿南还。大车数十乘，楼船十余艘，水陆载道，骇人耳目。"(《明史·徐学诗传》)

同一件事，沈炼在上疏列严嵩十大罪状中也说到他"运财还家，月无虚日，致道途驿骚"。(《明史·沈炼传》)

《明史纪事本末》卷五十四《严嵩用事》记载，严世蕃获斩后，"籍嵩家得银二百五万五千余两，其珍异充斥，逾于天府"。严嵩家充斥的奇珍异宝，甚至超过皇帝家。

《明史·王宗茂传》又载，自沈炼上疏揭严嵩十大罪状，"先后劾严嵩者皆得祸，沈炼至谪佃保安。中外慑其威，益箝口"。而当时南京御史王宗茂升职才三个月，因心中不平，又上疏劾严嵩八大罪，其第三罪说："往岁遭人论劾，潜输家资南返，辇载珍宝，不可数计。金银人物，多高二三尺者。下至溺器，亦金银为之。不知陛下宫中亦有此器否也？"接着第四罪又说到严嵩"广布良田，遍于江西数郡。又于府第之后积石为大坎，实以金银珍玩，为子孙百世计"。

连"子孙百世"的生计都安排好了，这得要储存多少金银珠宝啊！明白了这一点，那么，下面这种在一般情况下显得颇为不寻常的现象也就不足为奇了。据《皇明大事记》卷三十六《严嵩》记载：严府有个家奴叫严年，为人非常"黠狡"，是严世蕃的心腹，每"遇嵩生日，年辄献万金为寿"。这"万金"是可以买多少个官职啊。而这个家奴可以随便出手来为主人庆寿！无怪乎该"记"的作者慨叹说："彼一介仆隶，其尊大富侈如是，则主人当何如耶？"其主人的"富侈"自然是超乎一般，甚至连皇宫也不如。前面的王宗茂已当面向皇帝指明了。

说到这里我们似乎可以明白，如果要弄清严嵩究竟占有多少财富，那已经是不大可能、也没有必要了。在现有的不少史料中，也有一些这方面的内容记载，但都显得一鳞半爪，难以周全。有一本明末田艺蘅所撰写的史料笔记叫《留青日扎》，卷三十五专门分别记述了刘瑾、钱宁、江彬、严嵩等人所籍没的家产清单，其中严嵩在江西、北京两处的清单特别繁复和冗长，实在难以卒读，但据田艺蘅介绍说："二处所抄，不及十四五。"也就是说还不到他实际拥有的一半，因为他用于行贿和寄存在亲戚家的还超过了一半。这就足以说明严嵩的确算得上是中国历史上数一数二的大贪官。

上面提到徐阶的劾疏，其中说："世蕃罪，擢发难数。"严嵩之罪，绝对十倍、百倍过之，我们在这里只列举了他擅权和敛财两个方面的种种罪恶，已足以见其大端。

三

一代巨奸严嵩，由于专权时间特别长，干尽了坏事，对明王朝造成了全面、深刻的负面影响。观察一下与严嵩有关的一些人和所发生的一些事，或许可以从历史中得到某些启迪。

趋炎附势，谄媚权贵，是古今中外普遍存在的一种丑恶的社会现象。中国古代有名的一个事例并由此产生了一个成语：望尘而拜。它出自《晋书·潘岳传》："岳性轻躁，趋势利，与石崇等谄事谧，每候其出，与崇辄望尘而拜。"谧即贾谧，是晋惠帝皇后贾后的内侄子，权倾一时。这条成语是说潘岳等只要远远看见贾谧车骑扬起的尘土，便马上跪拜于地，表现出一副为巴结权贵而作出的奴颜婢膝的下贱丑态。潘岳是当时有名的文士，石崇是当时全国的首富，他们尚且如此，其他人更不用说了。于此可见权贵的震慑力有多大！当然它同时也显现出潘岳之流是何等的卑下龌龊。

严嵩自是超一流的权贵与势炎，所以他的那些攀附者们的表现在史料上虽然没有像潘岳等那样形象的记录，但在一些简要凝重的记述中，却给人们留下了更为广阔的想象空间。

《明史·董传策传》记董疏劾严嵩的六大罪状就有："嵩久握重

权,炙手而热。干进无耻之徒,附膻逐秽,麇集其门。致士风日偷,官箴日丧。"《严嵩传》也说到"士大夫辐辏附嵩"。"附嵩"的人可谓蝇附蚁聚,多得难以胜计。

其实不光是严嵩,就是他的儿子严世蕃,去攀附他的人也是同样的热闹,《明史·严世蕃传》说到人们对他的态度:"士大夫侧目屏息,不肖者奔走其门,筐篚相望于道。"

《明史·王宗茂传》有一个较具体的数字说严嵩的"干儿义子至三十余辈",有这么多干儿子可以说是前无古人、后无来者吧!

上面说到的那些"干进无耻之徒",奔走其门的"不肖者",自然都是士大夫之流,从其"麇集其门"和带着贿物"相望于道"的态势来看,绝对是一个庞大的队伍。他们"附膻逐秽"的丑行,竟然如此公开张扬,犹如赶集赴市一般,吏风无耻至于斯极,曷胜浩叹。

至于还有许多的士大夫,他们既不愿、也不屑于"附嵩",不满他却又不敢得罪他,最多也只能在背地里或心里诅咒他罢了,真可谓无可奈之何了。如《明史·徐学诗传》载,嘉靖二十九年(1550),俺答兵退,朝廷召诸臣议应敌之策,大家只提一些鸡毛琐事,独刑部主事徐学诗上疏劾严嵩时提出,对严嵩的种种罪行,"举朝莫不叹愤,而无有一人敢牴牾者"。《明史纪事本末》卷五十四又记:"在天下之人,视嵩父子如鬼如蜮,不可测识,痛心疾首,敢怒而不敢言。"因为他们都害怕严嵩打击报复,被置之死地。

对于朝廷高官的贪腐擅权,一般百姓本难知其详,可由于严嵩权势过大,他只须一手遮天,其他人就不在他的眼里,可以任意妄为而不必遮掩,因此老百姓也都知道他的罪行劣迹,但官吏们都无奈他何,平民百姓又能怎样?最多也就只剩得内心的痛恨和口头的咒骂罢了。事实也正是如此,不过表现得却非同一般,值得关注。《明史·王宗茂传》记,宗茂拜官才三月,便上疏劾严嵩八大罪状,其第七条中说到,由于严的贪腐误国,"至民俗歌谣,遍于京师,达于沙漠。海内百姓,莫不祝天以冀其早亡,嵩尚恬不知止"。这种情况绝非泛泛而谈,而是有充分的现实根据的,史书中也留下了生动的记载。《明史·沈炼传》记沈因劾嵩十大罪状,被"榜之数十,谪佃保安"。流放塞外后,受到当地民众、商贾以及里长老的热情接待与关照:

> 塞外人素憨直,又稔知嵩恶,争詈嵩以快炼。炼亦大喜,日相与詈嵩父子为常。且缚草为人,象李林甫、秦桧及嵩,醉则聚子弟攒射之。或踔骑居庸关口,南向戟手詈嵩,复痛哭乃归。

这种历史罕见的奇观,说明人民群众是如何地痛恨严嵩,同时又是如何地无奈和无助。

在这样极端压抑、令人窒息的环境中,人们也许还可以感到一点兴奋、一丝暖意,那就是现实社会中,并不完全像某些史料所描述的那样,朝廷的众多高官大臣们,在严嵩的淫威下,人人都全身自保,噤若寒蝉,不敢发一言,而是有不少人(不是个别人)都敢于挺身而出,与之作坚决的斗争。他们不顾人身安危,把生死置之度外,面对下狱、廷杖、弃市、家破人亡仍然接踵而至去揭发严嵩六大罪状、八大罪状、十大罪状,当被捕行刑时,有的百姓拦道痛哭,而本人却意气自如,泰然自若,一副正气凛然的神态。《明史》第九十七、九十八卷,用了两卷的篇幅,集中记述了二三十位这样的勇士,他们的作为可歌可泣,令人钦佩,短文难以尽述。《明史》的《列传》每卷结尾都有一则"赞曰",表达对该卷人物的评说,第九十七卷的"赞曰"未曾引起过人们的特别注意,其实却颇值得介绍一读:

> 赞曰:语有之,"君仁则臣直"。当世宗之代,何直臣多欤!重者显戮,次乃长系,最幸者得贬斥,未有苟全者。然主威愈震,而士气不衰,批鳞碎首者接踵而不可遏。观其蒙难

时,处之泰然,足使顽懦知所兴起,斯百余年培养之效也。

这里赞扬了一大批为了国家社稷置"批鳞碎首"于不顾的"直臣",按照作者的历史观察,只有"君仁"的时候才会产生"直臣",而像明世宗这样昏聩的皇帝之时,竟也出现了这么多"直臣",作者认为这是由于明代一百多年来文化培育的结果。对他们这样的赞许是很可贵的,但却不够周全,因为像这一类人,在中国是古已有之,最早可上溯到商纣时的"比干谏而死",以后也代有其人,不绝如缕,明代则显得尤其突出。除了这两卷列传之外,其他还大有人在,如稍后的清官海瑞,《明史·海瑞传》就说到他上疏谏世宗前,便"自知触忤当死,市一棺,诀妻子,待罪于朝,童仆亦奔散无留者"。得知此信息后的世宗皇帝一时间竟被感动了,还称"此人可方比干"而放过了他。其实像海瑞这样的"直臣",之前也早已有之。如《明史》第九十七卷中说到的刘魁,于嘉靖二十一年(1542)要谏阻皇帝建奢华的雷殿时,"度必得重祸,先命家人鬻棺以待"。上疏后,"帝震怒,杖于廷,锢之诏狱",关了四年才释放,刚出狱,在途中又被捕,与其他二人再关了三年才出来。这些人为了国家民族的大义,置生死于不顾,视祸福若无睹,无惊无惧,无怨无悔,一腔浩然正气,洒向苍穹人寰。这些是中华民族的优秀脊梁,是中华几千年优秀文明浸润、培育的结果。正因为有这样一支优秀的队伍,才使得数千年来中华民族不论遭遇了怎样的惊涛骇浪,经历过如何的巨难浩劫,最终都能跨越险阻,永立不败,不断发展,继续向前。这是我们在论说严嵩其人深感难受与压抑的同时又感受到的欣慰和喜悦。

四

这么多的忠义"直臣",国之栋梁,作出了如此艰辛的努力,付出了如此惨烈的代价,却久久未能把一个严嵩拉下马,而与此有直接关联的人当莫过于严嵩本人与嘉靖皇帝了,剖析一下此二人在此过程中的行为和作用,亦或许可以解悟出某些道理来。

先说严嵩,他是有明一代奸相之首,在中国奸臣史中亦属罕见,自有他独特的"奸"术。

《明史·张翀传》载,张疏劾严嵩时说:"夫嵩险足以倾人,诈足以惑世,辨足以乱政,才足以济奸。附己者加诸膝,异己者坠之渊。"险、诈、辨、才,集于一身,已足以构成一个奸臣的资本。同卷的《赵锦传》载,赵在劾奏中,特指出严嵩"柔佞而机深"的特质,难以觉察,"嵩窥伺逢迎之巧,似乎忠勤,诡谀侧媚之态,似乎恭顺。引植私人,布列要地,伺诸侯之动静,而先发以制之,故败露者少。厚赂左右亲信之人,凡陛下动静意向,无不先得,故称旨者多"。综合张、赵二人的描述,严嵩作为奸臣的最突出特点有二,一是诡媚、奉承皇帝,二是排斥、打击,直至处死异己。

权奸巴结皇帝、求得恩宠,并不稀奇,乃是常态。严嵩的过人之处是特别到位,他能通过贿赂皇帝身边的人,了解皇帝的动静意向,所以凡有皇帝的问话、交办的事情,他都能做到契合圣心。这类事情出现多了,积累起来,自然会令圣心大悦,怎能不因此而受到信任、获得长期的宠用呢? 严嵩能擅权二十余年,成为中国历史上之最,这无疑是一个重要原因。

嘉靖之时,"直臣"们死亡如此之多,代价如此之重,是和严嵩将"异己者坠之渊"的狠毒手段分不开的。由于在嘉靖帝登位之初的"大礼议"风波中,朝廷中多数官员尤其是言官都站在护礼派一边而与嘉靖帝发生了矛盾,这就造成了以后长时间内嘉靖帝对言官的反感和不信任,很难听得进他们中的任何意见,但即使如此,嘉靖帝在看到、甚至并未完全看清这些奏本的情况下,常常是立即"大怒"、"震怒"、"暴怒",把奏本摔在地上,即时给予处罚;而他的处罚大多数都是夺俸、降职、下诏狱、廷杖以至谪戍荒边之地,绝没有即时要将之置之死地的。《明史·沈束传》中就说:"帝深疾言官,以廷杖、遣戍未足遏其言,乃长系以困之。"由此可见,倒嵩的"直臣"们所遭到的厄运,主要还不是来自嘉靖皇帝,而是来自严嵩。我们试以有名的杨继盛冤案作案例来作一番剖析。

《明史·杨继盛传》载:兵部员外郎杨继盛"抵任甫一月",便上疏劾严嵩"十大罪"及"五奸",内容周详翔实,言辞恳切激烈,重击严嵩要害,奏上,嘉靖帝也只表示出愤怒,虽经严嵩私下反诬,皇帝也只"令刑部定罪","然帝犹未欲杀之也"。及"系三载"之后,"会都御史张经、李天宠坐大辟",严嵩估计二人一定会被杀,待秋审时,"因附继盛名并奏,得报"。终于嘉靖"三十四年十月朔弃西市,年四十"。这个案例反映出权奸严嵩害人的一个突出特点,当他不能当面、直接加害某人时,他就常常会在背地里假借他由,用别的手段去达到他凶残狠毒的目的,让人无可防避,屡屡中招而不知其所以然。所以众多弹劾严嵩者均言未及此,而他人则看得很清楚,并作了深刻的揭露:

《明史纪事本末》卷五十四说:"故凡诸论嵩者,嵩虽不能显祸之于正言直指之时,亦必托事假人阴中之于迁除考察之际。"所谓"阴中"就是在暗地里算计他人,于是就弄到"天下之人""敢怒而不敢言"的地步。当然,这里说到的还仅仅是在"迁除考察"即决定别人仕途命运时算计别人,如果仅此而已倒也罢了,而实际上却是还有更为严重得多的事情。

《严嵩传》对此说得最透彻,说严嵩因深谙嘉靖帝的脾性,便常"因事激帝怒,戕害人以成其私。张经、李天宠、王忬之死,嵩皆有力焉。前后劾嵩、世蕃者,谢瑜、叶经、童汉臣、赵锦、王宗茂、何维柏、王晔、陈垲、厉汝进、沈炼、徐学诗、杨继盛、周铁、吴时来、张翀、董传策皆被谴。经、炼用他过置之死,继盛附张经疏尾杀之。他所不悦,假迁除考察以斥者甚众,皆未尝有迹也"。这里所列名单中便有六人被他置之死地,其他人只是一时还不能得手,并非愿意放过他们。《明史·沈炼传》揭其十大罪状,其第六条便是"妒贤嫉能,一忤其意,必致之死"。可见他是不肯放过任何一个他所嫉恨的人的。最突出的例子莫过于他的前任首辅夏言之死。据《严嵩传》,夏言曾掌握严世蕃的恶行,"言欲发其罪,嵩父子大惧,长跪榻下泣谢,乃已"。应该说,夏言本来是有恩于严氏父子的,但严嵩却记恨于心,因"窥言失帝眷,用河套事构言及曾铣,俱弃市"。据《明史·夏言传》,此时的夏言已"以尚书致仕,犹无意杀之也"。但在严嵩的"阴中"之下,一个首辅竟被斩于西市,严嵩之心狠歹毒,到了何等的地步。至于他平时对更多人的构陷,"皆未尝有迹也",阴险至此,史所罕见。

　　面对如此奸诈狠毒的对手,前面说到的那些付出巨大代价的"直臣"们,却显得缺少最起码的机智和谋略,从没考虑过怎么更有效地去与之斗争。他们只凭一腔热血,两肩道义,以及"成仁"与"取义"的豪情,义无反顾地前仆后继,一往无前,他们的精神令人赞赏,但其后果只能令人叹息。

　　严嵩能做到如此,固然与其本人的个性有关,但更重要的是与嘉靖皇帝的支持有着绝大的关系,因此不可不说到他。

　　嘉靖帝名朱厚熜,在位四十三年,时间相当长,完全有条件去做出一番事情来。开头他也的确曾有所作为,但后来却变了,结果是糗事万端,恶名齐全。促使他这种转变,而且成了他断送一切的原因,是他听信了方士之言,迷恋起修道炼丹,追求长生不老之术。

　　这本不是什么新鲜的事情,从秦皇、汉武到清代的雍正帝,其间有不少帝王都曾忘情地迷恋于此道,有的甚至付出了生命。原因很简单,因为作为封建帝王,人世间的任何荣华富贵他都享受尽了,唯一缺少的是怎样才能延年益寿,以便永远、长久地享受它。所以一旦有人告知通过修道炼丹便可以达到这种目的时,他便罔顾一切,一头栽入其中,就绝不是什么奇怪的事情了。

　　在所有修玄炼丹、追求长生的皇帝当中,嘉靖帝可以说是最为投入和着迷的了。他自嘉靖十八年(1539)埋葬章圣太后之后,即不视朝,终日由一帮道士忽悠着在宫内建醮斋供,念经祈祷,还做出许多其他淫乱无耻、荒谬绝伦的事来,以致酿成历史上独一无二的"壬寅宫变",即嘉靖二十一年(1542)深夜,宫女杨金英等十几人乘他熟睡时要勒死他,因过于紧张而失手,他也几乎命丧黄泉。作为一代天子,真是一种奇耻大辱,颜面扫地。

由于二十多年从不视朝,与外界隔绝,大臣们难得一见,过去便有一种普遍的看法,认为嘉靖帝完全不理朝政,一切由他人代庖,误国害民。其实不然。实际情况是,他一方面要把主要精力和时间用在潜心修玄上,所以取消了每日视朝;但另一方面,他又要掌控整个朝政,贯彻自己的意旨。这样,他就绝对需要一个既能讨他的喜欢,又能准确领会到他的意图并切实加以落实的代理人,如前面所述,这个人就绝对非严嵩莫属了。这就是严嵩能长期执政、一度还达到嘉靖离开他就不行的原因所在。

弄清楚了这两个角色所处的位置以及他们之间的特殊关系后,就能比较深入地去理解这二人的所作所为了。

历经四十五年的嘉靖王朝,先后产生过八个首辅。在严嵩之前的几个当中,以杨廷和、张敬孚、夏言影响较大。杨是正德皇帝时的旧臣,嘉靖帝即位初年已退位;张在内阁时曾四起四落,不久病死;夏则因善写青词曾得嘉靖帝宠信,却在首辅任上两起两落,最终被弃市,说明这几个人最终都未能获得嘉靖帝的信任。而严嵩却以自身的特有手段和条件,又对上了嘉靖帝的特殊需要,使二人成为一对天设地造的绝配。然后又继续在严嵩的刻意、精心的调制下,两人的关系不断得到加深,以至后来达到了如《明史纪事本末》卷五十四所说"上不能一日亡嵩"的程度。而"嵩又不能一日亡其子也",因严嵩入阁时已年过六十,许多事情如写青词、揣摩帝旨都要依靠其子严世蕃之故。

因为这样一种关系,所以嘉靖帝就给予了严嵩许多特别的荣耀和待遇,如欲封他为上柱国,柱国是武官中的最高勋级,后因严嵩故作姿态辞免了；八十岁后又特赐他可乘肩舆入禁苑；"壬寅宫变"之后，嘉靖帝居万寿宫，不入大内，大臣们难得一见，只有严嵩"独承顾问，御札一日或数下，虽同列不获闻，以故嵩得逞志"（《严嵩传》）。诸"直臣"纷至沓来猛劾严嵩的罪恶，嘉靖帝一律予以斥责，同时对严嵩慰问有加等等，真是少有的恩宠，而且是长盛不衰，一直维持了二十几年。

不过，我们却千万不能据此便以为这一对"绝配"是始终配合默契，如鱼得水一般，相反，在整个历程中嘉靖帝对严嵩曾有过诸多不满，并采取过一些措施来警醒、限制过严嵩，有时候使他十分狼狈难堪。我们先看看《严嵩传》里记录的一些事实：

> 久之，帝微觉嵩横。时赞老病罢，璧死，乃复用夏言，帝为加嵩少师以慰之。言至，复盛气凌嵩，颇斥逐其党，嵩不能救。子世蕃方官尚宝少卿，横行公卿间。言欲发其罪，嵩父子大惧，长跪榻下泣谢，乃已。

嘉靖帝有意疏远严嵩，"嵩当入直，不召者数矣。嵩见徐阶、李本入西内，即与俱入。至西华门，门者以非诏旨格之。嵩还第，父子对泣"。"嵩握权久，遍引私人居要地。帝亦浸厌之，而渐亲徐阶"。

这些材料清晰地表明，在嘉靖帝与严嵩的关系中，还曾有过极不和谐甚至紧张的一面，一度达到废除严嵩的首辅身份和不见他，并且开始考虑信用他人的地步，只是没有最后决裂罢了。这种情况说明，嘉靖帝和严嵩的关系颇为复杂，嘉靖帝是需要严嵩、离不开他的，但后来又很不满严嵩的所作所为。在这样的情况下，形势就有了两种发展的可能，一是严嵩改弦易辙，痛改前非，以取得嘉靖帝的真心信任，但他是一个贪得无厌，唯权是揽的顽固家伙，指望他改过自新，立地成佛，根本是不可能的了，而且他还培养出一个比他更烂污的儿子，更是没有回头的可能。这样，就必然只存在另一条可走的路，即继续原来的轨迹，走向末路，直至败亡。

注定给严嵩安排的看来只有第二条路。因为第一条路他根本不可能走，而从严嵩的角度来看，他认为第二种结果是不可能出现的，所以他必然要照样走下去。

就是今天来看，严嵩的看法也是不无道理的。因为现实中似乎看不到有什么力量、有什么办法比过去众多的"直臣"们能更有效地达到推垮严嵩的目的，除非有什么新的特别因素出现，而又有人能抓住这些契机。

或许由于恶贯满盈，严嵩的末日终于到来了吧，这些特别因素竟然奇迹般地接踵而至。请先看最主要的几点：

第一，在严嵩的高压手段下，一个个弹劾严嵩的人，都先后倒在血泊之中，此时的满朝文武，既没人敢也没有任何办法能奈何严嵩了，就在这种情况下，奇迹出现了，半路杀出来一个方士蓝道行，《明史·蓝道行传》载：

> 蓝道行以扶鸾术得幸……帝大喜，问："今天下何以不治？"道行故恶严嵩，假乩仙言嵩奸罪。帝问："果尔，上仙何不殛之？"答曰："留待皇帝自殛。"帝心动……

这"心动"的具体情况如何？《严嵩传》有了明确的答案："未几，帝入方士蓝道行言，有意去嵩。"嘉靖帝是个十分迷信的昏君，所以完全听得进"乩仙"的话，满朝的文武百官是谁也起不到这种作用的。在这里，我们还看到，连方士也厌恶严嵩，可见其人是怎样的一个坏家伙！

第二，即使蛮横如嘉靖帝，大概也不愿只凭"乩仙"的一句话，就去处置一个官员，何况是一个长期宠信的首辅严嵩，怎么说也得要有个由头吧。恰巧的是，第二个奇迹又出现了。在众人都不敢吱声的情况下,据《严嵩传》载,"御史邹应龙避雨内侍家,知其事,抗疏极论嵩父子不法"。所谓"知其事",就是从内侍那里打听到皇帝听信了方士之语,"有意去嵩",所以才敢上疏。果然,疏一上,嘉靖帝便"以嵩溺爱世蕃,负眷倚,令致仕……下世蕃于理。……擢应龙通政司参议。时四十一年五月也"。邹应龙此疏威力如此之大,它究竟有何玄妙之处?其实,翻看一下《明史·邹应龙传》里他的那篇疏文就会发现,该文远没有罗列严嵩多少具体的罪行,其主要矛头是指向严世蕃,提出:"臣请斩世蕃首悬之于市,以为人臣凶横不忠之戒。"对严嵩本人也只说到"嵩溺爱恶子,召赂市权,亦宜亟放归田,用清政本"。比之此前沈炼、杨继盛等的劾嵩疏文来,无论从内容的峻切、言辞的激烈上都远不可及,而就是这样普通、平淡的一纸劾文,竟然就把严嵩拉下了马,起到了众多前人抛头颅、洒热血都达不到的作用。由此可见,同样做一件事,成败与否,原因可以有很多,时机是否成熟,也是一大关键。事半功倍与事倍功半之分或许就在这里。

　　第三,从前面两条我们可以看到,嘉靖帝要抛弃严嵩的由头是已经有了,但我们还必须阐明,前面曾说到嘉靖帝是"不能一日无嵩"的,如果舍了他,又将由谁来代替他的角色呢?而这人早已出现,他便是严嵩的继任者、嘉靖朝最后一任首辅徐阶。上面已经提到,嘉靖帝曾让徐阶、李本"入西内",而严嵩则吃了闭门羹,只好回去"父子对泣";在严嵩遭遇疏远的同时,嘉靖帝已明显"渐亲徐阶"。随后还发生了一件非常重要的事情,即"壬寅宫变"之后,嘉靖帝便一直移居西苑万寿宫,不入大内,据《严嵩传》载:"会万寿宫火,嵩请暂徙南城离宫,南城,英宗为太上皇时所居也,帝不悦。"而徐阶建议另建万寿宫而且很快建成,皇帝自然高兴,因此,"帝益亲阶,顾问多不及嵩,即及嵩,祠祀而已"。可见经过这件事之后,严嵩已大大失分,而徐阶则得分甚多。此时的嘉靖帝实际上已抛弃了严嵩,只等适当的时候再公布罢了。所以有了上面两条之后,嘉靖帝便马上很决断地处置了严嵩父子。

此案经有司判严世蕃戍边于雷州，他未至戍地即潜回江西老家，与死党罗龙文继续为非作歹，滋扰一方，经南京御史林润访得，即欲奏本再揭之，因原本中有为沈炼、杨继盛鸣冤的内容，经徐阶指点，认为沈、杨之案乃经皇帝核准，你为他们翻案，岂非矛头直指皇上。"上英明，岂肯自引为过?"(《明史纪事本末》卷五十四)这样一来，皇帝必震怒，反而帮了严世蕃的忙，起到了相反的效果。林润听了恍然大悟，忙作修改，于是在《严嵩传》中出现了这样的奏文：

> 江洋巨盗多入逃军罗龙文、严世蕃家。……世蕃得罪后，与龙文日诽谤时政。其治第役众四千，道路皆言两人通倭，变且不测。

这里完全没有说到沈、杨旧事，揭发的都是严世蕃的新罪行，尤其是"通倭"之说，乃是叛逆大罪，无怪乎此疏一上，皇帝即"诏下润逮捕，下法司论斩，皆伏诛，黜嵩及诸孙皆为民"。真是大快人心。《明史纪事本末》卷五十四载：消息传出后，"都人闻之大快，各相约持酒至西市看行刑"。真是长吁了几十年来压在胸中的一口恶气!

事实也证明徐阶是非常有见地的，据《明史·邹应龙传》载，就在邹应龙因时上奏扳倒了严氏父子，自己也获得升迁之后，就有山西巡按张槚上疏言："陛下已显擢应龙，而王宗茂、赵锦辈首发大奸未召，是曲突者不觉也。"他还要求撤销过去对他们的处分，恢复他们的职务，并给予奖励。按照常理，他这些要求都是合乎情理、顺乎逻辑的，可是他却不明白，如果这样做了，岂不是让皇帝自打嘴巴，承认以前都是错了吗? 这怎么可能! 所以结果便是"帝大怒，立逮至，杖六十，斥为民"。这不正好说明徐阶的分析是十分正确的吗？其实徐阶也不是有什么太奇特之处，他只是比许多人更明白，在这种昏暴的封建帝王面前，是不能用通常的情理和逻辑去与他说事的。

嘉靖帝与这件事有关的另一个表现，似乎更足以说明这个问题。《明史·邹应龙传》：就在严嵩被罢退之后不久，嘉靖帝曾有手札晓谕徐阶："嵩已退，其子已伏辜，敢再言者，当并应龙斩之。"这就奇了，不准再提严氏父子的事，这好理解，因为提起来心烦；谁提了杀谁，也不难理解，皇帝要杀个人不算什么。谁叫你惹了他？最难理解的是，你杀那些个"敢再言者"倒也罢了（所以张槚只被"杖六十"算是捡了个便宜），为什么竟要"并应龙斩之"呢？他不是因奏倒严氏父子有功而刚刚受到嘉靖帝"擢应龙通政司参议"的奖赏么？怎么转脸又对他动了杀机呢？这在一般人来看，岂不是情理错乱、逻辑颠倒、令人费解吗？但如果从嘉靖帝的特有角度去思考，这一切又显得十分自然地合乎逻辑，因为凭着邹应龙的弹劾，嘉靖帝处置了严氏父子，随即任命徐阶为首辅，实现了高层的人员变动，因而基本完成了一次重大的政治布局。从这一点来说，邹应龙自然是有功的，按照常例，也自然受到了擢升。但是当这一切过去之后，嘉靖帝必然会意识到，邹应龙所弹劾的内容和他的思想，和之前已被严惩的沈炼、杨继盛等人的疏文是毫无二致的，它必然会得出皇帝对此应负有责任的结论。这自然是对皇帝的无礼冒犯，是绝对不能容忍。他不能因为你有一定的功劳就可以抵消其他过错，特别是忤君之罪是不可饶赦的。这就是为什么嘉靖帝要起意把邹应龙和其他"敢再言者"一起杀掉的原因所在，它反映了嘉靖胸中一股难以言说的怒气。从这里更可以看出皇帝与一般人的情理和逻辑有怎样的不同。

皇帝的那些事儿我们就不说了，谁叫他是皇帝呢？重要的是严氏一家彻底完蛋了：严世蕃由最初的远戍到弃市，严嵩由原来的罢官到与诸孙都被黜为民，而且必然地所有家产和财富都被抄没。曾经权倾朝野、富可敌国的一代奸相最终以"老病,寄食墓舍以死"(《严嵩传》的结语)。真应了《红楼梦·好了歌》的话:"古今将相在何方? 荒冢一堆草没了。""终朝只恨聚无多,待到多时眼闭了。"

《严嵩传》里有几句对严嵩带总括性的评语,十分精到:

> 嵩无他才略,惟一意媚上,窃权罔利。

指出严嵩一辈子追求的就是两个字:权和利。他竭尽全身心之力,确也曾获得过他所求的某些东西,但最后却是竹篮打水一场空,以悲剧告终,剩下给他的只是一个千古骂名。

这里尤其值得关注的是,它一开始就特别点出严嵩其人是一个"无他才略"的家伙,这一点好理解,因为一个终身只干坏事的人,能谈得上什么"才略"呢? 不过历来也有人赞许他具有文才,其实他的那点文才,主要是表现在写青词颇有名气,而青词的好坏,主要在于能溜须拍马,讨得皇帝的欢心,如果这点本事也没有,就根本爬不上首辅的地位,所以他的前任夏言、继任徐阶也都是写青词的好手。严嵩在发迹之前,曾在家里闭门读书十年之久,又是进士出身,确实也写过一些东西,可是打开他的三十余卷《钤山堂集》来看看,没有几篇能拿得上台面的。

既然如此,那他又靠的什么能飞黄腾达起来呢? 答案就是"惟一意媚上",关键就在那个"媚"字上。它里面包含了极为丰富的内涵。

首先,"媚上"就是要去巴结、奉承、讨好皇帝,具体一点就是要摸清皇帝的心思,说话做事投其所好,以得其欢心。为此,甚至还要去买通皇帝的左右,以获取准确的信息,避免失误。在此过程中,他必须撇开自己的一切,去适应别人的脑袋。

为了巩固和扩大自己的势力,他必然要去拉拢、收买一批人,结成帮派,以掌控内外上下;同时,他自然还要去考虑算计、排挤、打击另一批人,以畅通他的道路和作为。当这些对象确定后,他当然还要想尽办法,实施各种最有效的手段,以尽可能达到他的目的。

但即使如此,他的道途也不是总能一帆风顺,波澜不惊,一定还会碰到许多艰难险阻,他总得要想尽办法去应对,甚至要带着儿子先跪在夏言榻前去哭泣求情,后又在皇上召徐阶、李本入西内,自己被拒后"父子对泣",简直颜面全丢,丑态尽出……

总之,上面所说的只是概而言之,他整天所要想的和要做的是别人无法能知道和说得完全的,但却可以断言,他一脑子都是坏心思,满肚子全是毒心肠。他的大半辈子就生活在这种变态的人生状态中。这种状态对正常人来说绝对是一种难以承受的折磨。所以我们说严嵩是一个悲剧,并不仅是说他的最终结局,而是说他的整个人生。

或许有人会说,也许严嵩本人会以这种生活状态为乐呢,否则他怎么会这样一口气直活到八十多岁? 或许生活中真的有极少数这样的人吧,所以历朝历代才有了这么些奸臣。这种人如果当不上大官、成为奸臣,大概也就成了生活中的小人了。

金圣叹和他的小说理论

　　金圣叹(1608—1661),名采,字若采,明亡后改名为人瑞,字圣叹。他的人生经历较简单,出生于苏州府长洲县一个普通人家,祖、父皆无功名,幼年时家境尚好,约十几岁时却不知何故"眷属凋丧"(《水浒传》第四十八回批语),家境亦逐渐衰落。他年幼时即好读书,兴趣广泛,涉猎面广,因而学识渊博,早获才子之名。他年少时即补长沙博士弟子员,第一次参加岁考,就以怪诞之文与考官玩笑而被除名,后来便更换姓名再考,获得第一。此后,他把心思和全副精力放在批书上,崇祯十四年(1641)便完成了《水浒传》的修改和评点工作。明亡后,更无意仕进,继续著述。顺治十七年(1660)吴县知县任维初因贪腐虐民引起民愤,次年顺治帝驾崩。苏州一批秀才乘官员们设案祭祀之机,散发揭帖,并集合到文庙大哭,巡抚朱国治诬指他们谋反,派兵镇压,逮捕数十人众,数月后将其中为首的十八人处斩,此即有名的"哭庙案"。金圣叹被目为筹谋与策划者,自然难逃死罪,死时才五十三岁。

　　金圣叹虽然人生经历比较简单,但其思想却被认为很复杂。他在世之时,同时人对他的看法便褒贬毁誉不一,评价的差距颇大。但当时并未形成大规模的争论,只是各人表示些自己的意见而已,自然也是言到为止,没有长篇的生发。

　　后来的情况则大为不同,争论针锋相对,言辞激烈,长篇巨著,时有出现,然迄无结果,难有定论。贬之者认为金圣叹是一个封建反动文人,他的不少遗作中有许多对清帝奴颜婢膝、歌功颂德的作品,因此他参加的"哭庙案"的性质也是对顺治皇帝的悼唁,根本谈不上有什么反清的意义。对金圣叹的评点删改《水浒传》,也认为完全是封建反动统治阶级的立场和观点,而且在评语中还有许多诬蔑、敌视农民起义的内容。所以,所有有关的评点文字都是大毒草。对于腰斩《水浒》的问题,则指斥为露骨地表现了金圣叹的反动思想以及对梁山起义军的刻骨仇恨,必欲斩尽杀绝而后快。因此,他的这些言行都是有利于封建统治阶级的,自己完全站在人民大众的对立面。

而不同的论者却根据另外的材料而得出与之完全相反的结论,甚至是对同一条材料也可作出完全对立的解读。因而金圣叹又被视为一个思想十分矛盾的人,也就自然成了一个思想十分复杂的人了。

由于持不同意见者大多是言之有理、持之有故的,而不是轻率武断之言,因此就必然会长期僵持,难有共识。我们是否可以变换一下思维方法,扩大一点观察视角来进行另一种思考呢?不揣浅陋,且做一点尝试。

在中国历史上,主要是在知识界,有一类颇为特别的人群,简单一点,可以称之为"狂人"。早在孔子的同时代,就有一个"楚狂"人,以后这类人就层出不穷,引人注目。其中特别著名的,为许多人所熟悉的,仅就文学界人士而言,就有魏晋时代竹林七贤中的阮籍、嵇康,宋代的米芾,明中叶的李贽、徐渭。到明清易代之际,这类可称为"狂"的人就特别多,如屈大均、朱耷、王猷定等可作为他们的代表。这类人物,从总的方面来说,应具有三个方面的共性:

第一,他们都有过人的才华,为当时人和后人所共仰。前面提到的那些人物都是如此,毋庸赘说。

第二,他们的思想和言行往往有许多怪异和狂悖荒诞之处,与一般人不同。也常常不为人所理解。上面所提到的诸人,都具有这方面的特点。而与金圣叹同时代的那些人，其特点尤为突出。比如：

著名的岭南诗人屈大均，明亡后，积极地参加过抗清斗争，对清代的统治极为不满。他尝"盛暑着羊皮袄，狂怪不可近"①。他自己也知道："时人皆谓我狂生，蓬头垢面纵横行。"②"我乃酒狂合自然"③，"有一酒狂人不容"④。尽管如此，他仍宣称要"痛饮狂歌度此生，从他竖子日成名"。⑤ 他还说："吾之佯狂自废，与世相违，则终于鸟兽同群而已矣。其为忧也，将与天地而无穷焉。"⑥可见其狂放违世之志何等坚决。

被屈大均称为"大江以南谁狂奴"⑦的王猷定（字于一），也是这一类人物。在明清易代之后，他处于"世换人多默，语低心可怜"⑧的极度压抑下，一旦忍受不了，就会爆发起来。他的行为也常常是惊世骇俗的。他常与同辈"酒酣则徜徉于黄河之岸，望故垒闻水声溅溅，雄心激荡，相与走狭邪，狂吟大叫，世俗之人，鲜不诧"。⑨ 其结果，也就必然是为世人诽谤："余性卞急，处世多所激昂，动辄得谤。"⑩

著名书画家朱耷（八大山人）是一个富有才华的人，明亡后，隐居不出。有一天，他在屋门上写了一个"哑"字，从此便不说话，后又忽然病癫，"初则伏地呜咽，已而仰天大笑，笑已忽跳跺踊跃，号叫大哭，或鼓腹高歌，或混舞于市。一日之间，癫态百出"⑪。所以

① 周炳曾：《道援堂集序》。
② 屈大均：《翁山诗外》卷三《愤歌》。
③ 屈大均：《翁山诗外》卷三《王允塞招饮竹林精舍醉赋》。
④ 屈大均：《翁山诗外》卷三《雷阳阳郡斋醉中走笔吴使君》。
⑤ 屈大均：《翁山诗外》卷十五《遣怀》。
⑥ 屈大均：《寒香斋诗集序》，《翁山文外》。
⑦ 屈大均：《翁山诗外》卷四《哭王处士》。
⑧ 王猷定：《客燕偕内僧话》，载《明遗民诗》卷一。
⑨ 王猷定：《祭万年少文》，《四照堂集》。
⑩ 王猷定：《祭尚宝丞刘公文》，《四照堂集》。
⑪ 《清朝野史大观》卷九。

"世以狂目之"①。然而他却以精美绝伦的书画闻名于世。可见他的癫狂百态,亦是一种内心愤懑的发泄而已。朱耷原是明宗室之后,他的狂态包含有浓厚的政治意味,自可不言而喻。

以上所举,只是就其当时有名、表现突出者而言。实际上,当时人在不同程度上以不同方式表现出这种狂放怪诞行为来对抗清廷的还大有人在,如遗逸中的周德林、夏叔直、唐汲庵、张命士、陈狂农等皆是,他们的行为都不是性格上的怪异或病理上的真正疯癫,而是一种以刻意变态的方式与现实对抗,是对清朝统治者表示不满的一种政治行为。其人数之众,可以说几乎成了一种潮流。

正因为如此,我们就会明白,清朝前期的统治者们对那些政治上的反对派所加的罪名,就常常用的是这一类的名目。试以雍正帝为例,雍正帝上台后,对与他争夺皇位的政敌(主要是他的兄弟们)的斥责,就都是用的这些词语:"廉亲王允禩狂悖已极……"②,"(阿其那)举动狂悖"③,"塞思黑系痴肥臃肿,矫揉造作,粗率狂谬,下贱无耻之人"④,"允䄉于未来京之前,即露种种狂悖"⑤,"允禔、允禩、允䄉虽属狂悖乖张"⑥,"允䄉狂悖糊涂"⑦……明白了这些,就会对那个时代一大批行为怪僻怪异的人有一个准确的认识。

第三,与以上情况相联系的是,这些人都坚决拒绝与现实当权者合作,都抱一种与之疏离隔阂的态度,绝不为其所用。如阮籍生平任性不羁,无视礼法,闭门读书,不问世事。晋文帝司马昭想招揽他,乃为其长子司马炎(后为武帝)求婚于阮籍家,他便连醉六十天,来使无法进言而作罢。嵇康有奇才,却游逸山林,不涉仕途。

①　《清史稿·艺术(三)》,《朱耷传》。
②　蒋良骐:《东华录》,雍正四年正月。
③　蒋良骐:《东华录》,雍正四年五月。
④　同上。
⑤　同上。
⑥　蒋良骐:《东华录》,雍正四年六月。
⑦　同上。

他的朋友山涛致信要荐他去做官,他不但不接受,竟因此复信与他绝交,于是便有了流传千古的《与山巨源绝交书》。再说屈大均,从少年时代起,就参加反清复明运动,屡受挫折之后,他便隐居不出,拒不仕清。康熙十七年(1678),他被推荐应试博学鸿儒科,但坚不赴试;康熙二十四年(1685),时任少詹事的王士祯与两广总督吴兴祚提出要疏荐屈大均,也被他婉辞坚拒。王猷定曾为史可法记室,后厌恶官场,虽被疏荐,坚不应仕;入清后,更绝意人世,日以著文书法自娱,并以此闻名于世。"八大山人"朱耷在明清易代之后山居二十年,后临川令因闻其名而延之官舍。他很不乐意,一年余忽发狂疾,逃离官舍而流浪市肆间,衣衫不整,哭笑无度,与市井儿奔走杂处。他的书画极其有名,为世人争相收藏,凡贫民市人以至僧众有求,他毫不吝惜,而权贵显要之人以数金欲易一幅而不可得,可见其为人。

根据以上三条来衡量金圣叹,他不但完全吻合,而且非常突出。金圣叹年少时即聪颖异乎常人,无书不读,深得社会人众赏识。早年即补常州博士弟子员。以后参加岁考,他却一再在试卷上与考官开玩笑,也就屡遭黜革,后来他以别的姓名应考,即取得第一,可见其才华。他平日为人更是放荡不羁,不屑礼法,他的朋友徐增在《才子必读书序》说他:"如遇酒人,则曼卿轰饮;遇诗人,则摩诘沉吟;遇剑客,则猿公舞跃;遇棋客,则鸠摩布算;遇道士,则鹤气横天;遇释子,则莲花绕座;遇辩士,则珠玉随风;遇静人,则木讷终日;遇老人,则为之婆娑;遇孩赤,则啼笑宛然也。"更有甚者,如尤侗在《艮斋杂说》中说:"吾乡金圣叹,以聪明穿凿书史,狂放不羁,每食狗肉,登坛讲经,缁流从者甚众。"真是狂得可以了。这样一个人,自然也就不会也不可能有功名之心,去为官作宦,与统治者靠拢了,否则,也就不会拿科考去开玩笑了。

和其他所有"狂"者一样,金圣叹外表狂悖反常,难以理解,但他内心却是清醒明白,自有主见,而且是合乎正义公道的。如在他传世不多的诗文和小说评点中,常可见到他对战乱频繁的忧愤,对百姓遭受灾难的痛心和牵挂,以及对统治者腐败误国的谴责和指斥。所以邱苇瑗在《菽园赘谈》中说:"圣叹愤世嫉俗,然遇理所不可之事,则亦慷慨激昂,不计利害,直前蹈之。"这才是真正的金圣叹。也正因为他有这样的性格,才会因关心民生疾苦、揭发贪官污吏而陷入"哭庙案",最终捐出了自己的性命。

作为一个封建时代的知识分子,自然会具有许多不可避免的缺点,加上他外在狂放怪诞的行为特点,自然不易为人所理解,他受到当时以至后人的种种诟病是不足为怪的。正如同时代著名小说《红楼梦》中的主角、狂人贾宝玉受到了"百口嘲谤,万目睚眦"的遭遇一样,其道理是完全一样的。

理解了他是怎样的一个人,我们就可以理直气壮地来谈论他的小说理论了。也只有他这样的人,才可以产生出这样的小说理论来。

金圣叹的小说理论异常精彩、丰富,在中国小说理论史上堪称是一个里程碑。这远远不是一两篇短文可以写得完备,这里仅就他贡献最为突出的方面概谈几点。

第一,金圣叹大幅度提高了小说的历史和文学地位。

中国的文学,在传统的眼光里,向来是以诗文为正宗,戏剧、尤其是小说是不能进入文学的大雅之堂的。它们一般被视为"闲书",正人君子们不屑一顾,尤有甚者,一些小说名著,如《红楼梦》、《水浒传》还被视为"诲淫"、"诲盗"之作,长期列入禁书之列。所以在正史的《儒林传》、《文苑传》等列传中,三、四流的诗文作者可以赫然荣列榜上,而杰出的小说家则踪影全无,甚至在野史遗文中也找不到他们的多少形迹,以至许多今天已属于世界名著的作品连它们的作者是谁也搞不清,真是何其不幸,何其可悲!

与此相对应的是历代的诗文批评和理论,都异常活跃和丰富,论文或专著层出不穷,学派林立,异说纷呈,这些当然是好现象。

但是关于小说的理论与批评,则相形见绌。尽管从唐朝以来,小说的创作已进入了自觉的时代,但直至宋、元,有关小说的理论也是寥若晨星,且支离破碎,远不成系统。因此一直到建国初期的多部中国文学批评史中,也不见有小说理论批评史的一席之地。它既反映了作者们仍承传了传统的偏见,同时也反映了他们在这方面的无知。

其实在中国文学史上为小说的地位和作用发出的呼声还是有的。早在两汉之际,桓谭在他的《新论》中就说:"若其小说家,合丛谈小语,近取譬论,以作短书,治身理家,有可观之辞。"他肯定了小说具有"治身理家"的作用,是非常难得的。由于此书已遗失,这几句话也是保留在李善的《文选》中,所以影响不大。而同时的历史学家班固,他在《汉书·艺文志》中就记录有小说十五家和小说作品一千三百八十篇,是史书上第一篇颇具规模的小说目录,十分珍贵。他还指出:

> 小说家者流,盖出于稗官,街谈巷语,道听途说之所造也。孔子曰:"虽小道,必有可观者焉,致远恐泥,是以君子弗为也。"然亦弗灭也。闾里小知者之所及,亦使缀而不忘。如或一言可采,此亦刍荛狂夫之议也。

他还说:

> 诸子十家,其可观者九家而已。

在班固的话中,他对小说确是有一些批评,以小说在当时的状态来说,这样的批评是毫不奇怪的,也是很中肯的;何况他对其他诸子也多有不同的批评。而值得注意的是,他借孔子之言,称小说是"必有可观者焉",是不会灭亡的,而且第一次把小说与诸子各家齐列并称,彰显出它的地位。这显出了他非同一般的见识,开了一个好头。只可惜这种声音在长时间里几成绝唱,毫无反响。直到南宋洪迈的《容斋随笔》,在谈到唐人小说时才说:

> 唐人小说,小小情事,凄婉欲绝,洵有神遇而不自知者,与律诗可称一代之奇。

虽然只有寥寥数语,却是十分明确地又一次把小说与诗歌并称,放在了同等的地位上。

一直到明中叶以后,小说创作进入了蓬勃发展的时期,但它的地位仍没有什么改变,这时虽有不少评论家,如李贽、袁宏道、冯梦龙、凌濛初等,他们对小说提出了不少见解,却未能为小说的社会作用与地位发出有力的呼吁。从班固以来,大约一千五百多年的漫长时间里,也就只有前面提到的几个人说过那么几句话,显得异常的势孤力单,令人叹息。

然而就在稍后一点的明末清初之际,小说理论史上却异军突起,出现了一个令人刮目相看的金圣叹,他别开生面、令人耳目一新地提出了"六才子书"之说。在《三国志演义序》一文中他写道:

> 余尝集才子书者六,其目曰《庄》也,《骚》也,马之《史记》也,杜之律诗也,《水浒》也,《西厢》也。已谬加评订,海内君子皆许余,以为知言。

在这里,金圣叹不是简单地把小说和一般诗文齐列并称,而是刻意地挑出正统诗文中最拔尖的作家作品来与之并列,以突显小说《水浒》的突出地位。

更重要的是,他不是这样说完就算了,如果仅是这样,那它的结果也便会和前面几个人那样,说完之后,那几句话也就淹没在历史的长河中,变得无声无息了。他是在此同时,还花了长时间、大精力去评点《水浒》,在这些评点中,他还发表了大量更为异乎寻常的看法。试列出几条:

> 天下之文章,无有出《水浒》右者;天下之格物君子,无有出施耐庵先生右者。(《水浒传》序三)
>
> 施耐庵《水浒传》真为文章之总持。(《水浒传》序三)
>
> 呜呼!天下之乐,第一莫若读书;读书之乐,第一莫若读《水浒》……(《水浒传》第十二回回评)
>
> 某尝道《水浒》胜似《史记》,人都不肯信,殊不知某却不是乱说。(《读第五才子书法》)

类似的说法还可列出许多。原来金圣叹不仅认为小说的地位可以与顶尖的诗文并驾齐驱,而且还超过了它们,真是达到了振聋发聩的地步。

金圣叹不光是为《水浒传》说过几句话,他之前也有不少人说过。他除了说过一些别人没说过的狠话之外,还花足气力,用了二十几年的青春年华评注刻印了一部广为流传的《贯华堂批第五才子书〈水浒传〉》。这样,小说《水浒传》的社会地位才真正确立了起来。清代王韬在《水浒传序》中说:“其书初犹未甚知名,自经金圣叹品评,置之第五才子之列,而名乃大噪。”清代学者昭梿在其《啸亭续录·小说》卷二中又说:“自金圣叹好批小说,以为其文法毕具,逼肖龙门,故世之续编者,汗牛充栋,牛鬼蛇神,至士大夫家几上,无不陈《水浒传》、《金瓶梅》以为把玩。”从以上二人的记述可知,《水浒传》从原先的“未甚知名”到“名乃大噪”,以至士大夫家里都备有一部,这样的一个变化,全是金圣叹不懈努力的结果。

确立小说的社会地位、推动小说的繁荣发展,金圣叹功莫大焉。

　　第二,金圣叹第一次确立了小说必须着力塑造人物形象、重视刻画人物性格特点的原则。

　　在此之前,中国古代无论是小说创作或小说理论都远未关注到这个问题。从创作来说,先秦时期还没有产生纯粹的小说,更谈不上什么人物塑造。秦汉魏晋南北朝时期,已有了可观的短篇小说。其特点主要是叙述故事和志录怪异,以刘义庆的《世说新语》和干宝的《搜神记》为代表,无论是志怪还是写人都是以奇异的故事情节取胜,自然还没注意到人物形象的问题。到唐代小说,按鲁迅的说法,这时的作者虽然已开始"有意为小说",但他们的特点还是"不离于搜奇记逸"(《中国小说史略》第八篇),所以唐人小说的另一个名字就还叫"传奇"。虽然其中有极少数几个给人有印象的人物,但离"有意"塑造人物的要求仍远。宋代仍有一定数量的志怪及传奇文。它们自是前朝同类小说的延续,且乏善可陈。宋元小说的主体乃宋元话本,它们是说书人的底本,一般较粗简,类似于说话的提纲,自然不可能用精雕细琢的手法塑造人物。直至明清时代,中国古代的小说才真正成熟、繁荣起来,与正宗、传统的诗文并列不仅毫无愧色,而且可以堂而皇之地跻身于世界优秀文学之林。能取得这种成就的因素自然很多,而其中重要的一点便是明清小说成功地塑造出了许许多多、形形色色的具有鲜明性格特色的人物形象。这一重要特色虽然出现得晚了一些,但毕竟还是出现了,而且显得特别出色,非同凡响。

　　再从小说理论来说,由于重视而且成功地刻画人物性格的作品出现得很晚,所以在理论方面就更缺乏这方面的探求,除了极少数像宋代刘辰翁评点《世说新语》那样,有一些简单涉及人物形象的笔墨之外,几乎找不出其他可称道的言论来,刘辰翁也可谓是凤毛麟角了。明代中叶以后,小说理论家可是出了不少,而且在之前就出了几部长篇名著,但是这些理论家也很少有这方面的专门论述。在这些人当中,李贽倒是有过方面的探索,他在评点《水浒》

刻画人物上提出的"同而不同"和"化工肖物"等说法,都已接触到了这个问题,只是他还没有较为深入的论说,更未正面提出并十分强调性格的概念,真正做到这一点的,就只能是金圣叹了。

在《读第五才子书法》中,金圣叹反复提出:

> 或问:施耐庵寻题目写出自家锦心绣口,题目尽有,何苦定要写此一事?答曰:只是贪他三十六个人,便有三十六样出身,三十六样面目,三十六样性格,中间便结撰得来。

> 别一部书,看过一遍即休。独有《水浒传》,只是看不厌,无非为他把一百八个人性格都写出来。

> 《水浒传》写一百八个人性格,真是一百八样。若别一部书,任他写一千个人,也只是一样,便只写得两个人,也只是一样。

在这里,金圣叹极力赞扬、推崇《水浒》,而其原因,都是因为它写出了人物的性格。他一而再、再而三地强调了"性格"这个概念,可见它的重要性。在金圣叹之前两千多年,提到过"性格"一词的只有一人一次,那便是唐代诗人李中在其七言律诗《献张拾遗》中开头两句说的:"官资清贵近丹墀,性格孤高世所稀。"这里说的"性格"只是一般用语,并未引起人们的注意,更与小说的塑造人物形象无关,金圣叹也未必是受它的什么影响或启发。所以从小说理论的用语来说,金圣叹实乃首创。它一直影响到以后的小说创作和评论,直到今天,它仍然是这个领域中的重要概念和用语,还在发挥它的重要作用。在这点上金圣叹又是功不可没。

金圣叹不仅是提出、强调了刻画人物性格的重要性,在评点《水浒》时大量运用了它,而且他还首次提出了如何去刻画人物的性格。在《水浒传》序三中,他指出:

> 《水浒》所叙，叙一百八人，人有其性情，人有其气质，人有其形状，人有其声口。

在《水浒传》第二十五回总评中，他又指出鲁达、林冲、杨志三人是"三丈夫"，但他们又"各自有其胸襟，各自有其心地，各自有其形状，各自有其装束"。

综上而言，金圣叹列出了刻画人物性格的几个重要方面：性情、气质、胸襟、心地是人物的内在品性，他用了好几个含义近似的词语来强调它，可见它的重要性；形状、装束是人物的外在形象，也必不可少；声口是人物的语言，自然是重要的另一个方面。综合起来，就是说人物塑造必须内外兼到、形神俱备。加上他特有的语言，这个人物形象便可活生生地树立在读者眼前。金圣叹所提到的这几个方面，应该说是刻画人物所必须具备的几个最基本条件，不但是小说理论中的首创，也是现代小说刻画人物所必须遵循的原则。

第三，金圣叹通过对《水浒传》的细心解读，全面总结，提出了长篇小说创作的种种技巧和方法，对后人的小说评论和创作产生了巨大影响，作出了重大贡献。

本来，要对各类文体总结出什么创作方法之类，就是一件难事，尤其是小说，因为它毕竟不是写八股文。然而金圣叹竟然这么做了。他对小说的各种要素都提出了各自的写作技巧和方法。除了前面说到的人物刻画之外，举凡小说的情节、结构、叙事法、细节以及鉴赏等，他都有具体、细致的叙说。由于这是一件吃力不讨好的事情，再加上他只是单就一部《水浒传》而言，所以他得出来的结果，其实际意义是非常有限的。因此，他之所为不但是前无古人，恐怕也会是后无来者，后来未必还会有人去找这种苦差事干。

然而在这同时，金圣叹还别开生面地为《水浒传》归纳出了一套所谓"文法"，实质是一套创作上的表现技法，却特别值得我们注

意。也是在《读第五才子书法》中,金圣叹提出:

> 《水浒传》有许多文法,非他书所曾有,略点几则于后:
> 有倒插法。……
> 有夹叙法。……
> 有草蛇灰线法。……
> 有大落墨法。……
> 有绵针泥刺法。……
> 有背面铺粉法。……
> 有弄引法。……
> 有獭尾法。……
> 有正犯法。……
> 有略犯法。……
> 有极不省法。……
> 有欲合故纵法。……
> 有横云断山法。……
> 有莺胶续弦法。……

金圣叹只这么"略点几则",便有十五条之多,不但数量多,而且对每种"文法"都有具体的举例和阐释,因篇幅较长,这里没有一一引出原文。兹列引几条,以见一斑。如:

> 草蛇灰线法。如景阳冈勤叙许多"哨棒"字,紫石街连写若干"帘子"字等是也。骤看之,有如无物,及至细寻,其中便有一条线索,拽之通体俱动。
>
> 背面铺粉法。如要衬宋江奸诈,不觉写作李逵真率;要衬石秀尖利,不觉写作杨雄糊涂是也。
>
> 横云断山法。如两打祝家庄后,忽插出解珍、解宝争虎越

> 狱事;又正打大名城时,忽插出截江鬼、油裹鳅谋财倾命事等
> 是也。只为文字太长了,便恐累赘,故从半腰间暂时闪出,以
> 间隔之。

这里所选几条,文字简洁,浅显易懂,不用多作解释,意义自明。再综合金圣叹所归纳的全部十五条来看,它们既是小说理论,也是小说创作的诸种技法,还可以成为读者鉴赏这类小说的指引。做到这些需要下不一般的工夫,不是谁都能做到的,事实上也只有金圣叹做到了。

就像对金圣叹其人有诸多贬责一样,对他的这些"文法"也有不少挑剔。对此,我们无须与之争议。要判断它们的功过是非,最好的方法恐怕还是检验一下它们产生之后的社会效果较为可靠。而事实上我们发现,之后的一些著名的小说理论批评家是完全认同金圣叹的这一套说法的,而且还广泛地在他们的著作中使用这一套方法和说法。如《金瓶梅》的著名评点家张竹坡,也写了一篇《批评第一奇书金瓶梅读法》和一百回的回评。在这些"读法"和"回评"中,许多地方都可以看出他明显采用了金圣叹的分析方法,只是他有些回避直接使用金圣叹所起的名称。如《读法》第四十四条说:

> 《金瓶》每于极忙时,偏夹叙他事入内。如还未娶金莲,先插娶孟玉楼;娶玉楼时,即夹叙嫁大姐。生子时,即夹叙吴典恩借债。官哥临危时,乃有谢希大借银。瓶儿死时,乃入玉箫受约。择日出殡,乃有请六黄太尉等事。皆于百忙中,故作消闲之笔,非才富一石者何以能之?……

这和前面所引金圣叹说的"横云断山"之法从思维到表现方法,都如出一辙,只是他没有使出"横云断山"这个名称而已。但即使如

此,我们仍然还可以在不少地方发现张竹坡似乎是避无可避地只能沿用金圣叹所使用过的名称。如在"读法"第二十六条中有"故必先写月娘好佛,一路尸尸闪闪,如草蛇灰线";在第三回"回评"中又有"吾不知其用笔之妙,何以草蛇灰线之如此也";第二十回"回评"中又有"其用笔必不肯随时突出,处处草蛇灰线,处处你遮我映"。再如,在"读法"第四十五条中有"《金瓶梅》妙在善于用犯笔而不犯也";第十三回"回评"中又有"……若王六儿,又特犯金莲而弄犯之巧者也";第六十八回"回评"中又说:"……盖写一月姐,又特特与桂姐相犯也。"至第九十一回"回评"还说"算命以及'妻大两,黄金长'等语,特特相犯",等等。看来,张竹坡想极力避开金圣叹所使用过的一些称呼,却又无法完全做到,大概是由于他在很多情况下确实找不到比金圣叹用的名称更适合的了。于此可见金圣叹的开创意义和魅力。

除张竹坡之外,我们更应该去关注一下另一位著名小说点评家、即最早评点《红楼梦》的脂砚斋的情况。比起张竹坡来,脂砚斋的批语爽快直率得多,他一点也不打算掩饰他受到金圣叹的影响,在"甲戌本"第一回就有一条眉批可以看出他的态度:

> 事则实事,然亦叙得有间架、有曲折、有顺逆、有映带、有隐有见、有正有闰,以至草蛇灰线、空谷传声、一击两鸣、明修栈道、暗度陈仓、云龙雾雨、两山对峙、烘云托月、背面传(傅)粉、千皴万染诸奇。书中之秘法,亦不复少。……

一眼看去,便很容易发现,其中诸如"草蛇灰线"、"烘云托月"(金圣叹评点《西厢记》之语)、"背面传(傅)粉"之类的"秘法",就全是来自金圣叹之处,脂砚斋对此一点也不避讳,足见其对金圣叹评点的重视和尊崇。在其他"脂批"中反映出来的情况,我们就不一一列举了。

　　但值得特别提出来的是，我们还看到，在之后的"脂批"中，还不时地会直接提到金圣叹本人。例如在第三十回有批语："写尽宝黛无限心曲，假使圣叹见之，还不知批出多少妙处。"在第五十四回的"回末总评"中又说："噫，作者已逝，圣叹云亡，愚不自谅，辄拟数语，知我罪我，其听之矣。"从字里行间我们可以看到，"脂砚斋"不但对金圣叹的小说理论自觉地加以继承，而且对他本人也充满了向往敬慕之情。

　　由此，我们还可进一步认为，既然"脂砚斋"如此推崇金圣叹，那么与脂砚斋关系极为密切的曹雪芹自然也一定非常了解和钻研过金圣叹的小说理论，而且他在创作《红楼梦》时，也必然深受金圣叹小说理论的影响，并把金圣叹的理论运用到创作实践中来。《红楼梦》对后世小说创作影响如此巨大，追本溯源，金圣叹其实是功不可没的。这样，对金圣叹小说理论的意义的认识，就完全不应只局限在小说理论的范围内。至于更具体、深入的了解，就还有待进一步的专门研究了。

　　金圣叹的小说理论内容异常丰富，影响十分深远。上面所列的三点乃是最为拔尖，可称首创，给予充分的肯定，绝不为过。世界上号称第一的东西可谓多多，但真正在当时有意义、对后世又发挥无限作用的却不多，而金圣叹的以上几点理论却达到了这样的要求，十分难得。

　　日月逝矣，圣叹云亡。遗憾的是，金圣叹的作用和价值还远没有得到足够的认识。相应地，对他本人以及他的小说理论的研究还有可以充分深入的空间。

论《长生殿》与民族意识

　　一部以李隆基、杨玉环爱情为主线的《长生殿》传奇,由于其中的某些内容而引发了其他一些颇有争议的问题。其中最突出的如《长生殿》是否具有民族意识;如果有,它在全剧中占有什么地位;以及它与该剧的中心线索关系如何;还有与之相关的其他问题,如它是多主题还是主题存在矛盾等等。这些问题,一直未能得到解决,仍有进一步加以探讨的必要。笔者认为,要解决好这些问题,必须明确一个前提,即清代文学,尤其是清初、中期的文学,由于特殊的历史条件,许多优秀的作品,往往都采取了一些特殊的艺术表现手法,从而使作品产生出许多纷繁复杂的现象。因此,对于这类作品,就必须抓住它的这种特殊性去进行分析,方能在纷繁甚至是矛盾的表象中,理出一个合理的头绪,最终探出它的真谛。

一

　　首先,《长生殿》里是否存在民族意识? 这一点必须先明确,才能探讨其他的问题。回答是肯定的,至少表现在三个方面:

　　第一,作品公开扬言要恢复汉族人的天下,同时把安禄山当着异族统治者加以痛斥。《剿寇》一出,作者借郭子仪之口说:"当此国家多事之秋,正我臣子建功之日。誓当扫清群寇,收复两京,再造唐家社稷,重睹汉官威仪,方不负平生志愿也。"在洪昇笔下的郭子仪,他要"再造唐家社稷"的心愿,是和"重睹汉官威仪"——强烈的民族意识紧相联系的。过去对于"安史之乱"中的安禄山,一般是视之为权奸和叛逆,未视为异族的代表,即没有把"安史之乱"当成一个民族矛盾。《长生殿》则不然,它在对安禄山的斥骂中就熔铸有浓厚的民族情绪,如《收京》中郭子仪的唱词就说:"九庙灰飞,诸陵尘暗,腥膻满目狼藉。九阙宫悬,伤心血泪时滴。""腥膻"一词,乃清初一些忠怀明朝的人士对清代异族统治者特有的称呼,带有极其蔑视的意味,尤其在一些抗清复明的志士中常常使用这种词语。如南明抗清名将瞿式耜在其据守桂林期间写的《病中感怀》诗中就说:"余生萍蒂逐,故国梦魂萦。鳞雁经年断,腥膻甚日清?"①又《北信杳然,中夜不寐,口号六绝》(之三)中也说:"高皇灵爽在天无,荐食腥膻遍两都。"②另一官至兵部尚书的南明抗清大臣张煌言,在临刑之前也高呼:"大好河山,竟使沾染腥膻!"③洪昇在高呼要"重睹汉官威仪"的同时又直斥"腥膻满目狼藉",在当时的情况下,不仅是表现出了强烈的民族意识,而且是极其大胆的。还有,在《骂贼》出里,雷海青唱的"恨子恨,泼腥膻莽将龙座渰"以及在《弹词》出,李龟年反复唱到一座锦绣般的长安城,竟"染腥臊也么哥!染腥臊,玉砌空堆马粪高",这"腥臊"也即"腥膻"之意。说明洪昇使用这种词语并非一种偶然性,而是反复使用,里面充满了强烈的感情色彩。

第二,含恨切齿,痛斥安禄山窃占神器,同时怒骂文武百官争相投降,背义忘恩。这部分内容主要集中表现在《骂贼》一出里。作者首先借雷海青之口于其登场时,先骂安禄山:"恨子恨,泼腥膻莽将龙座渰,癫蛤蟆妄想天鹅唊,生克擦直逼的个官家下殿走天南。你道恁胡行堪不堪?纵将他寝皮食肉也恨难剗。"这里明确点

---

①　瞿式耜:《瞿式耜集》,上海古籍出版社 1981 年版,第 205 页。
②　同上书,第 215 页。
③　张煌言:《张苍水集》,中华书局 1959 年版,第 179 页。

出了安禄山之乱是腥膻淹了龙座,癞蛤蟆想吃天鹅,仍然隐含着民族之恨,以至恨不得将他"寝皮食肉"。接着是对文武百官们"反面事新朝"的无情鞭挞,《上马娇》一曲说:"平日价张着口将忠孝谈,到临尾翻着脸把富贵贪。早一齐儿摇尾受新衔。把一个君亲仇敌当着恩人感。喏,只问你蒙面可羞惭?"在"尾声"中,又借四伪官之口齐唱道:"大家都是花花面,一个忠臣值甚钱。雷海青,雷海青,毕竟你未戴乌纱识见浅!"辛辣的讽刺,可谓入木三分。明末清初的著名抗清爱国诗人归庄在他的《万古愁曲》中写道:"恨的是左班官平日里受皇恩,沾封诰,乌纱罩首,金带围腰,今日里向贼庭稽颡得早,那如鬼如蜮的文人,狗苟蝇营,还怀着几句劝进表。……更可恨九衢万姓悲无主,三殿千官庆早朝,便万斩也难饶。"①其思想内容与强烈情绪比之《骂贼》竟有异曲同工之妙。自然,斥骂安禄山与讽刺众投降百官,其思想出发点是完全一致的。

当雷海青与安禄山打了照面后,他"怒发上冲冠",将手中琵琶猛掷过去,以期将"贼臣碎首报开元"。情节由骂贼发展到击贼,使这一出戏达到了最高潮,表现了浩然正气,与众官的卑躬屈节形成了鲜明的对比,爱国的民族意识得到了最大的张扬。

第三,抒发无限兴亡之感,对前朝表示深切的怀念。这种兴亡之感,在作品的后半部中时有流露,尤其在《弹词》和《私祭》出中表现得更为突出。流落江南的李龟年,因"想当日"那"说不尽九重天上恩如海"而"哭煞了瘦骨穷骸",在他的琵琶声里,"唱不尽兴亡梦幻,弹不尽悲伤感叹,大古里凄凉满眼对江山"。这种凄凉悲壮的怀旧,不是一般的个人私情,而是一种牵系到国家民族的兴亡之情,所以作者特别让当时在场听歌的人说:"无端唱出兴亡恨,引得旁人也泪流。"如果不是有共同的思想感情作基础,是不会产生这种共鸣的。在《私祭》里,写杨贵妃旧日的两个宫女,因逃难做了道

---

① 归庄:《归庄集》,上海古籍出版社 1984 年版,第 159 页。

士,清明节仍立了杨贵妃的牌位来哭祭:"想着你恩难罄,恨怎忘,风流陡然没下场。……我的娘娘嗄! 只落得望断眸,叫断肠,泪如泉,哭声放!"这种至深的悲哀,如果孤立来看,也未尝不可以看作仅是她们主仆之间的一种私情,可当她们与李龟年相逢在一起时,在最后两支曲子的末尾都是合唱起"蓦地相逢处各沾裳。白首红颜,对话兴亡"。缠绕在他们心头,使"白首红颜"间有共同情感的仍是这无限兴亡之感。

　　以上虽述列为三个方面,但其中心内容都明白无疑地表现出一种强烈的民族意识以及与之相关的兴亡之恨。而且在全剧中这一部分的感情是表现得最强烈的。作为一部以李、杨故事为中心的戏剧,如果它的主题只是为了歌颂爱情的话(姑不论帝王后妃间是否有真正的爱情这一类问题),它完全可以不写这方面的内容,但它写了。而且,写这方面的内容是极容易犯忌的,作者也完全明白这一点,但他还是写了,这就不能不使人认为,《长生殿》里不仅表现民族意识,而且是作者刻意地、甚至甘冒风险地要表现的内容。如果对此还有疑义,那只能认为这些内容只是作者偶然之笔了。但试问,一部花时十年、三易其稿的呕心沥血之作,会有可能出现这么一些严重触犯时忌的偶然笔墨么? 虽然从全剧来看,这部分内容所占的比例并不大,但只要一想到它是产生在什么时代,就会明白这些内容已经是十分够分量的了。

二

　　妨碍人们客观地正视这些内容,是有的论者认为洪昇本人未必具有民族意识,因为他并非明代遗民,自己又热心清代的科举,而且还对康熙写过颂圣之作等等。表面看来,这些意见似乎也不无道理,但只要稍加分析就可明白,这些理由都是缺乏说服力的。首先,并非一定要明遗民才会产生民族意识和兴亡之感,在明末清初的反清复明潮流中,参加者并不全是遗民,在当时氛围里和与遗民的各种关系中,自可产生大量与遗民同调的人来。洪昇出生于顺治二年(1645),只要有适合的条件,就绝对能萌发这种思想。比洪昇还迟几年出生的孔尚任,就在《桃花扇》的题词中公开声称这部剧作是"借离合之情,写兴亡之感",那么洪昇在他的《长生殿》里,为什么就不可以抒写他的民族意识和兴亡之恨呢? 至于说到追求功名科举,这乃是当时知识分子,尤其是青年知识分子必由之路,与民族意识的有无并无必然联系。何况一个作家的这种思想意识在不同时期、不同条件下尽可以有强弱有无的不同情况。而且对洪昇来说,在与家庭不和、生活无着的情况下,求取功名还是一个解决起码生活出路的一个根本手段,它并不妨碍他具有什么样的思想意识。关于所谓"颂圣"一事,那是他到北京进入国子监的第二年,碰上康熙前来"释奠先圣"之际,他写了一首颂圣诗,其中说"圣主崇文日,皇家重道时","盛世真多幸,儒生窃自思"[①]等等,此乃一般的颂词,并无过分肉麻的吹捧。其实当时是大家都要写的,只不过是一件例行公事而已,未必便是作者由衷之言。正像《红楼梦》里元妃省亲时,命大家作诗,只"胡乱做了一首五言律应命罢了"的林黛玉,在诗里仍不得不歌颂一番什么"宸游增悦豫,仙境别红尘。借得山川秀,添来气象新。香融金谷酒,花媚玉堂人。何幸邀恩宠,宫车过往频"。原想今夜大展奇才将众人压倒的林黛玉,结果写了这么一首诗,她真的是在那里"颂圣"吗? 虽然这只是小说中的人物,但由于是在同样的背景下,其道理还是相通的。再退一步说,即使洪昇当时是真有"颂圣"思想,那也是因为当时刚入学之时,功名心切,写了这样的诗也不足为奇。事实上当年洪昇写过的这一类"颂圣"之作也远非此一首。但在以后由于种种思想、人生遭际的变化,因而在作《长生殿》时又具有民族意识,也是完全可能的,并不悖于情理。而事实上洪昇自三十岁旅居北京之后,不

---

① 章培恒:《洪昇年谱》,上海古籍出版社 1979 年版,第 98 页。

满现实的思想是一直在发展的,他写那几句"颂圣"诗时,《长生殿》的创作尚未开始,所以绝对不宜把他初到北京时循例所写的几句诗看得太重了。

如果上面那些障碍能够排除的话,我们就应该进而看看洪昇本人的思想中是否可能具有民族意识。

先说可能。从洪昇的家世、生平经历来看:洪昇出生于一个儒宦世胄之家,他的曾祖父洪瞻祖在明朝时曾以右都御史巡抚赣南。其父虽曾仕清,但宦途多舛,康熙十八年(1679)冬因事遭遣戍,洪昇闻讯从北京赶回,以旬日余奔走三千余里,致使"驰走焦苦,面目黧黑,骨柴嗌嗄"①,辛苦万状。后虽遇赦,亦受尽惊吓和忧患。至于洪昇本人的经历,则尤其潦倒坎坷。他流寓京师多年,不但功名无成,甚至生计无着,常求助于人;又遭天伦之变,不容于父母,有家难归,自然是沦落穷愁,悲苦万端。他的一首《感怀》诗,大体可概括他一生的困苦与感受:

> 妻子长安亲旧国,年年北往复南征。孤舟浊浪遭龙睡,半夜深山冲虎行。羸马瘦僮频跋涉,炎风朔雪苦经营。自怜不及田间子,耕织承欢过一生。②

洪昇这样一种家世背景和个人遭遇,自然形成了他满腔孤愤、不满现状的性格。赵执信说他"与时人意见多不合,朝贵亦轻之,鲜与往还",又说他"常不满人,亦不满于人"③。徐麟说他"交游宴集,每白眼踞坐,指古摘今"④,正是这种性格的集中表现。在这同时,还需要特别注意的是,洪昇早年曾先后师从和交往于陆繁弨、朱之

①　朱溶:《稗畦集叙》,见洪昇《稗畦集》,古典文学出版社1957年版,第4页。
②　同上书,第91页。
③　《中国历代作家小传》下册,湖南人民出版社1985年版,第222页。
④　同上。

京、毛先舒、沈谦、蔡绍炳等人,这些人既是传统儒者,又是明末遗民,都特别讲究气节。他尤其倾慕和交往最密的毛先舒更是一个富于民族气节的人,对洪昇有很深刻的影响。洪昇在以后的交往中,也有许多是这样的一些友人,如曾为洪昇编选诗集、也是和洪昇十分交好的朱溶,他的父兄全家多人皆殉明而亡,朱溶本人为给明末殉难诸人编《忠义录》,三十年孜孜不倦,对他的思想、为人,洪昇曾有诗倍加赞赏。他们的思想和气节无疑也是会给洪昇以很大影响的。

因此,在这样的背景之下,一个心怀抑郁,与世格格不入的进步作家,如洪昇其人,在思想中产生民族意识以及对前朝的怀思,就不但是可能的,而且是极其自然的。

事实上,洪昇的这种思想意识是客观存在的,除了表现于《长生殿》,如上所指出的之外,主要还反映在他的诗作之中。需要特别指出来的一点是,现在能见到的洪昇诗作,只是他原有作品中的一部分,还有相当一部分作品在结集时由于后面会说到的原因而被删去了。如参与编选《稗畦集》、《稗畦续集》的洪昇同时人戴普成在记述当时编选此集的情况时说:“顾以为欲传世行远,宁严毋宽,宁少毋多,乃痛删削。……凡千余篇,仅存如干首。”①而现存的两集诗加起来也不过三百余首,仅约及原有诗作的三分之一。这被“痛删削”去的大部分诗的具体内容不得而知,但无疑其中有不少是存有种种违碍语的。而当时是满、汉民族矛盾最激烈的时候,民族意识、故国之思乃是最触犯时忌的,这种内容自当列为“痛删削”去之首,否则,随时就可能招来不测之祸,更不用说“欲传世行远”了。但就是在这样的情况下,我们仍可在现有的诗作中清楚地看到洪昇的这种思想意识。

还在早年的诗作中,其触景生悲、兴亡之感就很浓烈,如《钱塘

---

① 　戴普成:《稗畦集叙》,见洪昇《稗畦集》,第5页。

秋感》：

> 晓陟南屏独振衣，丹霞出海露初晞。几声老鹳盘空落，无数征鸿背日飞。秋水荒湾悲太子，寒云孤塔吊王妃。山川满目南朝恨，短褐长竿任钓矶。①

随后，这种思绪一直并未熄灭，一有机会就会触发出来。如康熙九年（1670）北游时，写有《魏州杂诗》八首，其第四首曰：

> 鸬鹚陂百里，土俗实相依。鱼鳖冬深美，菰蒲雨后肥。山山衔汉月，处处着秦衣。顿使天涯客，欢游欲忘归。②

这"汉月"、"秦衣"，竟使洪昇乐而忘归。在洪昇以悲凉感慨为主的诗作中，具有这种欢乐诗情的作品是十分罕见的，从中亦可见其对明朝怀念之深，自然也就表示了对新朝的不满了。除此之外，如《扬州道中》、《多景楼》等无论是早期或者后期的诗作中，都常常能见到抒发了这一类情感的诗句和篇章。当然，最集中而突出地反映他这种思想的应该是《京东杂感》十首了，如：

> 雾隐前山烧，林开小市灯。软沙平受月，春水细流冰。远望穷高下，孤怀感废兴。白头遗老在，指点十三陵。（其三）③
>
> 盘龙山下路，尚有果园存。岁月蟠根老，风霜结实繁。落残供野鼠，垂在饲饥猿。童竖休樵采，枝枝总旧恩。（其四）④
>
> 故国开藩镇，防边节制雄。鹰扬屯蓟北，虎视扼辽东。角

---

①　章培恒：《洪昇年谱》，第50页。
②　同上书，第112页。
③　洪昇：《稗畦集》，古典文学出版社1957年版，第174页。
④　同上。

静孤城月，旗翻大树风。至今论将略，尚想戚元戎。（其五）①

这里表现的已远远不仅是一般的兴亡之感，而且是对"故国"、"旧恩"的深深怀念，其情感显得体贴入微。尤其是"其五"中的"虎视扼辽东"与"尚想戚元戎"，这种语句则已经是十分尖锐而且大胆了。因此，无论是从《长生殿》里还是从其他诗作里洪昇所表现出来的故国之思、兴亡之感，其强烈的民族意识，比之同时许多有气节的明代遗民，是毫不逊色的。

三

看来，《长生殿》里存在明确的民族意识是无疑的了，其实这也是过去许多论者所承认了的。也正因为它的存在，因而引发出许多新的问题，它就像干扰素一样，弄得本来单一也易于理解的作品主题思想问题变得复杂起来，于是便有了主题矛盾说、多主题说等的不同。而这种种说法又都是各有其依据，都能举出许多例子来加以证明的。但这种证明的结果却又使人产生迷惑：一部作者花了那么多心血和时间写出来而且又受到观众如此激赏的作品竟然会连主题都模糊难定，甚至是矛盾的，这怎么可能呢？这确是一个难解之谜。窃以为要解决这个问题，不能孤立地就《长生殿》谈《长生殿》，而应该把眼光放开一些，把《长生殿》放到当时的大文化背景中来看，把《长生殿》放到当时文学的特殊性中来看，也许才能得其壶奥。

当时的大文化背景、文学的特殊性是什么呢？清初直至清中叶以来，文字狱盛行，作家的某些意向不能直率地表达出来，因而出现了常常要借此而言彼的文学创作新路向。和《长生殿》同时的《桃花扇》就是"借离合之情，写兴亡之感"，更早一点，吴伟业的传

---

① 洪昇：《稗畦集》，古典文学出版社 1957 年版，第 174 页。

奇《秣陵春》也是借南唐故事来抒写他个人的现时政治感情。戏剧如此,小说也是这样。与《长生殿》同时的蒲松龄的《聊斋志异》就是借神鬼狐妖来抒写心中的孤愤,后来的《红楼梦》是借儿女情长来写复杂的社会政治生活,《儒林外史》是借儒林来写整个社会现象,《镜花缘》是借海外来写中国,等等。这被借的"此",一般都是读者所乐于接受的题材,同时又远离社会政治的敏感问题;而真正要言的"彼",则无例外地皆是容易触犯时忌的,不能直接、痛快淋漓表现的政治内容。因此,这被借的"此",具体来说,就常常是儿女情爱一类的题材,因为从文学传统来说,自明中叶以后,这一类题材已充斥于整个文坛,不写它似乎竟不成文,对于戏剧来说,就更是不可或缺,这似乎已成了戏剧作家们的共识。如明代何良骏的《曲论》就提出"情辞易工",好的作品"大率皆情辞也","作者既易工,闻者亦易动听"。洪昇本人在《长生殿·自序》中亦说:"从来传奇家非言情之文,不能擅场。"乾隆时的作家周昂在《玉环缘·小引》中又说:"传奇,言情者之所寓也。"这些剧作家们已把"言情"对戏剧创作的方方面面的作用说得非常清楚了。

洪昇的创作也必然会受这种文化背景的影响。发生在康熙二年(1663)的庄廷鑨《明史》案,是有名的文字大狱,受害者众。洪昇的师友陆繁弨、陆寅皆曾被系禁,洪昇时年十九岁,思想上必然受到很大的震动。在他后来的诗歌创作中,这种环境的影响,也有明显的反映。在一首《赠别吴西泉归里》的诗中写道:"客舍淹晨夕,诗书共讨论。感君常苦口,劝我勿多言。"[1]吴君常常苦口相劝的"勿多言",自然不是一般的话语,洪昇对此能"感君"之于诗,自然是深知其中干系的。既然平时说话都要慎言,那么写作一部长剧应该如何就更不待言了。因此,洪昇的《长生殿》如果是要写有触犯时忌的政治内容,就也绝对不能不采用"借此写彼"的方法。

---

① 洪昇:《稗畦集》,古典文学出版社 1957 年版,第 47 页。

那么事实上洪昇的《长生殿》是否确是这样呢？回答是肯定的。也只有明确了这一点，才能理解《长生殿》。下面试从各个角度对这一点进行具体的剖析。

首先从作者的一些自白、也即其主观创作意图来看。

在《长生殿》第一出《传概》第一支曲子《满江红》的下阙，作者宣告自己的这部作品是：

> 感金石，回天地。昭白日，垂青史。看臣忠子孝，总由情至。先圣不曾删《郑》、《卫》，吾侪取义翻新徵。借《太真外传》谱新词，情而已。

这里本来一开头就已明明是说要写"昭白日，垂青史"的"臣忠子孝"的事情，但因这种内容在当时不能直接写出，所以就自然来了一个"借此"（《太真外传》的爱情故事）的幌子。于是，这里就出现了一种既像是要写忠臣孝子，又像是只写类似"郑卫之音"那样的爱情故事，显得扑朔迷离（种种主题说在这里就已埋下了因子），而其实乃是作者用了一个不得已的"借此写彼"的法子，颇有烟云模糊之状。也因为如此，所以我们在作品的最后一出的最后一支曲子中，看到作者是这样作结的：

> 旧《霓裳》，新翻弄。唱与知音心自懂。要使情留万古无穷。

本来全剧已经唱完了，应该是作者松一口长气的时候，可是作者偏偏还在这里忧心忡忡地不知观众是否真正了解此剧的含义，而在祈求"心自懂"的"知音"。为什么会这样呢？就是因为作者担心读者会把此剧看成仅仅是、或者主要是一部反映李、杨爱情的戏，而忽视了它真正要表现的在兴亡之感、家国之恨中蕴涵的强烈的民族意识。这正和《红楼梦》一样,一方面作者曹雪芹开头便宣称此书乃是"大旨谈情","不敢干涉世事"云云,另一方面在卷首他写的第一首诗中又担心:"都云作者痴,谁解其中味?"一个寻"知音",一个盼"解味",二者有异曲同工之妙。

"知音"毕竟是有的,一般来说,他们总是和作者关系较密切,相知较深的人。事实也是如此,洪昇的挚友吴舒凫就堪称是一个难得的"知音"。他对《长生殿》的评语取得了洪昇的赞赏,也给我们真正认识《长生殿》以极大启发。在舒凫对《长生殿》的批语中,以《骂贼》一出的总批最为重要,其文如下:

> 此折大有干系。雷海青琵琶遂可与高渐离击筑并传。尝叹世间真忠义不易多有,惟优孟衣冠装演古人,凛然生气如在。若此折使人可兴可观,可以廉顽立懦,世有议是剧为劝淫者,正未识旁见侧出之意耳。

此一批语值得细加玩味。第一,批者把与李、杨故事不大沾边、而充分表现了民族气节的一出戏称为"大有干系",即值得重视,明显不同于一般识见。第二,批者通过这一节的故事,明确肯定了人世间忠义凛然的正气最为可贵,这与我们前面剖析的《长生殿》的主要思想内容正相契合。第三,批者批评了世间把此剧看作诸如是"劝淫"的种种议论是不对的,实际上也就否定了主要着眼于李、杨故事的评论思路。第四,批者未正面说到此剧的题旨为何,却特别点出了此剧的"旁见侧出"的特殊手法,应该从这种手法中去领略它的"意"旨。批者为何不正面说出来呢? 道理很简单,剧作者不能正面表现出来的内容,批者自然也就不便直接说出来了。在当时来说,最不能公开说出来的自然莫过于拥明反清的民族意识了。但是,这种批语是否又合于洪昇及其创作的《长生殿》的实际呢? 难得的是洪昇对吴舒凫的批语又作了明确的表态。洪昇在《长生殿》的《例言》中言及吴为其整理该剧时，同时又说：

> 且全本得其论文，发予意所涵蕴者实多。

洪昇的这两句话虽然很简短，却具有十分重要的内容，给我们理解《长生殿》以重要的信息与方法，即《长生殿》的真正思想内容乃是"涵蕴"于作品之内层，非仅从表面文字，而是要从它的"旁见侧出"的手法中进行"发"掘才可获得的。看来，洪昇与吴舒凫的意见看法是相通的。在吴的批语中，还有"史家笔法"一类的文字，都反映了《长生殿》创作的这种特点。因为所谓"史家笔法"之类，用来写洪昇所"涵蕴"隐含的那些内容是最合适不过的了，而从来不见有写李、杨故事这样的爱情题材会用这种笔法的。

　　其次，我们再从作品本身的一些情况来看。

　　一部长篇小说或戏剧，作者总是通过塑造其中的正反面人物来肯定什么、否定什么，从而体现出作品的意旨和贯彻作者的创作目的和意图。从《长生殿》里我们看到，如果说它是要歌颂李、杨爱情的话，可李、杨并非作品的正面人物，正面人物是郭子仪、雷海青、郭从谨、李龟年等。如果说它是要鞭挞李、杨沉迷于享乐生活因而"坏了朝纲"的话，作品又没有把李、杨作为主要反面人物来描写，作品矛头所向的反面人物是安禄山和杨国忠——外族的入侵者和内部的权奸。而洪昇所肯定的这些正面人物又大都是不肯趋附新主，而念念不忘故主的人，这种人物关系的设置和对比鲜明而又强烈的爱憎感情，正好说明了作者创作意图之所在。

　　弄清楚了这层关系，我们就会明白作品中的另一种现象。《长生殿》主要是根据《长恨歌传》的故事情节来铺写剧情的，在此之前沿用此题材来写的戏剧和有关李、杨的故事传说也不少，在这些作品和传说里，都有不少有关杨玉环的秽行污事，有的作品还有意将它渲染夸张，津津乐道。可是洪昇在《长生殿》的《自序》里一开头却说:"余览白乐天《长恨歌》及元人《秋雨梧桐》剧,辄作数日恶。南曲《惊鸿》一记,未免涉秽。"并明确标出"凡史家秽语,概削不书"。洪昇这种异于前人的做法其原因何在? 就在以前的这些诗、剧、故事传说,都把"安史之乱"的责任放在李、杨身上,他们成了谴责、批判的靶子,是反面人物,尤其有些作品还有浓厚的女人是"祸水"的观点,以至把许多污言秽语倾覆在杨玉环身上。同时这些作品中一般都没有骂安禄山的话。这种情况也许是适应那些作品的题旨需要的。但《长生殿》的题旨既然与之不同,它要攻击的反面人物也自异。所以洪昇不但不能容许把矛头对着一个弱女子杨玉环,而把所有泼向她的污秽删去,而同时还要专写一出《私祭》,让宫女来祭怀她,哭唱:"想着你思难罄,恨怎忘……我那娘娘嗄! 只落得望断眸,叫断肠,泪如泉,哭声放!"传达出作者对杨玉环与前人大异的独特情调。而且还读了以前那些以李、杨为题材的作品"辄作数日恶",厌恶到这个地步,可说古往今来都没有这样的人,只有仅求借用这个题材,目的乃为表达浓烈民族意识的洪昇才会这样,而且是很自然地会产生这种感情的。而这个题材又借用得非常好。因为这是一个多见的传统题材,令人乍眼一看,以为真的还是在写李、杨故事,但却又巧妙利用了安禄山这个角色和有关的人物关系、事件,把传统题材中很少触及的安禄山作为窃盗神器因而严加抨击的主角,用来"涵蕴"其真正的创作意图。梁廷楠称赞《长生殿》是借"绝好题目写绝大文章"。也正是清楚地看到了这一点,他也可算是洪昇的一个"知音"了。

还有一点值得注意的是,与前人相比,在对这一传统题材的处理上,洪昇除了将施加在杨玉环身上的污言秽语"概削不书"之外,还在作品的末尾增加了从《补恨》至《重圆》等所谓"仙缘"的情节,使李、杨在月宫团圆,李、杨故事得以贯穿始终。这样写似乎是加重了李、杨之爱的生死不渝气氛,这也是主爱情说者所强调的一个重要依据。然而,究其实,作者本人却通过其他方式表达了这一部分并不重要的看法。洪昇在《长生殿》的《自序》里说:"第曲终难于奏雅,稍借月宫足成之。"也就是说,在勉强加写这一部分之前,作品的创作意图本已经"曲终"——已经完成了。所谓完成,即在此之前,作品通过《骂贼》、《弹词》等出已使作品要表达的真正思想在可能条件下达到了高潮,即使在此之后,这些思想的余绪仍若隐若显,不绝如缕,时有出现。如《见月》中众百姓对玄宗回来时的"纷纷父老竞拦街,叩首齐呼'万岁'来",《驿备》出中的下场诗"云雨虽亡日月新",《改葬》出中郭子仪上场时唱的"见辟乾坤新定位,看题日月更高悬",玄宗则报以"卿荡平逆寇,收复神京,宗庙重新,乾坤再造,真不世之功也"的奖谕,直到第四十五出《雨梦》的收场诗里,唐玄宗还在高唱"伤心一觉兴亡梦,直欲裁书问杳冥",其思想意向都不难理会得到,如果就此"曲终"打住,那么"涵蕴"之内意,就可能过于外露了。所以洪昇才不得不又加写了"仙缘"之戏,使它表面上真显得是个有始有终的爱情故事,真可谓用心良苦了。事实是否如此,只有待"知音"者判析了。

最后,再从作品问世后的社会效果来看。

《长生殿》从它演出之始,就产生了巨大的社会轰动效应。这一点,当时人多有记载。如徐麟《长生殿·序》说,《长生殿》出,"一时朱门绮席,酒社歌楼,非此曲不奏,缠头为之增价"。吴舒凫在同书的《序》里也说:"爱文者喜其词,知音者赏其律。以是传闻益远,畜家乐者攒笔竞写,转相教习。优伶能是,升价什佰。"八十老翁尤侗也在该书《序》里说到演出和观众的情况:"一时梨园子弟,传相搬演。关目既巧,装饰复新。观者堵墙,莫不俯仰称善。"类似的记载尚多。甚至有已维持不下去的戏班也因演《长生殿》而兴旺起来。《长生殿》究竟是以什么内容这样打动人呢? 优美的爱情故事固然也是可以打动人的,《牡丹亭》就是先例。但我们却找不出什么事例可以证明是李、杨爱情如此打动了时人。而另外的一些情况却似乎还更足以说明一些问题。《长生殿》后来是与后出十年的《桃花扇》齐名,被称为"南洪北孔"。《桃花扇》就是公开宣称为"借离合之情,写兴亡之感"的。另外,《长生殿》里还有一句曲子与传奇《千忠戮》里的一句曲子齐名,即传唱的所谓"家家收拾起,户户不提防"。《千忠戮》无论是思想或艺术自然都不能与《长生殿》、《桃花扇》相提并论,但仅因为该剧中也流露有家国兴亡之感,所以都能在当时获得共鸣;而"不提防余年值乱离",并不在于这一句或者它所在的全曲《南吕一枝花》有何特别之处,而是这支曲子乃是第三十八出《弹词》的首曲,大概人们一听到这句曲子,便会联想到全出戏那无限凄凉的"家亡国破"的兴亡之感以及对旧朝"繁华顿消"、眼下满目"染腥臊"的愤恨,那么,《长生殿》能够深深打动人心,引起共鸣,因而使它驰名遐迩、风靡南北的内容是什么不就十分明白了么? 这里,我们不妨稍作一点历史回顾,也许会看得更为清楚。元、明以来,戏曲小说中充斥了大量的才子佳人、婚姻爱情题材,而到清初洪昇的时代,社稷沦亡,国仇家恨,乃是时代最关切的主题,而传统的爱情题材已大大减少,很难设想,还有什么传统的帝王后妃的爱情故事能比这种时代的主题曲更能牵动人心了;更难设想,具有如此思想和家世文化背景的洪昇会花十几年时间,三易其稿,却对这个时代主题弃而不顾,竟专心去写这么一个爱情故事了。当然,在当时也仍然还会有爱情题材的戏剧小说出现,但却无法想象这种作品能在当时的社会上产生如此的效果并与《桃花扇》、《千忠戮》这一类作品共同受到这样程度的欢迎了。

四

在戏曲与小说中运用"借此写彼"的手法远非自《长生殿》始。远一点,明代梁辰鱼的《浣纱记》,近一点,明末清初吴梅村的几个剧作都运用了这种手法。但它们的情况又有所不同。梁辰鱼之作,大抵还是沿袭了"情辞易工"这条普遍规律;而吴梅村之作,则是在新朝特殊的政治条件下,满怀愤懑又不能直抒胸臆,因而不得不采用了此种手法。他在《北词广正谱序》中说:"盖士之不遇者,郁积其无聊不平之概于胸中,无所发抒,因借古人之歌呼笑骂,以陶写我之抑郁牢骚。而我之性情爱借古人之性情而盘旋于纸上,宛转于当场。"所谓"借古人之……写我之……"正是这种"借此写彼"的方法。这也可以说是他对自己某些创作的一种自白吧。面对这样一种新的又可说十分别扭的表现方法,吴梅村作为几乎是一个创始者,在如何处理好这种表现方法中的"此"与"彼"的关系方面,他的尝试从作品来看并不很成功,加上他本人的尴尬身份,所以他尽管创作有《秣陵春》、《临春阁》、《通天台》几个传奇和杂剧,但影响并不大。洪昇同样遇到了这个问题。从《长生殿》的实际情况来看,他所借的李、杨爱情这个故事题材所占篇幅相当大,这是必要的,但它本身写得并不成功,有时还要勉强凑戏(如《仙缘》部分),他真正所要表现的意旨部分所写的篇幅少,这也是必然的,否则就无法"蕴涵"于其中,就要犯大忌了。但这一部分却紧紧扣住了时代的主题,而且语言辛辣,感情炽烈,作者表现得特别投入,因而能以少胜多,收到了极好的效果。由于这一部分思想尖锐,锋芒太露,所以篇幅虽少,也免不了要出事惹祸。所以从总的方面来评价《长生殿》,应该说,如果把它当爱情主题来看,则无论它的选材(李、杨故事)或思想内容,都没有值得可以太多称道之处;如果把它当作是抒写民族意识、表现了爱国思想之作来看,则它是适应了时代的要求,不负人民之所愿,因而能与"写兴亡之感"的《桃花扇》一起,成为清代戏剧的双子星座,也标帜了传奇发展所达到的高峰。

　　从以上分析也可看出,作为一个艺术整体,《长生殿》还是不成熟或者说有较大缺陷的。它的关键就在于洪昇在运用借"此"写"彼"的这一新颖手法时,没有很好地把"此"与"彼"融合起来,使之成为一个互相促成的有机整体,这两者之间还处于一种游离的状态。也许是吸收了《长生殿》的经验和教训吧,十年以后面世的《桃花扇》就成熟了许多,侯方域、李香君爱情已和政治主题紧密地融合在一起了。当然,把这种表现方法运用得进入佳境并取得空前成就的只能是更后的《红楼梦》了。但我们可以指出洪昇及其《长生殿》在这方面的不足,却不应抹杀在此历史过程中它的不朽功绩,更不宜以此来过分贬低它的成就。

曹雪芹与郑板桥

人们常常拿曹雪芹与巴尔扎克、托尔斯泰等相比较,以此说明他在世界文学史上的地位,这自然是当之无愧的。因为他是我国古代文学史中无与伦比的作家,他的《红楼梦》是我们中华民族的骄傲。但是,曹雪芹毕竟是生活在一定时代的中国土壤上的作家,他是拔尖的,却不是孤独的,而是与当时当地的其他作家联系着的。将他与有关的人物进行某种相应的比较,则不但可以看出他所代表的时代,而且可以清楚地看出他的历史地位。可以在某些方面与之相比较的人也许不止一个,但我以为最适合的人选是郑板桥。

一

郑板桥,名燮,字克柔,生于康熙三十二年(1693),卒于乾隆三十年(1765),享年七十三岁。不管关于曹雪芹的生卒年有多少种说法,他们俩都是同时代的人。

板桥幼时家贫,不像曹雪芹那样有过一段锦衣纨绔、秦淮风月的繁华生活;然而两个人皆同样出身于书香门第。曹寅对曹雪芹的可能影响,人们是比较容易理解的了;板桥也是数代儒门出身,其父在家以授徒为生,自小对板桥有严格的训育。因此,曹、郑两人都有着良好的幼学根底。

从整个经历来说,他们更有着重要的相同之处。曹雪芹原是一个有过"锦衣纨绔之时,饫甘餍肥之日"的贵公子,后因"大故迭起",一变而为"一技无成,半生潦倒"、"举家食粥酒常赊"①的落魄者,是一个"翻过筋斗的"人;而正是这种变化,成为促发他产生创作欲望的重要原因。正如他在《红楼梦》中开卷所述:"虽今日之茅椽蓬牖,瓦灶绳床,其晨夕风露,阶柳庭花,亦未有妨我之襟怀笔墨者。"因而写出了这一部旷世无双的《红楼梦》。郑板桥的一生遭际也是颇为曲折、坎坷的。他早年贫穷潦倒,"学诗不成,去而学写,学写不成,去而学画,日卖百钱,以代耕稼,实救贫困,托名风雅。免谒当途,乞求官舍,座有清风,门无车马"②,加之屡试不第,只落得"几年落拓向江海,谋事十事九事殆"③。中年之后,又遇父死,子夭,妻亡,过着放浪不羁,以至引起物议的佯狂生活,"乞食山僧庙,缝衣歌妓家"④。在人生道路上陷入了全面的危机,后来考中进士,先后做了十二年官,原想施展一番"得志则加之于民"⑤的抱负,而现实的黑暗却使他寸步难行。他通过亲身实践得出的结论是"官途有夷有险,运来则加官进爵,运去则身败名裂"⑥,因而"我今直视靴帽如桎梏,奈何奈何"⑦。他屡次辞官不获允,最后却因为灾民请赈忤大吏获罪而撤职。带着满腔愤恨以去官的郑板桥,结束了十二年七品官的生涯,以六十一岁高龄仍到了扬州,恢复了他原来卖画度日的生活。做了十二年的县官,两袖清风回到原地,还是"二十年前旧板桥"⑧,一直到老死。也正是这种坎坷的人生经历,对板桥的创作带来了积极的影响。正如他自己所说:"初极

---

① 敦诚:《赠曹雪芹》。
② 郑板桥:《署中示舍弟墨》。
③ 郑板桥:《七歌》之五。
④ 郑板桥:《落拓》。
⑤ 郑板桥:《与江宾谷江禹九书》。
⑥ 转引自何琼崖、潘宝明:《郑板桥》,江苏人民出版社1982年版,第47、48页。
⑦ 同上。
⑧ 曾衍:《小豆棚杂记》。

贫,后亦稍稍富贵;富贵后亦稍稍贫。故其诗文中无所不有。"①而实际上这种经历对他整个文艺思想及创作,亦具有重大关系。

深厚的文化修养,备尝人生坎坷,在当时的社会里,类似这种情况的人不在少数;但却并不能使每个这样的人都有着共同的人生探索脚印和归宿。我们在郑板桥与曹雪芹之间却发现他们在思想性格、生活情趣、艺术爱好及造诣等极为广泛的方面,有着罕见的一致之处。

郑板桥在当时是一个与众不同、被世人目之为"怪"的人物。他从小就"好大言,自负太过,谩骂无端,诸先辈皆侧目,戒勿与往来"②。三十三岁出游北京时,就"喜与禅宗尊宿及期门子弟游。日放言高谈,臧否人物,以是得狂名"③。后游杭州,带着四座名姝,泛舟西湖,"醉后高歌,狂来有哭"④。他做官后,平日纵情诗酒,每遭"讼事则右窭子而左富商"⑤,得罪上官被斥后,"于是恣情山水,与骚人野衲作醉乡游"⑥,生活更狂放。他的书画当时已名噪一时,无论王公大人、平民百姓都以得其片纸只字为贵,但"豪贵家虽踵门请乞,寸笺尺幅,未易得也"⑦。凡此种种"怪"态,其实都是反映了他一种愤世嫉俗、突兀挺傲的高洁性格。蒋士铨曾说他"未识顽仙郑板桥,非人非佛亦非妖"⑧,正是这个意思。

可靠地记录曹雪芹的生平、思想的文字极少,但在这不多的资料中,仍然可以看出他与郑板桥十分相似的性格。如张宜泉说他

---

① 郑板桥:《板桥自叙》。
② 同上。
③ 《清史稿·列传·郑燮传》。
④ 郑板桥:《沁园春·西湖夜月有怀扬州旧游》。
⑤ 法坤宏:《书事》。
⑥ 蒋宝龄:《书林今话》卷一。
⑦ 同上。
⑧ 蒋士铨:《忠雅堂诗集》卷二十三。

"其人素性放达"①；敦诚描绘他"步兵白眼向人斜"②；敦敏写他与众不同的风格，比喻为"可知野鹤在鸡群"③，并赞颂他"傲骨如君世已奇"④。虽然文辞简略，但其性格特点是十分清楚明朗的。而曹雪芹在《红楼梦》中所精心塑造的主要人物贾宝玉，也是一个"成日疯疯癫癫"、"似傻如狂"的角色。脂砚斋称他"说不得贤，说不得愚，说不得不肖，说不得善，说不得恶，说不得正大光明，说不得混账无赖，说不得聪明才俊，说不得庸俗平凡，说不得好色好淫，说不得情痴情种"⑤。这正和板桥的"非人非佛亦非妖"是同一类型的人物。从这个人物身上也当然反映出了曹雪芹的个性。

郑板桥虽然桀骜不驯，但决不是一个目空一切的狂妄之徒，古往今来都有他尊敬、崇拜的人。他特别倾倒于徐文长，曾刻有一印章曰："徐青藤门下走狗郑燮。"⑥对同时代人袁枚他也很钦慕，在未和他认识之前，于山东任上有一次误传袁枚死了，他号啕大哭，几乎晕厥。曹雪芹则很崇许汤显祖的《牡丹亭》，对唐伯虎、祝枝山等亦颇称赏。这从《红楼梦》中是看得很清楚的。徐、汤、唐、祝等都是明中叶敢于藐视礼教，冲破传统束缚，具有时代先驱思想的进步作家。袁枚在清初"格调说"、"肌理说"弥漫诗坛的情况下，独主"性灵说"，主张诗歌要直抒胸臆，贵有独创性。他的主张实际上继承和发展了明代公安三袁的理论。三袁中，特别是袁中道，与汤、徐等人的思想倾向也是一致的。曹、郑对这些人的倾心，反映了一种思想上的共鸣，表明他们"都是那正邪两赋而来，一路之人"。

也许是思想性格太相近之故吧，以致他们在生活习性的某些

---

① 张宜泉：《伤芹溪居士》。
② 敦诚：《赠曹雪芹》。
③ 敦敏：《芹圃曹君霑，别来已一载余矣。偶过明君琳养石轩，隔院闻高谈声，疑是曹君，急就相访，惊喜意外，因呼酒话旧事，感成长句》。
④ 敦敏：《题芹圃画石》。
⑤ 庚辰本第十九回脂砚斋批语。
⑥ 袁枚：《随园诗话》卷六。

方面，也相似得令人感到十分惊讶。二人皆好酒，而且像李白的"斗酒诗百篇"一样，酒能触发他们的创作兴趣。人们常常用酒去求请板桥作画、写字，所谓"笑他缣素求书辈，又要先生烂醉时"①，可见此已成常例。雪芹亦然，敦诚曾记载他们二人出游的一段雅事。当时雪芹"酒渴如狂"，但身边无钱，敦诚乃用佩刀质酒共饮。在痛饮之余，"曹子大笑称快哉，击石作歌声琅琅"②。平时以"君诗曾未等闲吟"③著称于朋友间的曹雪芹，这时竟一口气吟下一首长诗，杜康之力，亦可见一斑了。郑板桥于扬州卖画所得，"大都付与酒家翁"④；曹雪芹因为"举家食粥酒常赊"，所以也就常常"卖画钱来付酒家"⑤了。贫困，好酒，卖画，这几件互有关联的事，看来都成了他俩生活中的重要组成部分。

　　博学多才，也是他们二人突出的共同特征。他们的博学，与正统的封建文人又有不同。郑板桥不但熟稔正统的一套学问（否则就无法考取功名），而且"爱读史书，以及诗文词集，传奇说簿之类，靡不览究"⑥。这就与一般的正统文人大异其趣，可以说是一个杂家。雪芹之所学，史无明文，但一部无所不包、百科全书式的《红楼梦》，就足以说明一切了。板桥不但多才（这是许多人能做到的），而且其才至精，因而被称为"诗、书、画三绝"，同时，他的文、词、小曲、治印等亦极有成就，这是同时人所达不到的。雪芹亦"工诗善画"⑦，他的朋友还称赞他"诗笔有奇气"⑧，"知君诗胆昔如铁，堪与刀颖交寒光"⑨。可惜他的诗（除了两句）与画我们均不得见，但同

①　郑板桥：《自遣》。
②　敦诚：《佩刀质酒歌》。
③　张宜泉：《和曹雪芹西郊信步憩废寺原韵》。
④　郑板桥：《题画竹六十九则》之一。
⑤　敦敏：《赠芹圃》。
⑥　郑板桥：《板桥自叙》。
⑦　张宜泉：《题芹溪居士》。
⑧　敦诚：《寄怀曹雪芹》。
⑨　敦诚：《佩刀质酒歌》。

样地,在《红楼梦》里所显示出来的才能与所达到的造诣,已远非诗画数端所能括举得了的。尤可注意的是,郑板桥常常能将他所擅长的诗、词、书、画、印等组成一个有机的艺术整体;而一部《红楼梦》,则尤为众多的文学艺术门类的大融合了。这也是他们同时代的人罕能与之相比的。

二

曹雪芹与郑板桥之间的相同处实在太多了,我们不必点滴都胪列出来。但作为一个优秀的文学家,十分可贵的,也是不可忽略的是他们二人在文艺思想和创作实践上的共同性。尽管他们都没有论文专篇,尤其曹雪芹的文艺思想只能从《红楼梦》的字里行间求得;但只要稍事探究,就完全可以得出明确的结果来。现仅就几个重要的方面加以论述。

一是文艺的真实性问题。

在《红楼梦》的开卷第一篇,曹雪芹通过石头之口提出了文艺作品的真实性问题,标明一部《红楼梦》的内容,都是"我这半世亲见亲闻的","其间离合悲欢,兴衰际遇,俱是按迹循踪,不敢稍加穿凿,至失其真"。总的来说,是一部具有强烈真实性的作品。另外,作者还在作品中通过黛玉、香菱等论诗及众人评诗,反复强调了"意趣真"、"真切有趣"、"逼真"等思想。把"真"和"意趣"等联在一起,又说明了曹雪芹主张的"真",不是照搬临摹生活,而是客观现实生活与作者主观意趣的融合。这一点,作者通过宝钗论画阐述得最清楚。第四十二回,薛宝钗因惜春奉贾母之命画大观园行乐图曾说:"这园子却是像画一般,山石树木,楼阁房屋,远近疏密,也不多也不少,恰恰的是这样。你就照样往上一画,是必不能讨好的。这要看纸的地步,该多该少,分主分宾,该添的要添,该减的要减,该藏的要藏,该露的要露……"这里所说的远近、多少、添减、藏露等等,都是清楚地指的艺术概括、加工、提炼等过程。曹雪芹强调的艺术之"真",是完全符合现实主义的创作原则的。一部《红楼梦》也就是从整个思想内容到艺术细节都"逼真"地反映了当时的社会生活的。

郑板桥也同样提倡文艺作品要有"真气"。他批评当时的"歌诗词赋,扯东补西,拖张拽李,皆拾古人之唾余,不能贯串,以无真气故也"①。这和曹雪芹对"至失其真"的批评完全是同一个意思。郑板桥的为人和创作,实际上都体现了一个"真"字。他的狂放不羁,实乃不事矫饰,真情流露;他自许的"英雄何必读书史,直据血性为文章"②,更是一片真心实情。而实际上他也确是做到了这一点,所以别人评论他的作品说:"板桥大令有三绝,曰画、曰诗、曰书。三绝之中有三真,曰真气、曰真意、曰真趣。"③强调了一个"真"字,确是说到了板桥的特点。他之所以折服于徐文长,很重要的一个原因也是由于"徐青藤笔墨真趣横逸,不得不俯首耳"④。他还曾将杜诗的诗句"畏人嫌我真"刻成印章,皆足以说明他的"真意"、"真趣"。

二是文艺的创新问题。

创新必须破旧,摒弃老一套僵死的条条框框。所以曹雪芹在《红楼梦》一开头就说:"历来野史,皆蹈一辙,莫如我这不借此套者,反倒新奇别致。"他特别不满那种充斥一时的"才子佳人等书,则又千部共出一套",认为它们都是"胡牵乱扯,忽离忽迁,满纸才人淑女,子建文君,红娘小玉等通共熟套之旧稿"。这种要求"新奇别致",反对蹈袭熟套的思想,实际上贯穿整部《红楼梦》,它不时借书中人物之口表现出来。六十四回,薛宝钗论诗曰:"做诗不论何题,只要善翻古人之意。若要随人脚踪走去,纵使字句精工,已落

---

① 郑板桥:《潍县署中与舍弟第五书》。
② 郑板桥:《偶然作》。
③ 张维屏:《松轩随笔》。
④ 蒋宝龄:《书林今话》卷一。

第二义,究竟算不得好诗。"七十八回贾宝玉在考虑为晴雯写祭文时认为:"须另出己见,自放手眼,亦不可蹈袭前人的套头,填写几字搪塞耳目之义。"后来林黛玉对它的评价是"好新奇的祭文"!贾宝玉又称赞林黛玉替他改的句子为"新妙之极"。这种种说法归根到底都是反对因袭旧套,力求创新,充分表现出作者自己的个性和特色。而《红楼梦》也就是这样一部前无古人的全新的杰作,正如鲁迅先生说的:"自有《红楼梦》出来以后,传统的思想和写法都打破了。"①

这样一种文艺主张,在郑板桥那里就表现得更为鲜明突出。他一方面反对迷信,蹈袭古人,同时反对模仿世俗,趋赶时髦,而这样做的目的只有一个,就是要树立自己的旗帜,显出自己的面目,也即是要创新。他说:

　　读书必欲读五车,胸中撑塞乱如麻。作文必欲法前古,婢学夫人徒自苦。②
　　读书数万卷,胸中无适主;便如暴富儿,颇为用钱苦。大哉侯生诗,直达其肺腑;不为古所累,气与意相辅。③

这是说一味读书学古,只不过是"婢学夫人",结果是"为古所累",实不足取。所以他曾骂那些死背古书的人为"呆子"、"蠢材"。他又说:

　　切切不可趋风气,如扬州人学京师穿衣戴帽,才赶得上,他又变了。④

---

① 《鲁迅全集》第八卷,第350页。
② 郑板桥:《赠潘桐冈》。
③ 郑板桥:《赠国子学正侯嘉璠弟》。
④ 郑板桥:《与江宾谷江禹九书》。

　　　　慎勿因循苟且，随声附和，以投时好也。①

　　这是反对学时髦，以泯灭自家面目去取悦世俗。这种思想就决定他同时必然要大力提倡树帜创新：

　　　　英雄何必读书史，直摅血性为文章；不仙不佛不圣贤，笔墨之外有主张。②

　　"直摅血性"就是要写出自己的风格和面貌。他还劝他的两个友人：

　　　　学者当自树其帜。……贤昆玉果能自树其帜，久而不衰，燮虽不肖，亦将戴军劳帽，穿勇字背心，执水火棍棒，奔走效力于大纛之下。岂不盛哉！岂不快哉！③

　　他确是这样为"自树其帜"而发奋勤力的。比如画画，他很喜欢郑所南、陈古白的兰竹，却不愿在形迹上去模仿他们；而徐文长、高且园不怎么画兰竹，他反而觉得有可借鉴之处，就这样几十年来"日间挥写夜间思"，最后画出了他自己独创的风格。正如他自许的："敢云我画竟无师？亦有开蒙上学时。画到天机流露处，无今无古寸心知。"④
　　到了"无今无古寸心知"的地步，正是作者达到了"自树其帜"，能够创新的境界。徐世昌评论板桥的作品有曰："板桥书、画、诗号

----

①　郑板桥：《与杭世骏书》。
②　郑板桥：《偶然作》。
③　郑板桥：《与江宾谷江禹九书》。
④　郑板桥：《题兰石图》。

称三绝，自出手眼……"①这和贾宝玉说的"自放手眼"在意义上，甚至用语上都几乎完全一样，说明曹雪芹与郑板桥在这方面的文艺思想与创作实践都是一致的。

三是文艺的社会功用问题。

这是对待文艺创作的一个根本态度问题。一个作家对此态度如何，对他作品的价值具有决定性的意义。曹雪芹在《红楼梦》第一回开宗明义，尖锐地批判了当时的一般"野史中，或讪谤君相，或贬人妻女，奸淫凶恶，不可胜数；更有一种风月笔墨，其淫秽污臭，最易坏人子弟"。曹雪芹在这里首先肯定了文艺作品对人的重要精神作用，同时又指出和批判了当时流行小说中那种毒害人的通病；因而也就把自己的作品与这些"不可胜数"的"坏人子弟"的作品严格地区别了开来。

那么，他自己的作品又是怎样的呢？他借石头之口说："只愿世人当那醉余睡醒之时，或避事消愁之际，把此一玩，不但是洗旧翻新，却也省了些寿命筋力，不更去谋虚逐妄了。"也就是说，读了这部《红楼梦》，能使那些借酒浇愁、回避现实的人能在思想上得到一番洗旧翻新；因此不再去追求那些虚妄、不现实的东西，而对人生有积极的态度。这既是曹雪芹对自己作品的评价，同时也是他关于文艺的社会作用的见解。和《红楼梦》同时的那些被曹雪芹严厉批判过的"不可胜数"的作品都被历史淘汰了；而《红楼梦》却能在社会上广泛流传，而且获得了越来越多的人的理解和喜爱，不是雄辩地说明了他的这种文艺观和创作实践的意义么？

我们再看看郑板桥又是怎样说的。

> 古人以文章经世，吾辈所为，风月花酒而已。逐光景，慕

---

① 徐世昌：《晚晴簃诗》卷七十四。

颜色,嗟困穷,伤老大,虽刳形去皮,搜精扶髓,不过一骚坛词客耳,何与于社稷生民之计,三百篇之旨哉。①

他在另一首词中,也着力强调了这一思想:

经世文章要,陋诸家裁云镂月,标花宠草,纵使风流夸一世,不过闲中自了,那识得周情孔调?《七月》《东山》千古在,怎描摹琐细民情妙,画不出,《豳凤》稿。②

这是郑板桥关于文艺的社会作用的最基本观点,就是作品要经世致用,有利于生民社稷,而反对追摹风月花酒,抒发个人的不幸遭际或闲情逸致;因此他特别肯定了《诗经》中《七月》、《东山》这样深刻而又细腻地表现人民生活的诗篇。这与曹雪芹所主张的是完全一致的。正是从这样一种观点出发,他对王维、赵孟𫖯等这样有名的诗人、画家颇为不满,提出他们的"平生诗文,可曾一句道着民间痛痒",而认为他们"不过唐、宋间两画师耳"③。相反,一些正统文人所不屑顾的文艺形式和作品,他却大加肯定:"况金元院本,演古劝今,情形刻肖,令人激昂慷慨,欢喜悲号,其有功于世不少。"④在这里,对王、赵的评价,虽有过苛之处,却是强烈表现了他对文艺作品应有的社会功能的正确看法。他自己写的许多诗篇、竹枝词、道情等,都富有生活气息,表现了对劳动人民的同情和关心,直接继承了《诗经》的现实主义优良传统。

曹、郑二人各自的文艺观点固然还远不止此,他们在文艺的表现方法、技巧等方面的相同见解亦复不少。我们不必像全面研究

① 郑板桥:《后刻诗序》。
② 郑板桥:《贺新郎·述诗》二首之一。
③ 郑板桥:《潍县署中与舍弟第五书》。
④ 郑板桥:《城隍庙碑记》。

一个作家的文艺思想那样都一一加以评析，因为从不同作家的相互比较来说，在如此几个重要问题上达到了这样的一致，已足够说明他们之间的共同性了。但还有一个两位作家都没有各自写出来的共同性，那就是以上这些共同性所表现出来的共同意义：它们都是作为当时文坛广为流行的脱离现实的风气的对立面而存在的。从清初到乾隆之时，由于清代统治者施行高压政策，文人创作日趋脱离现实生活，形式主义和复古主义的风气弥漫一时，占了绝对的统治地位。在诗歌方面，王士禛的"神韵说"和沈德潜的"格调说"，或追求脱离实际的"妙悟"，或承前后七子的遗习，摹仿前人的声律格调；主"性灵说"的袁枚，虽然反对"神韵"和"格调"二说，但他要抒发的亦是个人的闲情逸致，并未走出一条真正的路子来。在词方面，朱彝尊首创的浙西词派，公开宣传"词则宜于宴嬉逸乐，以歌咏太平"①。这将写出什么作品来，不说自明。文章方面，以方苞创立的桐城派影响最大。该派标举义法："言有物"、"言有序"，中心是宣扬儒家的"六经"和封建礼教。在小说方面，清初继明末遗风，出现了一大批才子佳人小说，它们中的大多数都正如曹雪芹所说的，不过是一些淫秽污臭、坏人子弟的风月笔墨而已。就是在这样的一种背景下，曹、郑二人旗帜鲜明地提出文艺作品要"真"，要反映现实生活；要创新，写自己的"血性"，不仿古人，不落俗套；要有益于社会民生，起到让读者"洗新翻旧"、耳目一新的作用，而不是帮闲献媚，粉饰太平。所谓"凡吾画兰画竹画石，用以慰天下之劳人，非以供天下之安享人也"②，郑板桥的话，是说得最明白不过的了。据此，我们则不但知道曹、郑二人有哪些共同之处，更主要的是还因此了解到这种相同所具有的重要意义。

---

① 朱彝尊：《紫云词序》。
② 郑板桥：《靳秋田索画》。

三

对这两位作者所作的以上种种比较,本足以用来说明他们之间的共同性了,但当我们想到这里写的是曹雪芹与郑板桥时,却情不自禁地会想起他们之间还有的一段不能不提的关联。这是在其他两人之间找不到的,而又在很重要的一个方面可以帮助我们认识他们的一种关联。

这就是他俩与竹、石的一段紧密因缘。

竹与石,虽然很早以来就常常是文人笔下的题材,但它们与曹、郑二人的关系却显得特别突出;甚至可以说,不看到这一点,就远不足以说明曹雪芹与郑板桥。

郑板桥素喜画兰、竹、石,有几十年的历史,并以此著称。从某个时候起,他却"从今不复画芳兰,但写萧萧竹韵寒"①。他的精力就专注在竹与石上了。他对竹、石是这样富有感触,是这样深情喜爱:"十笏茅斋,一方天井,修竹数竿,石笋数尺,其地无多,其费亦无多也。而风中雨中有声,日中月中有影,诗中酒中有情,闲中闷中有伴,非唯我爱竹、石,即竹、石亦爱我也。"②"我"与竹、石,简直融合为一了。

郑板桥之所以爱竹、石,就像陶渊明的爱菊、周敦颐的爱莲一样,是因事物的某些自然属性(如性质、形态等)而生发联想,然后移情于景,通过对景物的描绘来表达自己的情怀与气质。因此在这些作者笔下的景物,都是经过作者选择,认为最适合自己情趣的事物,如菊、莲、竹、石等,既有它们本身的客观属性,又含有作者主观的观念、意识,写物乃是为了写"我"。

先请看郑板桥心目中之竹:

---

①　郑板桥:《题画竹六十九则》之一。
②　郑板桥:《题画·竹石》。

　　　　盖竹之体,瘦劲孤高,枝枝傲雪,节节干霄,有似乎士君子
　　豪气凌云,不为俗屈。故板桥画竹,不特为竹写神,亦为竹写
　　生。瘦劲孤高,是其神也,豪迈凌云,是(其)生也;依于石而不
　　囿于石,是其节也;落于色相而不滞于梗概,是其品也。竹其
　　有知,必能谓余为解人;石也有灵,亦当为余首肯。①

　　这里对竹的形(生)、神都说得极精细,而实际上,这些既是竹,
亦是"我"。板桥还屡屡称之为"竹君子"、"百节长春之竹"、"种竹
种竹,毫无尘俗"等等,都是物我两在的。

　　再看板桥心目中之石:

　　　　谁与荒斋伴寂寥,一枝柱石上云霄。挺然直是陶元亮,五
　　斗何能折我腰。②

　　这里已完全将石拟人化,并且直接比之不为五斗米折腰的陶
渊明,这不也就是用来比喻"乌纱掷去不为官"的作者自己么? 板
桥还曾在一天内画了三幅石,分别寄赠给高凤翰、图清格、李鱓,并
题曰:"三人者,余石友也。昔人谓石可转而心不可转,试问画中之
石尚可转乎? 千里寄石,吾之心与石俱往矣。"③在这里,作者认为
石和心一样,是坚定不可移的,可谓善翻古人之意。他还曾指呼石
为"石大人"、"介于石"、"石文而丑",而"丑劣之中有至好也"。这
都是他心目中石之品性,也是他自己的品性。

　　正是基于这样一种思想,所以在板桥的绘画创作中,画竹、画
石占了最主要的地位。他"信手拈来都是竹……我有胸中十万竿,

---

　　①　郑板桥:《题兰竹石二十七则》之一。
　　②　郑板桥:《题画·柱石图》。
　　③　郑板桥:《题画·石》。

一时飞作淋漓墨"①；他一次偶兴画"一笔石"，一鼓作气，竟"一晨得十二幅"②。真是笔酣兴浓，手不停挥，画竹画石，几于入迷了。

这样对竹、石的喜爱，自然会发展成不但单画竹或石，而必定还画二者合一的竹石图。原作我们当然无法一一看到，但读读板桥的一些《题画》，就不但可以证明这一点，而更主要的是可以通过它进一步认识郑板桥这个人。

"竹君子，石大人。千岁友，四时春。"

"石依于竹，竹依于石。弱草靡花，夹杂不得。"

"竹称为君，石呼为丈。锡以嘉名，千秋无让。空山结盟，介节贞朗。五色为奇，一春足仰。"

"七十老人画竹石，石更峻嶒竹更直。乃知此老笔非凡，挺挺千寻之壁立。"

"竹是新栽石旧栽，竹含苍翠石含苔。一窗风雨三更月，相伴幽人坐小斋。"

"竹枝石块两相宜，群卉群芳尽弃之。春夏秋时全不变，雪中风味更清奇。"

"江上家家种竹多，旁添石块更阿那。未应小景相看待，恍似湘山立楚娥。"③

类似以上的有关竹石题画还有不少，但从上面这些已可看出，作者把竹石相配，是显得如何地介节贞朗。它们一年四季，光景常新，相得益彰。至于其他群芳杂草，皆不配与之为伍。而它们的峻嶒直挺，适足以与主人为伴。于此可见竹石之可贵，而尤显作者的高风亮节。

与郑板桥相比，直接说明曹雪芹与竹、石关系的材料就显得太

---

① 郑板桥：《题画竹六十九则》之一。
② 郑板桥：《题画·一笔石》。
③ 郑板桥：《题画竹六十九则》之一。

少了。然而在极少的有关曹雪芹生平资料中,我们仍可探出一些消息;而在内容无比丰富的《红楼梦》里,我们更可以"细玩"出其中的"趣味"。

首先,曹雪芹也是一个出色的画家。他的朋友张宜泉屡说他"工诗善画"①,"又善诗画"②。他的画,后人无由得见,但从敦敏一首难得的诗中,知道他也善画石头,而且知道这石头的大概形模。诗曰:"傲骨如君世已奇,嶙峋更见此支离。醉余奋扫如椽笔,写出胸中魂礧时。"③

我们无幸得见雪芹画石的原图,却从敦敏诗中感受到了这石的旨趣。它嶙峋支离,挺拔不俗,充分表现了作者胸中傲兀不平之气。这与郑板桥的"七十老人画竹石,石更峻嶒竹更直"完全是一种格调,一个情怀。

这种情况,我们还可以从《红楼梦》里获得更多的了解。《红楼梦》本名《石头记》,所谓《石头记》,既可理解为是记述石头一生的经历,也可理解为石头对自己经历的自述。总之,它说的是有关石头的故事。作者把这样一部前无古人的出类拔萃的巨制直名之曰《石头记》,亦可想见石头在作者心目中的位置④。在全书的四百余人中,有一个不大为人注意,却是颇不寻常的人物,此人"穷的连饭也没的吃",却有二十把旧扇子,"皆是古人写画真迹",贾赦许五百两银子买他的,他却声称"我饿死冻死,一千两银子一把,我也不卖","要扇子先要我的命"。后来竟被贾雨村讹诈强抢了去,弄得死活不知。从这一点上来看,此人真可说得上是一个"富贵不能淫,贫贱不能移,威武不能屈"的大丈夫了。这在全书里也是独一

---

① 张宜泉:《题芹溪居士》。
② 张宜泉:《伤芹溪居士》小注。
③ 敦敏:《题芹圃画石》。
④ 《石头记》书名的具体含义,拙作《红楼梦风格论》(载《红楼梦研究集刊》第十一辑)一文的第一部分有较详细论述。

无二的,而曹雪芹给他起的名字就叫"石头呆子"。石头呆子的这种性格,不也像他画的石一样,是通过他而写出作者自己的"胸中魂礧"么?

当然,作为一部优秀长篇,我们更应注意的是它的主要人物。

男主人公贾宝玉,如尤三姐说的,"不大合外人的式",在世人眼中是一个疯呆痴狂的怪人,因而于世道中遭到"百口嘲谤,万目睚眦"。然而他"那管世人诽谤",仍然我行我素,甚至因此惨遭毒打,差点送了命,也不肯"改了";并且坚决表示,"死了,也是情愿的"。他的这种乖异怪诡的性格,和雪芹或板桥画笔下的石头形象是精神相通的。而特别令人感到奇异的是,这位宝二爷恰恰是和石头有着一种奇特的关系。原来他是一个闻所未闻的衔玉而生的人物,这块玉的前身,却是一块经女娲锻炼补天后,又弃置弗用的石头;这块石头经一个和尚大展幻术,变成了一块通灵宝玉,它同贾宝玉一同降到人间,成了整天挂在他脖子上的命根子。这样,石头即通灵宝玉,就与贾宝玉密不可分。十分明显,作者杜撰的这个神话故事,是包含了以石头来喻比贾宝玉的意思的。

书中的女主人公是林黛玉。这位作者心目中的理想女性,笔下的宠儿,曹雪芹是用了许多美好的事物来比喻、象征她的。如通过掣酒签、宝玉祭晴雯等情节,把她比作"出污泥而不染"的芙蓉花;通过"林潇湘魁夺菊花诗",把她比作"孤标傲世"、"千古高风"的菊花。但更着意的、花笔墨最多的,是用竹子来比喻林黛玉。

十七回,贾政带领众清客与贾宝玉初游大观园时,曾描写了这么一个地方:

> 忽抬头见前面一带粉垣,数楹修舍,有千百竿翠竹遮映,众人都道:"好个所在。"

这"好个所在",贾宝玉曾起名为"有凤来仪",即凤凰栖留的地方,之后被元春更名为"潇湘馆",成为黛玉的居处。这地方之所以"好",就在于它有别处所无的"千百竿翠竹遮映"。黛玉选中了这个地方,也是因为"我爱那几竿竹子……"。起诗社时,黛玉雅号曰"潇湘妃子",明显点出她与竹子的关系。此后,每当作者写到潇湘馆时,尽管只有寥寥数笔写景,却总忘不了要把竹子突出出来。

二十六回,宝玉去找黛玉:

> 来至一个院门前,看那凤尾森森,龙吟细细,正是潇湘馆。

多美的竹子! 到第四十回贾母带着刘姥姥众人游大观园,来到潇湘馆时:

> 只见两边翠竹夹道,土地下苍苔布满……

这片竹子显得更繁茂了。结合室内的布置,潇湘馆成为大观园里格局最高雅的一处住所,是和那一片竹子分不开的。这里的竹子在大观园里独一无二,它是潇湘馆的标志,是馆主林黛玉性格的象征。

郑板桥的画幅与题跋总不脱"一竹一石",曹雪芹笔下的两个正面主人公亦为一竹一石,这两位素昧平生的艺术大师在艺术构思和审美情绪方面却是何其接近啊!

四

将郑板桥来与曹雪芹作比较,其意义不止在于说明他二人之间存在的那些相同之点,而是通过郑板桥可以带出一批人来,因而能说明一个时期出现的一种文学现象。因为郑板桥是当时有名的"扬州八怪"之一,而且是其中最有代表性的人物。所谓"扬州八怪",是指乾隆时聚居在扬州的八个有名的文学艺术家,他们均能诗善画,其中有的终生布衣,有的虽做过一个时期的小官,也以性格与世不合被免职,后来寄寓扬州,以卖书画为生。在艺术上他们继承和发展了徐文长、朱耷、石涛等人的风格,写意创新,富有个人特色,与当时弥漫画坛的清新"四王"、虞山派、娄东派等崇古保守的画风相抗衡;在思想上,他们都有一股郁愤不平、孤标傲世之气。总之,是一批"不大合外人的式"的"怪"人。这就说明,郑板桥与曹雪芹的相同,并不是两个人之间仅有的现象,而是反映了一种普遍性。"八怪"之间有程度上的差异,但总的倾向是一致的,而郑板桥则是他们当中最突出的人物。

既然曹、郑的出现带有普遍性,这就说明它不是偶然的,而是时代产物。无论曹雪芹或是"扬州八怪",从上述他们的思想倾向和创作风格来看,无疑他们是在一个方面代表了一种时代的进步潮流。这是新的经济因素,具体来说,即资本主义经济萌芽在文艺领域的反映。这种进步潮流,对持续了几千年的传统思想来说,自然就成了不可思议的"异端",这就是曹雪芹笔下的主人公以及扬州八家被目之为"怪"的原因,正如郑板桥说的"世俗少见多怪"①。因此我们可以毫不怀疑地得出这样的结论:曹雪芹与郑板桥都是当时少数活动在进步潮流之中的人物,而且是其中的佼佼者。他俩这样多方面的、深刻的共同点就是有力的证明。

像历史上一切先进人物也不免有局限性一样,曹、郑二人也都有其消极思想的一面。而就是在这方面,他们也仍有其极相似的地方,主要表现在色空梦幻的思想意识相当浓厚。曹雪芹的《好了歌》及其《注》是人们所熟知的;而在郑板桥的《道情》十首中,也同样可品出这种味道来。如:

---

① 郑板桥:《与金农书》。

　　老书生，白屋中，说黄虞，道古风；许多后辈高科中，前门仆从雄如虎，陌上旌旗去似龙，一朝势落成春梦。倒不如蓬门僻巷，教几个小小蒙童。

　　邈唐虞，远夏殷。卷宗周，入暴秦。争雄七国相兼并。文章两汉空陈迹，金粉南朝总废尘，李唐赵宋慌忙尽。最可叹龙盘虎踞，尽销磨《燕子》、《春灯》。

　　这两首《道情》，不但与《好了歌》及《注》在思想韵味上完全一致，而且郑板桥在末尾写的"扯碎状元袍，脱却乌纱帽，俺唱这道情儿归山去了"，它和甄士隐一面唱完"陋室空堂，当年笏满床，衰草枯杨，曾为歌舞场。……甚荒唐，到头来都是为他人作嫁衣裳"，一面便说一声"去罢！""将道人肩上褡裢抱了过来背着，竟不回家，同了疯道人飘飘而去"的韵味也十分相像。可以说再没有任何两人之间有曹、郑那样的相同之处了。

　　然而作为一个文学家，郑板桥虽然在"八怪"中又是最杰出的、首屈一指的，而且又有那么多与曹雪芹相似的地方，可是就其文学成就与历史地位来说，却是不能与曹雪芹相提并论的。这主要还不是由于他们所运用的文艺创作形式不同所使然，而是因为他俩在具有广泛相同点的同时，还有着不可忽视的重要的思想差异。从影响郑板桥的创作成就、使之与曹雪芹拉开距离的原因来看，曹、郑的不同主要表现在：

　　郑板桥不像曹雪芹那样是一个终身布衣，他是一个堂堂正正的"康熙秀才，雍正举人，乾隆进士"；而且虽然官儿不大，毕竟是做了十几年的县太爷。他在中举后写的《得南闱捷音》诗和中进士后作《秋葵石笋图》的题诗，都表现了他对功名有成的得意。1748年乾隆东巡，他被征召为书画史，随乾隆帝登泰山，卧泰山绝顶四十余日，为此特镌一印章云"乾隆东封书画史"，引为平生的"亦足豪矣"①。这种对皇帝的崇拜,反映了他受了比较浓厚的儒家思想的影响。他十分崇奉儒家的《四书》、《六经》,称之为"日月经天,江河行地"②,因此,"板桥生平最不喜人过目不忘,而《四书》、《五经》自家又未尝时刻而稍忘"③。在儒家经典如此熏陶、浸润之下,他很自然地形成了一套"得志则加之于民,不得志则独善其身;亦可以化乡党而教训子弟"④的人生志向。这是典型的儒家传统经世致用的信条,不管本人主观上的意愿如何,它归根结底是为巩固封建地主阶级的统治服务的。事实上我们也看到,郑板桥通过亲身的生活实践,能看见现实政治中许多黑暗腐朽和人民诸般痛苦的景况;而且能将它反映在他的诗作中,表现了关心、同情人民疾苦,并为他们呼吁的可贵精神,这方面自然是远远超出同时那些"风月花酒"的作品的。但我们要注意的是,他写这类作品还有另一方面的作用,就是要使当政者能改善现有的政治状况,使既存的帝王事业更稳固,而不是要否定它。所以他十分强调文章应该"敷陈帝王之事业,歌咏百姓之勤苦,剖析圣贤之精义,描摹英雄之风猷"⑤,清楚地表明他反映百姓痛苦与敷陈帝王事业是紧密地联系在一起的。这样一种主张是反映了郑板桥对当时的统治政权还寄有期望、抱有信心的。在封建地主统治阶级已临"末世"的历史时期,还有这种思想,不能不说是具有明显的落后、保守性。也正由于此,就使他的作品虽能反映出一些社会的生活现实、民生的疾苦灾难,但却妨碍了他进一步去深刻认识这种现实,因而也就使他的作品没有能够达到当时本可以达到的思想深度。

同时,也由于他的正统科班出身,使他成了一个"八股"制艺的

---

① 郑板桥:《板桥自叙》。
② 郑板桥:《焦山别峰庵雨中无事书寄舍弟墨》。
③ 郑板桥:《四子书真迹序》。
④ 郑板桥:《与江宾谷江禹九书》。
⑤ 郑板桥:《潍县署中与舍弟第五书》。

推崇和鼓吹者。"八股"的腐朽,乾隆之时,已经使"今人鄙薄时文,几欲屏诸笔墨之外"①。而郑板桥却嗜痂成癖,认为"明清两朝,以制义取士,虽有奇才异能,必从此出,乃为正途"②。从这个"正途"观出发,他认为"本朝文章,当以方百川制义为第一",而把其他诗词歌赋一笔抹杀,归之为"皆拾古人之唾余"③。其偏颇至此,亦属罕见。后人评价他的文章(主要是《家书》),认为"皆老成忠厚之言,大有光禄《庭诰》、《颜氏家训》遗意,异乎放荡以为高者"④,是符合他文章的实际情况的。因此,鲁迅先生就很不喜欢读他的《家书》。这种思想状况,就必然会,事实也已经给他的文学创作带来很大的损失。而比之超出这种思想局限的人来,自必然会产生创作上的差距。以郑板桥的气质和才学,没有能突破这一局限,是十分可惜的。

曹雪芹就在这方面远远高出了郑板桥。他终生布衣,史传无文。他的工诗善画,也许曾使他有过被宫廷征召的机会,但他的朋友却记载了他对这种"荣幸"的不屑态度:"羹调未羡青莲宠,苑召难忘立本羞。"⑤他毫不羡慕唐玄宗给李太白的那种出格的宠遇,尤其忘不了画师阎立本应召为宫廷作画时受到的羞辱。这与郑板桥因做过乾隆的书画吏而沾沾自喜的思想境界,恰成鲜明的对照。再参照在《红楼梦》里把皇帝南巡说成是"虚热闹",把元春省亲写得如此凄惨,通过史湘云之口说的双关语"不犯着替他们颂圣去"等等,说明在曹雪芹的思想里丝毫没有郑板桥那些"敷陈帝王之事业"的兴趣。而贾宝玉自己"愚顽怕读文章",读了多年书,连一部《孟子》也背不出来,而别人"读书上进",他又讥之为"禄蠹";对"时

---

① 郑板桥:《潍县署中与舍弟第五书》。
② 郑板桥:《板桥自叙》。
③ 郑板桥:《潍县署中与舍弟第五书》。
④ 《国朝耆献类征·郑燮小传》。
⑤ 张宜泉:《题芹溪居士》。

文八股一道,因平素深恶,说……不过是后人饵名钓禄之阶"。呕心沥血地塑造出贾宝玉这样人物的曹雪芹,是可以断言他绝没有郑板桥那种"八股"癖好和"剖析圣贤之精义"的虔诚。

曹雪芹的这些思想,是建立在对现实社会的一种深刻认识,或者至少说是有所觉察的基础上的。他多次指出他所处的时代已经到了一个"末世":"凡鸟偏从末世来","生于末世运偏消"。他通过"荣、宁二公之灵"说的"吾家自国朝定鼎以来……已历百年,奈运终数尽,不可挽回",他编的《好了歌》以及《红楼梦十二支曲》的最后音响"好一似食尽鸟投林,落了片白茫茫大地真干净"等等,都不仅仅是对一个家族的命运的慨叹,而是对整个"末世"唱的哀音,是"亡国之音哀以思"①。正是这种哀音,表现了他对整个现存制度不寄任何期望,更无丝毫信心,也就因此对主宰这个现实的君主不怀任何好感,而对维护这种现实的八股时文感到深恶痛绝了。曹雪芹与郑板桥的不同当然还可以有许多,但关系最大的也就主要在这里。

这是十分重要的。因为使郑板桥更深一层去观察、认识生活的障碍,在曹雪芹那里已没有了。那些在一般人(包括郑板桥)看来是十分荣宠的事,曹雪芹认为是羞辱;被认为是旷世恩典的盛事,曹雪芹认为"虚热闹",透过"烈火烹油,鲜花着锦"的表面花哨,看出它内里的冷酷与凄凉;郑板桥视为文章"正途"的八股时文和考取功名的喜悦,在曹雪芹的《红楼梦》里却被嗤之以鼻,斥之为"禄蠹"。《红楼梦》里反映的还有其他更为广阔、深远的社会生活内容,就更是同时代的郑板桥所不可思议的事。

弄清了他们之间的同与异,我们就认识了曹雪芹与郑板桥。

通过这个比较、认识过程,我们又不仅只认识了两个具体的作家,而且还了解到,曹雪芹的出现,不是孤立的,他是时代的必然产

---

①　《礼记·乐记》。

物;因为当时是产生了一大批这样"一路而来"的人。他们的同中有异,一方面反映了在进步思想倾向上的一致性,同时又有程度的不同。他们的一致性,对传统的封建思想来说,是异端,是不可理解的,因而都被目之为"怪"。他们的差异,则决定了他们文学成就的大小。如果说,贾府里遍被华林的悲凉之雾,只有贾宝玉一人能领略到的话,那么,封建社会处于穷途末日、行将就木的趋势,能够领略和感受得到并通过文艺作品生动形象地表现出来的,就只有曹雪芹一人而已。这是历史对文学提出来的伟大任务,而这个任务是由曹雪芹来完成的。这就使得曹雪芹能成为同时人所不可企及的作家,而他的优秀杰作《红楼梦》也就成了文学史上睥睨千古的丰碑。

谈《歧路灯》及其研究

一

18世纪的清代乾隆年间,产生了两部当时已名闻遐迩的长篇小说,它们就是《儒林外史》和《红楼梦》。这两部书的出现,标志着我国古代小说已达到了它的高峰。尤其是《红楼梦》,被世人目之为当时的百科全书,是我们民族的瑰宝、人民的骄傲,因为它还获得了巨大的国际声誉,而且形成了一门国际性的专门学问——"红学"。就在这两部书产生的同时,还存在与《红楼梦》题材大体相同的另一部长篇小说,即河南人李绿园用了近三十年时间所写成的《歧路灯》。

《歧路灯》的命运比之前两书却有很大的不同。自它问世以来,在很长的一段时间里,它只有抄本存世,流传不广,知之者甚少。到20世纪20年代,洛阳清义堂于1924年印行过一百零五回的石印本,但数量少,未能有多大影响。1927年北京朴社又将它铅印出版过一本,但只有前二十六回,更未引起人们的注意。直到80年代,这本书的命运却似乎起了很大的变化,经栾星同志花十年的时间与精力收集了十余种不同的刊本与抄本,细加校勘、分段、标点,并作了大量注释,终于1980年由中州书画社正式出版发行,使之有机会与广大的读者见面。1982年由同一出版社还出版了由栾星同志编著的《歧路灯研究资料》一书,该书广为收集了《歧路灯》的作者李绿园的生平、思想、著述等材料,以及有关《歧路灯》的旧闻、传说等,无疑,这对研究该书是十分有用的。

这些年来,在有关研究者与出版界的共同努力下,出版了一大批湮没已久的古旧书籍,以作有关人员进行研究、参考之用,自然是一件好事。《歧路灯》的出版自然也是正常的事情。然而此书出来后,却与其他书大不一样,也与它自己过去两百多年来的命运截然不同,因为在一些论者的笔下,此书异峰突起,竟成了清代长篇说部中的一颗耀眼的新星,使人们不能不刮目相看。例如,在该书新版的《序》中,作者把它与《红楼梦》、《儒林外史》并列,认为它们"标志着长篇小说发展史的第三阶段已经成熟",并挑出《儒林外史》的许多不足之处,然后又指出《歧路灯》的"一些重要优点,值得特别重视,必须在我国古典长篇小说发展史中给予应有的地位"。最后还指出《红楼梦》只是"集中笔墨写荣、宁二府的人物和生活,荣、宁二府之外的人物和生活便写得不多,也不够细致和深刻",而"《歧路灯》用现实主义手法写社会生活比较广阔的优点,在古典长篇小说中是比较突出的"。在同书另一位作者写的《校本序》中,认为《歧路灯》"是清人小说《红楼梦》、《儒林外史》之外,又一巨著。手笔逊色于雪芹,视之敬梓则伯仲之间,各有短长,难分高下"。从此,人们对《歧路灯》的兴趣似乎越来越浓,1982 年在河南召开了《歧路灯》学术讨论会。此后的一段时间,虽然也有的论者发表了对该书的否定意见,但对它的肯定与赞扬也同时在加温。如《我国古代的教育诗与社会风俗画》一文,除了继续肯定它"在小说发展史上应有自己的较高地位",并认为"《红楼梦》所反映的不过是封建社会的一角,是被围墙隔断了的小小的大观园;而《歧路灯》则在反映封建社会生活的广度,和暴露当时的魑魅魍魉的丑恶本质的深度方面超过了前者","足以使《儒林外史》相形见绌"。该文作者同时还提出:《歧路灯》着重写一个失足青年如何得到挽救,使其本性得以恢复。就这一方面看,《歧路灯》与苏联大教育家马卡连柯的《教育诗》也有某些相似之处。……李绿园这个十分关心青年健康成长的教育家在 18 世纪就写出这样一部作品,填补了我国古代长篇教育小说的空白,这难道不值得重视么?"

这些评论已在许多方面把《歧路灯》超出乎《儒林外史》与《红楼梦》之上了。如果说,这果然是名实相符的话,那应该说这是中国古代文学史研究上的一大发现,是一件大事,自然应该大书特书,然而它的实际情况又是怎样的呢?

二

《歧路灯》的故事是假托明代发生在河南省开封府祥符县(今开封市)的一个"极有根底的人家"。父亲谭孝移乃四代书香之后,早年入庠食饩,选拔贡生;不幸却生下了一个不肖的纨绔子弟,也即本书的主人公谭绍闻。他不听父训,交结匪类,不务正业,竟把父亲活活气死。后又在母亲的溺爱之下,勾结一些浮浪之辈,整日吃喝玩乐,斗鸡走马,出入花柳之地,沉迷赌博之场,最终弄到倾家荡产,连祖坟上的百十株大杨树也卖了,真是一败涂地。后来在家人、亲友及义仆的大力规劝下,"又亏他良心未尽",于是毅然悔过自新,走上一条读书上进之路,后来竟和儿子谭篑初一起赴考,得"中副车",并且因有军功,还"面君得恩旨",授了一个黄岩县令。全书在谭篑初洞房花烛,金榜题名——中了进士、点了翰林的高潮中结束。很显然,这是写一个浪子回头的故事,所谓"歧路灯",它的意思自然是说谭绍闻乃是封建社会士族人家的不肖弟子,在邪道歧路上改邪归正的一盏指路明灯,是这类人的榜样。它的用意是十分明显的。该书最后一回结尾有一段话说:"谭绍闻父子,虽未得高爵厚禄,而俱受皇恩,亦可少慰平生,更可以慰谭孝移于九泉之下。孔慧娘亦可瞑目矣。倘仍前浮浪,不改前非,一部书何所归结?"也就是说,如果不写到这个浪子的最后回头,这部书是无法"归结"的。这也清楚地表明了作者写作此书的最终目的。

就是这样一部书,它能与《红楼梦》、《儒林外史》相提并论吗?不怕不识货,就怕货比货。不妨略加比较,自然就会一清二楚。

《红楼梦》与《歧路灯》的确颇有相似之处,尤其它们的两个主人公:谭绍闻与贾宝玉。他们起初也都是封建地主阶级的不肖子孙。在世人眼中,贾宝玉乃是一个"天下无能第一,古今不肖无双"的人,他不肯读圣贤之书,骂读书人为"禄蠹",骂科举为"沽名钓誉之阶",他不与士人君子交往,而整日在内帏与女孩子们厮混,又与"戏子"交往。他的这种悖逆行为,也与谭绍闻一样,受到他的家人亲友的极度注意,力图要把他挽回到另一条正道上来。为此,他的父亲贾政差点没把他打死,他周围的薛宝钗、花袭人也不厌其烦地在旁边用各种方法加以规劝,甚至他的祖先"宁、荣二公之灵",也委托警幻仙姑"以情欲声色等等警其痴顽,或能使彼跳出迷人圈子,然后入于正路"。然而尽管警幻用尽了各种"饮馔声色之幻",仍未使他觉悟。对于众人的规劝,只是使他更为厌恶。面对贾政的高压毒打,他最后仍是表示:"就便为这些人死了,也是情愿的!"他最后是"悬崖撒手",出家做了和尚,与他的家庭彻底决裂了。这个浪子一步就没回过头(至于后八十回写他的"两番入家塾"、"中乡魁"等等,乃是续作者所写,并非曹雪芹的原意,而且即使如此,后八十回最后还是写了宝玉的出家,以贾府的家破人亡作结,而不是以洞房花烛、金榜题名为"归结")。因此,贾宝玉与谭绍闻的起点虽然有相似之处,但末路却是截然相反的。他们是走在两股道上的车,完全合不到一块的。如果说谭绍闻可以成为"歧路灯"的话,那贾宝玉则只能成为"歧路"者之戒了。还须提出来的一点是,我们说他二人的"起点有相似之处",只是就其不合封建统治者的要求这一点而言的,如果具体分析一下,则二人"起点"的内容也是完全不同的,谭绍闻乃是一个沉迷于声色犬马以至败家丧业的花花公子,而贾宝玉则没有这些不良行为,他只是由于具有某些新的思想萌芽,与封建正统要求产生相悖行为的人。前者在思想本质上并未与封建统治者产生矛盾(即所谓"又亏他良心未尽"),所以在一定条件下他仍然能浪子回头;后者乃是作为封建思想意识的异端而走上了另一条道路,而且态度坚决,无可挽回。从这一点来说,则谭绍闻与贾宝玉二人表面上虽有某些相似之处,而实质上,无论从其起点抑或结局都完全不同,乃属于所谓"正""邪"两赋、不同道路的人物,根本不可同日而语。不过,《歧路灯》与《红楼梦》中无论从思想性质与行为特点都很相同的人物也是有的,最突出的莫过于这两个主角的父亲,即谭孝移与贾政了。据两书作者的介绍,谭孝移是"为人端方耿直,学问醇正";而贾政也是"自幼酷喜读书,为人端方正直"。他们二人的思想本质完全相同,而对待两个"不肖"子孙的态度也完全一样。但作为两个艺术形象,谭孝移在《歧路灯》中乃是被作者充分肯定的正面人物,而贾政在《红楼梦》里却是与正面主人公贾宝玉相对立而存在的一个反面人物。这也从另一个方面表现了这两部书是如何地不同。其实,两书中的其他人物与故事情节也都同样反映了这种情况,这里就不一一加以阐释了。

　　在《儒林外史》中,寄托了作者理想的正面人物是杜少卿。他的曾祖父中过状元,父亲中过进士,"一门三鼎甲,四代六尚书",而他自己却是一个地主阶级的不肖子孙,当时就有人"经常教子侄们读书,就以他为戒,每人读书的桌子上写一纸条贴着,上面写道:不可学天长杜仪"。这与世人以贾宝玉为戒,"寄言纨袴与膏粱,莫效此儿形状"的情况完全一样。因此他的"不肖",同样不同于谭绍闻这种因吃喝嫖赌而败家破产的浪荡子,而是与贾宝玉同一个类型。尽管他自己很有才学,却瞧不起科举,骂道:"这学里秀才,未见得好似奴才!"他不屑去见天长县的知县。在极贫困的时候仍然拒绝了朝廷的征聘,并自幸说:"好了!我做秀才,有了这一场结局,将来乡试也不应,科、岁也不考,逍遥自在,做些自己的事罢!"他借解说《诗经》贬抑朱熹,他反对纳妾,认为这"最伤天理","一个人占了几个妇人,天下必有几个无妻之客"。他追求个性自由,具有一定的平等思想,平素"和尚、道士、工匠、花子都拉着相与","不喜欢人叫他老爷"。他还有许多豪举,他把一个殷富之家最后卖光了,乃是为了济困扶危,帮助朋友。所以书中的一些人物赞扬他是"自古及今难得的一个奇人","品行文库是当今第一人"。他与封建统治阶级的异端贾宝玉是同一流人物,而与嫖赌败家,最后又浪子回头,进而读书做官的谭绍闻是两类截然不同的人物。

总之,贾宝玉、杜少卿二人与谭绍闻这个人物形象,他们在思想倾向上泾渭分明,黑白明显。在他们身上反映了当时两种对立的思潮,无视他们的这种根本区别,而把将他们都作为正面人物形象来描绘的作品混为一谈,相提并论,可以说是违反了最起码的理论常识。

三

《歧路灯》所表现出来的这种思想并非偶然的,它和它的作者李绿园本人的状况有着密切的关系。虽然至今对李绿园的情况知之并不甚多,但只凭现有的一些材料,也足以从中看出它的究竟来。

李绿园出生于河南省一个诗礼之家,他的孙子李于潢在诗中自称其家世为"孝子门庭"。绿园幼年有志于学,十二岁应童子试,至三十岁,考取了乾隆丙辰恩科乡试举人,后曾任贵州省印江县知县约一年,获"循吏"之称。中举后他曾多次赴北京应会试,皆未得售。他的科名思想很重,《歧路灯》中曾写到一书生一生未中进士,虽做了官,犹耿耿于怀,临死时还以不能在墓碑上写上"赐进士及第"几个字为恨,这也许正是李绿园本人的思想写照。

李绿园在乾隆十三年(1748)约四十二岁时开始写《歧路灯》,近十年时间写完主要部分,因出仕和周游海内而辍笔二十年,直至近七十岁才开始续写完成《歧路灯》,前后历时约三十年之久。

　　李绿园的为人和思想,据道光《宝丰县志·人物志》中的《绿园传》说他"沉潜时学,读书有得,及凡所阅历,辄录记成帙。每以明趋向、重交游、训诫子弟"。他所"明"的"趋向"是什么呢? 在他为时人编的一本《性理粹言录》所写的《跋语》中,他写道:"……因叹理学之薪传,其备在于兹也。呜呼! 近今学者,圣明隽异,不乏其人,率皆疲力于辞章藻缋,而性理一篇,或且迂而置之,即肄业及之者,率以寻摘为弋科名计,则亦昧于知本者矣。先生是编,实于圣贤为己工夫,煞曾体贴过来,故其萃集者,辞皆体要,而义已详赅,诚学者座右之珍哉!"可见他尊崇的是封建统治阶级的理学,他要用来"训诫子弟"的就是要以理学为他们的"座右铭"。《歧路灯》也的确是用强劲的理学思想作基础,把一个浪荡子训诫得回到"正道"上来的。

　　李绿园不但写了小说《歧路灯》,而且有大量的诗文作品,在当时还颇有诗名,只是留传下来的作品不多而已。但他却留下了一些文艺思想,可供我们对他的创作思想作更深入的了解。在残存的《绿园诗钞》自序中,他明确提出:"……诗以道性情,裨名教,凡无当于三百之旨者,费(废)辞也。"所谓"三百之旨"就是按儒家思想,具体来说是按朱熹所诠释的《诗经》三百篇的意旨。如果写诗不合这个要求,也就不能"裨名教",他认为这样的诗就只不过是废话一堆而已。他接着还强调说:"惟其于伦常上立得足,方能于文藻间张得口,所以感人易入,不知其然而然也。"也就是说,在思想内容上必须符合封建伦常的要求才能写诗,而且他认为,只有这样的诗才"感人易入",可见他创作思想中的封建意识是何等明确,又何等浓烈。

　　这种诗歌创作理论自然也会影响到他的小说创作实践,而更难得的是他对小说也有十分鲜明的见解,尤足以让我们对他的小说创作有更好的理解。他的《〈歧路灯〉自序》就为我们提供了这方面的充分材料。在该《自序》中,他对世人称《三国演义》、《水浒

传》、《西游记》、《金瓶梅》为"四大奇书"颇不以为然。他因对《三国
演义》作为历史小说、《西游记》作为神话小说的写作特点毫无所知
而进行贬抑,说《三国》"几成儿戏";《西游》"惑世诬民"。尤其对
《水浒传》和《金瓶梅》则肆意进行了攻击,和历代统治者的腔调完
全一致。他说:

> 淮南盗宋江三十六人,肆暴行虐,张叔夜擒获之,而稗说
> 加以"替天行道"字样,乡曲间无知恶少,仿而行之,今之顺刀
> 手等会是也。流毒草野,酿祸国家,然则三世皆哑之尊报,岂
> 足以蔽其教猱升木之余辜也哉!若夫《金瓶梅》,诲淫之书也。

由此出发,他进而还攻击:"余尝谓唐人小说、元人院本,为后世风
俗之蛊。"据此,他提出要"写出忠孝节烈"的作品,最后引申出自己
写《歧路灯》一书的宗旨:

> 因仿此意为撰《歧路灯》一册,田父所乐观,闺阁所愿闻。
> 子朱子曰:善者可以发人之善心,恶者可以惩创人之逸志。
> 友人皆谓于纲常彝伦间,煞有发明。

从以上简单的勾勒,我们可以看出,李绿园是一个有着浓厚道学思
想的封建正统知识分子。他崇尚性理之学,尊奉朱熹的学说,热衷
于科名。他的文艺创作思想是要"道性情,裨名教",要"于伦常上
立得足",以友人称赞他的《歧路灯》能"于纲常彝伦间,煞有发明"
而沾沾自喜。同时对通俗的戏剧小说,特别是那些不符合他的"忠
孝节烈"思想的作品攻击不遗余力。他的《歧路灯》正是忠实地实
践了他的这种文艺主张的,它的主观创作思想与作品的客观效果
是完全统一的。因此,这样一部作品,与《儒林外史》、《红楼梦》这
样的具有强烈反封建思想的进步作品相比,它们绝不是"伯仲之

间"，甚至某些方面高出其他两部作品，而完全是属于反映了两种对立的思想范畴的作品，它们之间只有顺、逆潮流之别，而无高低上下之分。

这三部书所产生的雍乾时代，正是封建社会的"末世"，它的一个共同特征，就是地主阶级的子弟们日渐衰微，正如《红楼梦》中冷子兴所说的："如今的子孙竟是一代不如一代了。"这种"不如"，大抵来说有两种情况：一是如贾宝玉、杜少卿这样的封建异端，在封建卫道者的眼里，他们是"祸胎"、"孽根"，甚至如贾政说的，将来可能走上"弑父弑君"的可怕道路。另一类是完全垮掉的一代，像《歧路灯》第一回所说的，他们"结交一干匪类，东扯西捞，果然弄的家败人亡，上天无路，入地无门"，在"改志换骨"之前的谭绍闻就是这一类。这种状况，成为当时社会的一个普遍问题，不同思想的人，对此有不同的态度与处置方法，以贾政为代表，包括贾母、王夫人、薛宝钗等以及"宁、荣二公之灵"的封建卫道者，他们和谭孝移等一样，是要尽力把他们的子孙拉回"正道"上来，成为"金不换"的回头"浪子"。而另一些具有进步思想的人，却是对异端们抱同情之心，持赞赏之论，支持他们一直走下去。李绿园的思想属于前者，因而有了《歧路灯》；曹雪芹、吴敬梓属于后者，因而有了《红楼梦》和《儒林外史》。这正是当时文艺创作中、两种思想斗争的反映，他们之间及其作品又怎能混为一谈、相提并论，甚至优劣倒置呢？

四

《歧路灯》中所宣扬的封建道学思想，决不仅仅是表现在谭绍闻这个回头浪子一个人物形象上，打开书本，可以说通篇皆是这种情况。这是任何一个正视现实的读者都会承认的。就是前面引到的一些赞赏它的文章也没有讳言这一点。如该书《序》就曾指出："作者在《歧路灯》中所宣扬的封建宗法伦理、纲常名教，即维护封建社会的典型的正统思想。这是《歧路灯》的最大弱点。"《校本序》

一文也说："然视之《红楼梦》及《儒林外史》，《歧路灯》有较多的毒素。……在他的作品中、卫道气味很重。他宣扬封建主义的社会观，特别宣传封建伦理思想。表扬忠臣、孝子、节妇、悌弟，又着力塑造了一个义仆王中（谭宅的家生奴）。"既然如此，为什么同是这些评论者，又会把这样一部宣扬封建正统思想、"有较多的毒素"的作品提高到与《儒林外史》、《红楼梦》相并列的地位上来呢？细看他们所肯定《歧路灯》的地方，主要是说它写了广阔的社会生活，为《儒林外史》和《红楼梦》所不及，"为研究清代社会风尚不可或缺"、"不同的学人会在其中取得各自不同需要的资料的"。我们认为，《歧路灯》的确是写到了清代社会的各种生活和从皇帝到社会中的各种人物，它对人们了解当时社会确是提供了一份有用的"资料"。然而如果仅仅作为一份"资料"来说，那它根本就不能与文艺作品来相类比。而作为文艺作品的长篇小说，我们评价它的好坏优劣就决不能仅仅停留在看它写了什么（说它反映的生活面比《红楼梦》还广，乃是片面之见，不过这不是主要问题所在，这里不详加论述），更重要的是要看它怎样写，看它通过所写的东西宣扬了什么思想，作者所要达到的是什么样的创作意图，以及它的实际效果如何。因为同样的社会生活内容，在不同世界观的作者笔下，是会写出意旨完全不同、甚至相反，以及它的社会效果、读者对它的评价也完全不同的作品来的。这种例子在文学史上并非少见，如《水浒传》和《荡寇志》就是最好的说明。

因此在评价古代文化遗产、包括古代文学作品时，就必须首先对它们作出这种区分。在这个问题上，列宁的"两种民族文化"的理论就为我们提供了明确的理论基础，在《关于民族问题的批评意见》一文中，列宁指出：

每个民族的文化里面，都有一些哪怕是还不发达的民主主义和社会主义的文化成分，因为每个民族里面都有劳动群

众和被剥削群众,他们的生活条件必然会产生民主主义的和
社会主义的思想体系。但是每个民族里面也都有资产阶级的
文化(大多数的民族里还有黑帮和教权派的文化),而且这不
仅是一些"成分",而是占统治地位的文化。

列宁的这段话,主要包含两层意思:第一,每种民族文化里,都有
反映不同阶级利益的文化成分。第二,区分两种文化成分的根本
点主要是考察该文化的思想成分。在列宁看来,一个民族里,既有
"民主主义和社会主义的文化成分",又有资产阶级、封建地主阶级
"教权派"的文化成分,它们的对峙存在,是由阶级社会里既有剥削
阶级又有被剥削阶级的"生活条件"所决定的。

具体到我国封建社会的文化遗产又应当如何来区分这两种文
化成分呢? 对于这个问题,毛泽东同志有过十分精辟的论述。在
《新民主主义论》中,毛泽东同志指出:

中国的长期封建社会中,创造了灿烂的古代文化。清理
古代文化的发展过程,剔除其封建性的糟粕,吸收其民主性的
精华,是发展民族新文化,提高民族自信心的必要条件;但是
决不能无批判地兼收并蓄。必须将古代封建统治阶级的一切
腐朽的东西和古代优秀的人民文化即多少带有民主性和革命
性的东西区别开来。

毛泽东同志和列宁的观点是完全一致的,它也完全符合我国古代
文化的实际情况。建国几十年来,广大古典文学研究工作者也正
是以此为理论指导,区分精华与糟粕去对待我国的古代文学的。
《红楼梦》与《儒林外史》无疑是当时最具有"民主性精华"的作品,
是我国古代小说发展史上的高峰,因而历来得到广大人民群众的
欢迎和好评;而《歧路灯》这样一部"有较多的毒素"、也即是有较多

的"封建性的糟粕"的作品，所以在历史上也无法流传，今天却要把它一跃而与《儒林外史》《红楼梦》相提并论，简直是要化腐朽为神奇。这种精华与糟粕莫辨的情状，正是违背了列宁、毛泽东的正确理论，混淆了两种文化实质的结果，历史既然证明了它行不通、今天自然也是行不通的。

　　这种带根本性的理论是非，如果不辨析清楚，势必会引申出更加离奇的结论来。事实上，前面引到的《我国古代的教育诗与社会风俗画》一文就是如此，它丝毫不触及该书的总的思想倾向，而一味地加以颂扬。它不但认为《歧路灯》的成就已超过《红楼梦》与《儒林外史》，甚至把充满封建地主阶级腐朽思想的《歧路灯》与20世纪30年代苏联教育家马卡连柯的反映无产阶级思想的《教育诗》相提并论，而说李绿园是一个"十分关心青年健康成长的教育家"，说谭绍闻的转变乃是"回到正路上来"了。请问：李绿园所关心的是哪个阶级的"健康成长"？谭绍闻的浪子回头，最后走上读书做官的道路，并受到封建皇帝的赞赏，这是哪个时代的"正路"？这种评说，如果出自李绿园同时代的人（事实上李的友人中就有类似的评论），那是毫不奇怪的，但它竟然在20世纪80年代的今天出现，不值得人们深思吗？

梁启超的小说理论与批评

在中国小说理论批评史上，梁启超是一个引人注目的人物，这自然有它的因由，因为梁启超对小说理论和批评的确提出了一些不同一般的主张和看法，而且产生过很大的影响，因而受到研究者的重视。不过在文学史或文学批评史上，常常有这样的情况，有影响的作家或理论，其作品不一定就具有相应的价值和贡献，它的影响往往是由其他因素造成的，对其作品的实际作用还要进行较为冷静的、实事求是的分析。梁启超在小说理论方面是一位影响很大、也有一定作用的作家，但近年来对梁启超在这方面的评价，却有一些夸大的倾向，某些看法似乎还可细加斟酌。如有的论者在对梁启超的小说理论作总体评价时说："若论理论思辨能力，在我国小说理论史上，金圣叹之后，一人而已；若论对小说创作，小说批评的影响，也只有金圣叹才能与他相提并论。"①此种评价代表了一种看法，但却大有商榷之余地。如前所述，评价一种理论，不应仅停留在它的影响上，因为影响大小是可以因不同原因造成的，而且还有好坏之不同。从这方面的意义来说，在小说理论史上，无论地位、作用和影响，都不是金圣叹可不可与梁启超相提并论，而是梁启超不足以与金圣叹相提并论的问题。以下试就梁启超小说理论的功过加以评析。

---

① 陈洪：《中国小说理论史》，安徽文艺出版社 1992 年版，第 362 页。

　　第一,梁启超大力推崇小说的社会作用。早在"戊戌变法"之前于《时务报》上发表的《变法通议》中,他就提出:"今宜专用俚语,广著群书。上之可以借阐圣教,下之可以杂述史事;近之可以激发国耻,远之可以旁及夷情;及至官途丑态,试场恶趣,鸦片顽癖,缠足虐刑,皆可穷极异形,振励末俗。其为补益,岂有量邪!"这里虽仍不脱"阐圣教"、"述史事"等传统小说理论的旧说,但却具有明显的去腐图新的时代气息,在泛论的意义上,也高度评价了小说的作用和意义,自是有积极贡献的。但梁启超在"戊戌变法"之后,于1902年在《新小说》第一卷第一期上发表的《论小说与群治之关系》中,却把小说的社会作用推向了一个极端,劈头就说:

　　　　欲新一国之民,不可不先新一国之小说。故欲新道德必新小说,欲新宗教必新小说,欲新政治必新小说,欲新风俗必新小说,欲新学艺必新小说,乃至欲新人心,欲新人格,必新小说。何以故?小说有不可思议之力支配人道故。

这里显然是过分夸大了小说的作用,把它当成了包医百病的灵丹妙药。他看不到小说与其他意识形态一样,都是受制约于经济基础与社会现实的,所以在理论上犯了本末倒置的错误。

　　第二,梁启超公开打出"小说界革命"的旗号,倡导和推动了清末小说界的革命。在《论小说与群治之关系》的这篇长文中,他的最后结论是:

　　　　故今日欲改良群治,必自小说界革命始,欲新民,必自新小说始。

梁启超亲自创作小说,翻译小说,办小说期刊《新小说》(并发广告)等等,都是在大力推动他的"小说界革命"的理论。其理论影响之大,是和这些实践活动分不开的。然而他这个重大"革命"理论的产生,却是建立在对小说作用极度夸大的基础上的。他一方面认为小说对于人"如空气、如菽粟,欲避不得避,欲屏不得屏",即使有人不爱读小说,也因小说对社会、对人的影响巨大,致使一个人"其未出胎也,固已承此遗传焉,其既入世也,又复受此感染焉,虽有贤智,亦不能自拔,故诉之间接"。也就是说,人在胎儿时就会受小说的影响,岂非十分神奇(至于梁启超一方面说"贤智亦不能自拔",另一方面又能如下面所说那样批判旧小说,那么他竟是超出"贤智"之外了)? 于此可见小说与人关系的密切。另一方面,他又认为旧中国的各种罪恶(梁罗列了一大堆)之产生,其原因皆"惟小说之故",小说成了"吾中国群治腐败之总根源"。小说如此罪大恶极,那么"小说界革命"自然就成了"改良群治"的必然之理、必经之途了。建立在如此错误基础上的"革命"理论,其实际效果和价值就可想而知了。

第三,对中国小说史的批评。梁启超既然认为小说的作用如此之大,而旧小说又成为"中国群治腐败之总根源",这就必然导致对中国小说史的全面否定。事实也是如此。在1898年发表的《译印政治小说序》中,他就说:

> 中土小说,虽列之于九流,然自虞初以来,佳制盖鲜。述英雄则规画《水浒》,道男女则步武《红楼》,综其大较,不出诲盗诲淫两端。陈陈相因,途途递附,故大方之家,每不屑道焉。

在梁启超笔下,一部辉煌灿烂的中国小说史,从头到尾就被一笔勾销,剩下的就是"诲盗"与"诲淫"这两端了。这完全是一种不顾事实的信口雌黄,而绝不仅仅是评论家为之曲意辩护的"偏见"或"局限"了。它说明梁启超当时只是一个偏执的政治家,而非小说家(后面要说的事实还会证明这一点)。而这种政治家为了其狭隘的政治目的是可以罔顾一切的。

最后要说到的是梁启超在《论小说与群治之关系》一文中,对小说的艺术特性方面也有所触及,它主要表现为两点:其一是指出小说有两个特点,即能表达小说的意境与理想,同时又能真实细致地描绘人生,并将它们"和盘托出,彻底发露之"。在此基础上,梁启超提出:

> 由前之说,则理想派小说尚焉;由后之说,则写实派小说尚焉。小说种目虽多,未有能出此两派范围外者也。

这可说是在中国最早提出了创作方法上的"写实派"与"理想派"两派,自有其历史意义和价值。可惜只是点到而已,未能就有关的各种问题作稍微进一步的阐释,因此还不能反映出他在这方面的具体见解。他大体上只是将西方文艺理论作了点滴的介绍而已。其二是在同一篇文章中,他指出了小说之所以有这样大的作用,是因为它"有不可思议之力支配人道故"。并具体标出这一"力"有四种形态:"一曰熏"、"二曰浸"、"三曰刺"、"四曰提"。根据他对这"四力"的具体描绘,除去其有重复处之外,不外就是一种艺术感染力而已。而这种感染力其实并非小说,甚至还不仅为文艺作品独有,这一点,梁启超自己也是承认的,所以他在最后归纳这"四力"时说:

> 此四力者,可以卢牟一世,亭毒群伦,教主之所以能立教门,政治家之所以能组织政党,莫不赖是。文家能得其一,则为文豪;能兼其四,则为文圣。……而此四力所最易寄者,惟小说。可爱哉小说! 可畏哉小说!

可见梁启超对小说感人之力虽罗列有四,但它并非小说和文艺作品所特有,而是宗教主与政治家均可共有。而作为小说和文艺作品所特有的审美特征,以及由此所产生的美感作用,他却未能把握,从这点来说,梁启超其实还未真正懂得小说艺术的本质特征和真正奥秘。他所强调的四种力之巨大作用,只是在进一步说明必须利用小说为政治服务,并未真正以科学的态度去探求小说自身应有的理论。

以上综述了梁启超小说理论的几个重要方面,它们虽各有不同的内容,但却是互有联系的。由于他的小说理论是基于一种狭隘的政治功利目的需要,所以确切地说,他心目中的小说的核心观念,乃是政治小说而非其他小说,它的巨大作用乃是政治作用(也有与之相关的道德作用),而非小说特有的审美作用。因此,他的"小说界革命",就一切都是为小说政治化这个目的而进行的。早在 1898 年"戊戌变法"失败,梁启超逃亡日本之时,他在日本创办的《清议报》的"规则"中,就强调了政治小说为该报刊的重要内容,在该刊第一期上还发表了他翻译的当时日本的一部著名政治小说《佳人奇遇》,并在此小说前写了一篇序,也就是著名的《译印政治小说序》。在序中他宣传"在昔欧洲各国变革之始"时,政治小说的重大作用,"彼美、英、德、法、奥、意、日本各国政界之日进,则政治小说为功最高焉"。再经过一段时间的酝酿,他终于在 1902 年自己主持的《新小说》杂志上,发表了带纲领性的小说理论文章《论小说与群治之关系》,明确提出了"小说界革命"的口号,而其核心自然是"欲新政治必新小说"。他办《新小说》的宗旨也是"专在借小说家言以发起国民政治思想,激励其爱国精神"。①

明白了梁启超心目中小说概念的实际内容以及"小说界革命"的实质,就容易理解,他为什么把小说的作用夸大到如此极致的程

---

① 陈平原编:《二十世纪中国小说理论资料》第 1 卷,北京大学出版社 1989 年版,第 41 页。

度,因为不如此就不足以最大限度地去动员小说介入他的政治运动并为之服务;也就容易理解,他为什么会全盘否定中国的传统小说,因为这些小说都是无助于他的"革命"需求甚至有反作用的;也就容易理解,他为什么在小说的艺术特征方面并无多少建树,远比不上同时的小说理论家如黄人、徐念慈、侠人与王国维等人在这方面的成就,因为在他的脑海中,除了政治的需要就不曾也无暇去顾及真正的小说理论。从这个意义上来说,梁启超不仅仅是不能与金圣叹相提并论的问题了。

如果说,金圣叹的小说理论无论对后世的小说理论或小说创作都起了十分巨大的积极作用,因而受到公认的推崇的话,那么梁启超的情形却完全相反。

首先,梁启超的一些理论就受到同时人,甚至是他的相知好友的病诟和责难。

如黄人1907年发表的《小说林发刊词》一文,在充分肯定了小说的社会作用后指出:

> 昔之视小说也太轻,而今之视小说又太重也。……一若国家之法典,宗教之圣经,学校之科本,家庭社会之标准方式,无一不倚于小说者,其然,岂其然乎?

徐念慈以别号"觉我"发表在1908年《小说林》第九、十期的《余之小说观》,其第一节《小说与人生》指出:

> 小说者,文学中之以娱乐的,促社会之发展,深性情之刺戟者也。昔冬烘头脑,恒以鸩毒霉菌视小说,而不许读书子弟,一尝其新,是不免失之过严。今近译籍稗贩,所谓风俗改良,国民进化,咸惟小说是赖,又不免誉之失当。余为平心论之,则小说固不足生社会,而惟有社会始成小说者也。

黄、徐二人的意见显然是针对梁启超的观点而发的,他们提出的批评也无疑是正确的。而曼殊1905年发表于《新小说》第13期上的"小说丛话"中的意见,则不仅与黄、徐相同,而且还批评了梁启超对中国传统小说的无端全盘否定:

> 小说者,"今社会"之见本也,无论何种小说,其思想总不能出当时社会之范围,此殆如形之于模,影之于物矣。虽证诸他邦,亦罔不如是。……今之痛祖国社会之腐败者,每归罪于吾国无佳小说,其果今之恶社会为劣小说之果乎,抑劣社会为恶小说之因乎?

而同时还有一位侠人,尤其对《红楼梦》也被一概否定,归入"淫书"之列,表示了十分的不满,他也在"小说丛话"上写道:

> 吾国之小说,莫奇于《红楼梦》,可谓之政治小说,可谓之伦理小说,可谓之社会小说,可谓之哲学小说、道德小说。……而读者不知,乃群然以淫书目之,呜呼!岂真嗜腐鼠者之不可以翔青云邪!何沉溺之深,加之以当头棒喝而不悟也?……而世之人,顾群然曰:"淫书、淫书。"呜呼!戴绿眼镜者,所见物一切皆绿,戴黄眼镜者,所见物一切皆黄;一切物果绿乎哉?果黄乎哉?《红楼梦》非淫书,读者适自成其淫人而已。

这里不仅与梁启超的观点不同,而且由于分歧之深,达到了直面骂人的地步了。此外,各种批评梁启超理论的意见还有很多。由此可知梁启超这些理论并未得到同时的有识之士的认同。

其次,从梁启超本人实践的角度来看,更可进一步增加对他的小说理论实质的理解。梁启超为了实践他的小说理论,也进行了小说的创作。在他创办的《新小说》杂志里,首先发表了他酝酿了五年而创作的小说《新中国未来记》,但却是只写了四回的未完之作。他在小说的"绪言"中有两段自述,很能说明问题:

> 兹编之作,专欲发表区区政见,以就正于爱国达识之君子。
>
> 此篇今初成两三回,一复读之,似说部非说部,似稗史非稗史,似论著非论著,不知成何种文体,自顾良自失笑。虽然,既欲发表政见,商榷国计,则其体自不能不与寻常说部相殊。编中往往多载法律、章程、演说、论文等,连篇累牍,毫无趣味,知无以餍读者之望矣,愿以报中他种之有滋味者偿之;其有不喜政谈者乎,则以兹覆瓿焉可也。

他写小说的目的是为了"发表政见",他的读者对象只是"爱国达识之君子",早已忘记了他反复强调的"一国之民"。而小说的内容则是连篇累牍的法律、章程、演说之类,以致成了什么都不像,自己看了也"失笑"的东西,这正是把小说强化为政治服务的恶果。

而这种恶果不仅反映在他本人的小说创作上,也因他的小说理论(还要加上他的行为)的巨大影响,给晚清末期的整个小说界也带来了极坏的结果。当时小说数量虽多,但往往充斥了政治说教,而不注重人物形象的刻画,读来缺少艺术感染力,味同嚼蜡;而在这同时,梁启超贬斥传统小说的"海淫海盗"式的作品也大量出现,"小说界革命"以来的状况是令人失望的。1907年,天僇生(即王钟麒)发表在《月月小说》第一卷第九期上的《论小说与改良社会之关系》一文,在批评了有的人对传统小说只是"以海淫与海盗目诸书,此不善读小说之过也"之后,又说:

> 近年以来,忧时之士,以为欲救中国,当以改良社会为起

点,欲改良社会,当以新著小说为前驱。此风一开,而新小说之出现者,几于汗牛充栋,而效果仍莫可一睹,此不善作小说之过也。有此二因,而吾国小说界遂无丝毫之价值。

天僇生虽未点名,但谁都可看出,这是对梁启超的"革命"理论及其产生的后果的彻底否定:"吾国小说界遂无丝毫之价值"!

而不幸的是,这种状况,随着时间的推移而每况愈下,以至梁启超本人也不得不承认这个失败的事实,并表现得比天僇生更为痛心疾首。梁启超于1915年发表在《中华小说界》二卷一期上的《告小说家》一文,他一方面指出了当今小说数量之多:"今日小说之势力,视十年前增加倍蓰什百,此事实之无能为讳者也。"另一方面,他又惊呼:

> 而还观今之所谓小说文学者何如? 呜呼! 吾安忍言! 吾安忍言! 其什九则诲盗与诲淫而已,或则尖酸轻薄毫无取义之游戏文也,于以煽诱举国青年子弟,使其桀黠者濡染于险诐钩距作奸犯科,而摹拟某种侦探小说中之一节目。其柔靡者浸淫于目成魂与踰墙钻穴,而自比于某种艳情小说之主人者。于是其思想习于污贱龌龊,其行谊习于邪曲放荡,其言论习于诡随尖刻。近十年来,社会风习,一落千丈,何一非所谓新小说者阶之厉? 循此横流,更阅数年,中国殆不陆沉焉不止也。呜呼!

在梁启超的一片呜呼声中,我们除了还能听到他在重复把一切社会腐恶归罪于小说的老调,还可见到经过十数年的"小说界革命"之后,小说界仍是一片龌龊狼藉的景况;而这种情况的发生虽然不能完全归之于梁启超的"革命"理论,但却完全可以说明这种理论是错误的,因而其结果必然是失败的。

梁启超的小说理论之所以会出现这么多、如此大的错误,乃是由于他对一系列重大的政治、社会问题的错误观点所决定的。他不是把国家的贫穷羸弱归咎于政治制度的腐败和经济的落后,而是责难"一国之民"的愚昧;他认为解决问题的关键不是去推翻现有的政治制度和封建统治,进行社会革命,而是十分愚妄地寄幻想于"小说界革命"。基于这样荒唐的指导思想来谈小说理论,那么无论出现怎样荒诞的理论也都不足为奇了。这也是由他的资产阶级改良派的政治立场所决定的。同时,还有必要指出一点的是,他对小说作用的过度夸张,也和他对西方世界的错误观察有关,他把欧、美一些资本主义国家的成功归于小说的功劳,实际上也是歪曲了那些国家的现实,再把这种被歪曲了的事实理论化后又引入本国,其结果自然可想而知了。这也说明,学习国外世界的经验,必须要有一种科学的观点和正确的认识,否则就会失之毫厘,谬以千里。

梁启超的小说理论及其实践结果既然如上所说,那么我们必然还会面对这样一个问题:它为什么会在当时产生相当大的影响?细按起来,倒也不难理解。因为第一,他的理论并非停留在书面上的几行一般文字,而是以"革命"的口号和姿态出现的,而这种口号又不单单是"小说界革命",它同时还有一系列的"诗界革命"、"文界革命",以及与小说联系在一起的戏剧革命,再加上大力的宣传鼓动,自然声势浩大,深入人心。其次是梁启超不仅是理论家,他还是实践家。如前所述,他还大办小说刊物,创作小说,翻译小说,通过这些行动在他四周结集了一批同人,形成了一股势力,自然就会产生巨大的社会影响了。还有也许是最重要的一点,梁启超是一个有影响的政治活动家,又是学术名人,凭借这样一种声势,再在小说领域掀起一阵波浪,自然就易于风起云涌了。所以,梁启超的影响并非来自理论本身的威力,而是由其他外来因素造成的,就其理论本身的意义来说,不但说不上有太大的建树和贡献,甚至还有着相反的作用和效果。这和蔡元培及其《石头记索隐》所代表的"红学"索隐派的情况颇有相似之处。他又和金圣叹的情况恰恰相反,金圣叹是一个地位低下且被杀害的冤民,谈不上任何政治地位,但由于他小说理论的巨大意义和贡献,尽管他缺少梁启超那么多有利的外在因素,但他在小说理论史上的价值和影响,都不是梁启超所能望其项背的。这一点,似乎可以给人们以不少富有深意的启发。

论丘逢甲与"诗界革命"

由梁启超倡导的"诗界革命",是晚清文学中很有影响的一件事情,备受治诗史者所关注。历来谈到参加这一"革命"活动的人员,一般都列举有黄遵宪、夏曾佑、谭嗣同、蒋智由、梁启超、康有为等人。至近时的不少论著中,则又未加说明地把丘逢甲也纳入其中,这是否合符丘逢甲的实际呢?

本来,"诗界革命"只是一种文学潮流,它从来就不是一个什么明确的组织,连松散的界限也没有,因此对某个诗人是否属于该潮流中的人物,本也不必过多去认真追究,但丘逢甲却是近代文学中十分突出的诗人,把他归入某个流派或潮流,实际上就是对他的一种评价。因此,这种评价是否合适,就有考察一番的必要;何况,在这样的考察中还自然会牵涉到一些其他有关的问题,因此还是一件有意义的事情。

丘逢甲之所以被时人目之为"诗界革命"中的人物,这并非凭空臆想,而是有它的原因的。一方面,"诗界革命"的倡导者梁启超曾明确地称他为近代"诗界革命一巨子"①,被称为"诗界革命"的主将的黄遵宪也对他的诗非常赞赏,称之为"此君诗真天下之健者也"②;另一方面,丘逢甲本人的某些话语,如果摘取出来,与梁启

---

① 《饮冰室诗话》第 39 则,人民文学出版社 1959 年版。
② 黄遵宪:《与梁启超书》。

超等人的话放在一起,也容易被人认为他们的意思是完全融合的,如他自诩:"四海都知有蛰庵,重开诗史作雄谈"①,确是"巨子"、"健者"的口吻;至"直开前古不到境,笔力横绝东西球"②,这既是赞赏别人,实在也是本人的心愿。而"迩来诗界唱革命"③、"美雨欧风作吟料"④这些话语,则更是被人断章取义地把他看成为"诗界革命"中人物的根据了。再加上丘、黄二人私交极好,而且又相互真诚地赞赏对方的诗歌,丘逢甲还曾预言一定会有人将他们二人的诗作刻成合集,后来也果然应验了。这就更显出他们好像确是"诗界革命"中的同伴了。其实这些只不过一些表面的零碎材料,它们远未能反映出问题的真实情况,要准确判断其实质,还须从"诗界革命"论者的具体理论、创作实践与丘逢甲的文学主张和诗作相对照,才能找到问题的正确答案。

　　早期的"诗界革命"代表如夏曾佑、谭嗣同等,他们试作"新诗",是因为当时资产阶级改良派的维新运动试图融合孔、佛、耶三教于一体,创立一种新学,因此"新诗"的作者为迎合此形势,便大量把典故、译语入诗,如谭嗣同的《金陵听说法》诗,便把《新约》中的典故、英语译音、佛语统统拉入诗中,结果自然是生硬诘屈,无法卒读。连梁启超后来也批评说:"盖当时所谓新诗者,颇喜挦撦新名词以自表异。丙申、丁酉间,吾党数子皆好作此体。"⑤这种新诗的特点,丘逢甲的诗当然和它毫不相干。

　　"诗界革命"作为一个正式口号,有案可查的乃是1899年12月25日由梁启超在《夏威夷游记》中最早提出来的,他说:

---

① 《论诗次铁卢韵》十首之八。
② 《论剑堂题词为独立山人作》。
③ 《论诗次铁卢韵》十首之二。
④ 《论诗次铁卢韵》十首之七。
⑤ 《饮冰室诗话》第60则。

　　　　然以上所举诸家，皆片鳞只甲，未能确然成一家言，且其
　　　所谓欧洲意境语句，多物质上琐碎粗疏者，于精神思想上未之
　　　有也。虽然，即以学界论之，欧洲之真精神真思想尚且未输入
　　　中国，况于诗界乎？此固不足怪也。吾虽不能诗，唯将竭力输
　　　入欧洲之精神思想，以供来者之诗料，可乎？要之，支那非有
　　　诗界革命，则诗运殆将绝。虽然，诗运无绝之时也。今日者革
　　　命之机渐熟，而哥仑布、玛赛郎之出世必不远矣。

这里，梁启超第一次明确提出了"诗界革命"的口号，认为如"非有"
此"革命"，诗歌的命运就将完结。同时他又认为在此以前的"以上
所举诸家"——即指夏曾佑、谭嗣同、黄遵宪等，还只作了一些"片
鳞只甲"、"琐碎粗疏"的肤浅探索，远"未能确然成一家言"，因此，
"诗界革命"在当时来说，还只是一个愿望、一个口号，只是"革命之
机渐熟"，而并未真正兴起。为了使这个"革命"有一个明确的目
标，梁启超在该文中又提出：

　　　　欲为诗界之哥仑布、玛赛郎，不可不备三者：第一要新意
　　　境，第二要新语句，（第三）而又须以古人之风格入之，然后成
　　　其为诗。……若三者具备，则可以为二十世纪支那之诗王矣。

除这必备的"三者"之外，在过后两年陆续写的《饮冰室诗话》中，梁
启超又把它们表述成为"熔铸新理想以入旧风格"，或"以旧风格含
新意境"。这样，"诗界革命"的内容又可简括为新理想、新意境、新
语句与旧风格四大要素了。这"三新"指的是什么具体的内容呢？
从已有的材料看来，梁启超自己也未必能说得很清楚。如对新理
想，他又常常说成为"新思想"、"新精神"，具体内容不得而知。对
开辟新诗境，在《夏威夷游记》中又只说道："不可不求之于欧洲，欧
洲之意境，语句甚繁富而瑰异，得之可以凌轹千古，涵盖一切。"这

实际上也是很含糊的表达,因为人们不禁会问:什么叫"欧洲之意境"呢? 中国的意境、语句就不繁富、不瑰异吗?

从以上所言梁启超提倡的"诗界革命",我们大概可以概括出几点看法。

第一,梁氏所倡"革命"的目的,乃是要将当时西方的先进思想引入中国,并通过诗歌表现出来。他前面所说到的"将竭力输入欧洲之精神思想,以供来者之诗料",可以说主要是表达了这一思想,从这一点来说,自然还是可取的,具有历史的进步意义。

第二,在所谓诗的"新意境"上,梁氏的"意境"并未进入到文艺的审美范畴中来,它仍是一个政治意义的范畴,它和他的"新理想"或"新思想,新精神"并未有明确的分别;而所谓"新语句"也只是能反映一些西方新事物、器具的名词而已。这一切加起来,其实都是浑沌一团、界线不清的。

第三,在诗歌的形式上,梁氏却抛弃了一切"新"的,而是要将诸"新""以古人之风格人之",或曰"熔铸新理想以入旧风格",实则要保留旧体诗的格律形式。这一点带来的问题就不少,首先,从理论上来说,形式和内容是不能分离的,中国古代诗歌的这种特点尤为明显,既曰"革命",怎能只革内容而留形式呢? 其次,也与梁氏的总的思想矛盾。梁启超曾说过:"中国结习,薄今爱古,无论学问文章事业,皆以古人为不可几及。余生平最恶闻此言。窃谓自今以往,其进步之远轶前代,固不待蓍龟;即并世人物,亦何遽让于古所云哉!"①梁氏既如此慷慨而谈其今天的一切进步皆"远轶前代",却偏偏对旧诗的形式又如此恋恋不舍,岂非怪事! 但只要从政治上着眼,就很容易明白,梁氏在诗歌上的这种"革命"状态,正是与其维新改良的政治目标完全一致的。这种"革命"也正是改良主义政治在诗歌运动中的投影。

---

① 《饮冰室诗话》第 8 则。

　　如果将以上各点归纳起来,就可看出"诗界革命"论的一个明显的特点,即它的倡导者只急于要让诗歌发挥它为维新改良的政治目的服务的作用,而没有认真去考虑到(或者不甚明白)诗歌乃是一种文艺,应如何从它的特点出发去使它发挥这种效用,因而其效果与预期目的之间就有一个较远的距离。这一点,在梁启超倡导的"小说界革命"中也有完全相同的情况。

　　对"诗界革命"的实质有了以上一个基本的认识以后,回过头来再看看丘逢甲的情况,就会发现,无论是诗歌理论或创作实践,丘逢甲都与"诗界革命"拉不上关系。

　　从诗歌理论方面来看,丘氏虽缺少这方面的系统论说,但也能看出,他谈到的有几点:

　　首先最重要的是诗必以"真"为贵。这是他反复强调的一点。他在《复菽园》中说:

　　　　尊论谓诗贵清、贵曲,弟再参一语,曰贵真。自三百篇以至本朝诗,其可传者,无论家数大小,皆有真气者也。诗之真者,诗中有人在焉。弟诗不可谓工,但不肯作假诗耳。①

他在许多诗中还说道:"诗无今古真为贵,学有中西汇乃通。"②"惟山为诗贵真面,得其真者名乃归。"③

　　其次是主张写诗要刚柔相济,并以此为美。他在《题裴伯谦大令睫暗诗抄》中说:"治诗如治民,刚柔合乃美。"所谓"刚",就是要表现为慷慨豪放,悲壮激越,丘逢甲着力倡导的"雄直"风格,就是它的具体表现。所谓"柔",简单一点说,大致可以用他赞许丘菽园

---

① 《丘逢甲文集》,第267页。
② 《寄答陈梦石即题其东溪吟草》。
③ 《卢山遥答刘生芷庭》。

提出的"贵清贵曲"来表达。雄直与清曲相结合，就可产生一种刚柔相济之美。

再次是在学习与继承方面，他主张如前所说的"诗无今古"、"学有中西"，而在实践中，他更多的是学习和继承传统，他对传统诗人中的一些大家、名家，如杜甫、李白、韩愈、苏轼、陆游等，都十分景仰和推崇。他总爱说："平生我愧杜工部"①，"吾生似放翁，筑室思山阪"②。他的好友丘菽园说他的诗："句奇语重苦心长，上自汉魏，下递唐宋，举能茹其精华，而著我本色。"③不仅证明了这一点，而且说明丘逢甲在这方面的实践也是卓有成效的。

最后是在诗法方面。对这个问题丘逢甲在《家筱岩太守晋昕〈九十九峰草堂诗集〉序》一文中有很好的表述。他提出："诗有定法亦无定法，有定体亦无定体，视学为转移而已。"又说："其为诗神明变化，不离规矩。规矩者，学所从入，亦学从所出者也。"④在《题裴伯谦大令睫暗诗抄》中又说作诗应"出入法律中，法律为我使"。意思是写诗既有固定方法，又没有固定方法，那是因为作者应能够掌握成法，又超出成法，法为我所用。

此外，在丘逢甲的诗论中，还有提倡向民歌学习，反对"独尊一家"等等，不详列出。

以上所介绍的丘逢甲的种种诗论，应该说是非常精辟而又可贵的。但它同时又是传统的，是前人皆以不同方式提到过的。他只是继承和发扬了这种优良的传统而已。在这方面，丘逢甲的诗论并无多少创"新"的成分，而相对于梁启超的"三新"说，就更是距离甚远，八竿子也打不着了。

丘逢甲的诗歌创作实践和他自己的诗歌理论是完全一致的，

---

① 《与高啸桐同客广州》。
② 《神龟词》。
③ 丘菽园：《五百石洞天挥尘》。
④ 《丘逢甲文集》，第 306 页。

因此在这里无须具体列举，也可以说丘逢甲的诗歌也是不符合梁启超的"诗界革命"的理论要求的。

丘、梁之间在诗歌理论和要求方面的差距是相当大的，但这却也不用奇怪，只须在两人的根本思想上再深入一步了解，就会发现，这乃是一种必然现象。因为梁启超搞的维新改良，是把目光都盯在西方，要尽量把他们的东西搬移过来，因此大刮欧风美雨，早期的谭嗣同、夏曾佑等则是想把儒、佛、耶融为一体，以创新学。而丘逢甲的思想则大异其趣，他在《游罗浮》(二十首之十九)一诗中说，"仙已不我继，佛岂能我羁"，"乾坤正倾倒，释道皆中衰"，"救世仗吾儒，儒言亦卑卑"①，仙、佛对他已没有作用，"耶"教更无足道，他比较相信的还是"吾儒"，尽管儒家的作用也已有限了。

可见在政治思想上丘与梁的主张是有比较大的距离的，而诗歌理论上的距离只是它的一种外表化而已。也许因此，就正如我们看到的，尽管梁启超把丘誉为他的"诗界革命一巨子"，但丘却从未有过领情的表示，他的"诗界唱革命"云云，也明显有讥讽的意味。而且丘对梁的关系似乎也颇一般，无论是人际联系或文字交往都极少，完全不像梁的"吾党数子"中的一员。或云梁启超长期流亡在国外，因此限制了他们之间的这种交往，其实不然，不妨看两个例子。一是丘逢甲的几个好友，如丘炜菱、潘飞声、王晓沧等，都长期在香港、新加坡等地，但并没有成为他们交往的障碍，他们之间除在香港、新加坡曾热情相会之外，平时书信、诗作的交流甚多，并显得十分融洽，这正见出他们之间的密切关系。二是同时兴宁的有名诗人胡曦，丘逢甲与他从无交往，却深深地赞誉他，并专门写信给潘飞声介绍胡，称"岭东诗人，鄙见当以黄公度首屈，胡晓岑名曦次之"；还十分称赏他"为人穷而介"的气质，表示虽"无一字

---

① 《丘逢甲文集》，第227页。

往来,然心识已久",还要他"乞以告菽园"①,扩大胡的影响。这说明胡曦的为人为诗都深得丘逢甲的倾慕,尽管他们之间并无交往。可是丘在与大名鼎鼎的梁启超的关系上,却一点也找不出这种热情和行为来。时下一些专门论述丘、梁之间"密切关系"的文章和著作,除了在前置词"大概"、"可能"等等之后作了一番意义极为含糊的臆测之外,却见不到一丁点实在的材料,这只能说明在梁启超那里缺少前面几位所具有的那种对丘逢甲的吸引力,所以他们是根本搅不到一块的。这里我们还没有说到丘逢甲从有维新思想走向为支持辛亥革命,而梁启超却从变法维新最后变为了保皇派以及其他政治投机行为的巨大距离呢。

话说到这里,一个无可回避的问题必然会要提出来:既然如此,那么梁启超当时为什么会把这样一个丘逢甲称之为他的"诗界革命一巨子"呢? 要回答这个问题,不妨从另一个侧面来观察一下,也许可看得更清楚一些。

戊戌政变后,康、梁逃亡国外,康有为在加拿大组织保皇会,梁启超是其宣传工作的主将,在日本先后办了一些报刊,继续鼓吹他们的政治主张,而且不遗余力地在文学的各个领域——诗、文、小说、戏剧发起"革命",其目的则是把文学强拉来为其狭隘的政治功利目的服务。而最足以表现出他的这种目的性以及为达此目的而表现出的浮躁心态的,则是在"小说界革命"方面的鼓吹。他超乎一般常识之外地任意夸大小说的政治社会作用,1902 年在《新小说》第一卷第一期上发表的《论小说与群治之关系》中,劈头就说:

> 欲新一国之民,不可不先新一国之小说。故欲新道德必新小说,欲新宗教必新小说……乃至欲新人心,欲新人格,必新小说。何以故? 小说有不可思议之力支配人道故。

---

① 《丘逢甲文集》,第 273 页。

在这个认识基础上,他竟把中国的旧小说当成了"吾中国群治腐败之总根源",因而必然进一步否定了整个中国的小说史,在《译印政治小说序》中就把《水浒传》和《红楼梦》也归之为"不出海盗海淫两端","故大方之家,每不屑道焉"。而他的"革命"就是要能为其政治目的服务的日本式的"政治小说"。弄清了这一点,我们就会明白,梁启超对待中国传统诗歌也是持这种态度的,只是话语上不如对小说说得那么露骨罢了。《饮冰室诗话》第1则便说:

> 我生爱朋友,又爱文学,每于师友之诗文辞,芳馨悱恻,辄讽诵之,以印于脑。自忖于古人之诗,能成诵者寥寥,而近人诗则敬信之,殆所谓丰于昵者邪。

明白了梁启超对中国古代小说全盘否定的奇特态度之后,也就会明白他这段话对"古人之诗"的说法,其实质是完全一样的,只是比对小说的攻击与否定说得委婉一点罢了。不了解这一背景的人,还可能把他这段话作为厚今薄古的进步思想来看待呢。

如果说,梁启超的"小说界革命"最后也是失败的,就连他自己按照他的政治目的去写的小说《新中国未来记》(未完成),他在"绪言"中的自我评价也是"似说部非说部,似稗史非稗史,似论著非论著,不知成何种文体",最后只好自我嘲地说,读者如果"有不喜政谈者乎,则以兹覆瓿焉可也"。但相对来说,在他的几个"革命"中,"小说界革命"还是搞得颇为轰轰烈烈,有着明显的影响,对打破传统对小说的歧视,提高小说的地位来说,还是有积极贡献的。而"诗界革命"就要冷清和逊色得多,梁启超自己能真正算得出是"吾党"中的人勉强也不过那么三几人,按照他的"三新"要求的作品就更是没有几首拿得出手的了。因此,为了在"诗界革命"中壮大自己的声势,作为在当时诗坛颇有成就和影响,甚至得到黄遵宪大力赞扬的丘逢甲,硬把他拉入自己的队伍中来,对梁启超这位善于作政治宣传和鼓动的人来说,就绝不是一件奇怪的事情。同时,以康有为为首的保皇会正在海外华侨中大力拉拢势力,在此形势下,丘逢甲自然是一位极好的人选,随手给戴一顶高帽,自是既合政治需要又不费力的事情,因此这顶桂冠是否适合于它的对象,授冕者是可以不予置理的。谓予不信,请看看这个"巨子"称号是如何产生的。它出自《饮冰室诗话》第 39 则,为了说得明白一些,不妨看看它的原文:

> 吾尝推公度、穗卿、观云为近世诗家三杰,此言其理想之深邃闳远也。若以诗人之诗论,则丘仓海(逢甲)其亦天下健者矣。尝记其《己亥秋感八首》之一云:"遗偈争谈黄蘖禅,荒唐说饼更青田。戴鳌岂应迁都兆,逐鹿休讹厄运年。心痛上阳真画地,眼惊太白果惊天。只愁谶纬非虚语,落日西风意惘然。"盖以民间流行最俗最不经之语入诗,而能雅驯温厚乃尔,得不谓诗界革命一巨子耶?仓海诗行于世者极多,余于前后《秋感》各八首外,酷爱其《东山感秋诗六首》,诗云……(下略六首诗原文)

这里说得很清楚,梁启超只是信手拈来丘逢甲一首普通的诗,这诗的特点,按梁的说法也只是能"以民间流行最俗最不经之语入诗",却表现得很"雅驯温厚",于是梁启超便轻易把"巨子"的荣誉称号送了过去。这首诗和梁启超强调的"不可不备"的"三新"能丝毫沾得上边吗?就是他同时表示"酷爱"的《东山感秋诗六首》里面的"材料"也尽是谢安、欧阳修、《离骚》、《国风》之类,而梁氏大力鼓吹的"欧风美雨",在这六首诗中竟没有一点这方面的雨丝风片。看来,在这里梁启超根本已无暇顾及他规定的明确目标和要求了,他只要把丘逢甲硬拉进他的"吾党"中来便已达到目的。这种近乎儿戏的做法实在显得十分荒唐可笑,不过对某类政治人物的宣传手段来说，也许却是很平常的事吧。

　　总而言之，从对待诗的态度来说，梁启超还算不得一个诗人（这并不是因为他自己曾说过"吾虽不能诗"），而是一个政治家；而丘逢甲却是一个诗人，甚至可以说是封建社会最后一个有成就的传统诗人，但他对自己的诗歌创作活动却并不那么重视，他在给友人信中曾说："……且乾坤此何等时，尚期期争此诗名？可云名士积习。弟尝谓吾诗非诗，乃吾之醇酒妇人也，借而遣兴而已。"①这话虽然未必尽然，但至少可以说明，他的这种态度，是丝毫也看不出他有对诗歌进行"革命"的影子来的。

　　梁启超可说是文艺为政治服务的倡导者，他虽然没正式提出过这个口号，却是实实在在用力去做了，为了达到这个目的，他可以完全抛开文艺本身的特性去高"唱革命"（恰是丘逢甲语），这是根本违背了事物的客观规律的。也正因为如此，所以连自己创作的小说和诗歌都未能够达到他所提出的要求，更何况他人。他为了维护他们的政治需要，只好不遗余力去大造"革命"声势，其中就包括一厢情愿去乱拉关系，为他的"革命"贴金，这正是作为一个不诚实的政客常用的手法。凭借他的地位和影响，在当时自然是可以迷惑一些人的，而今天我们却再也不应跟着他去人云亦云了。在许多方面，丘逢甲与梁启超的意趣都大不相同，他绝不可能是"诗界革命"中人，更遑论什么"巨子"了。

---

① 《丘逢甲文集》，第264—265页。

读丘逢甲的菊花诗

丘逢甲的诗作题材广泛，其中有不少吟咏花卉之作，颇具特色。尤其是菊花诗，数量较多，且别有深意，从中可对丘逢甲的为人更增加一些了解。

丘逢甲对菊花情有独钟，这和他幼时所受母亲的熏陶分不开。他的四首《菊花诗》第三首有叙述：

> 繄余昔龆龀，嬉戏慈母旁。开园种秋菊，寒花映书堂。殷勤慈母心，采菊缝枕囊。祝儿蠲宿疴，祝儿好容光。垂垂手中线，宛宛生清香。人生嬉戏时，此境安可常：堂北萱草花，萎谢惊秋霜。

他幼年的回忆，就是母爱与菊花，而且对此念念不忘。翻开新版的《丘逢甲集》，最前面的、他九岁时的两首七绝习作，都是写的菊花。第一首《学堂即景》：

> 三落书房菊蕊开，玲珑秀色满园堆。儿童扫径尘埃地，灌者观花影上来。

诗题既云《学堂即景》，自然会有许多"景"可写，但他只选了菊之一景，可见他对菊的一种偏爱。

第二首诗是《万寿菊》：

> 采见南山岁几重，古香古色艳秋容。爱花合为渊明寿，酒浸黄英晋万钟。

菊花总是常常与陶渊明相联系的，九岁的丘逢甲也知道这一点并在诗中挑出，可见陶渊明的精神也感染了丘逢甲的幼小心灵。

随着年岁的增长，社会阅历的增多，丘逢甲的菊花诗不再是表现一般地喜欢菊，而是在品尝菊、体味菊的精神，并对菊发出由衷的赞赏。我们读起来似乎觉得他写的菊，也是在写他自己，诗人和菊好像融为一体了。如七绝《野菊》：

> 入眼惊看秋气新，孤芳难掩出丛榛。黄华岂复关培植，烂漫依然见本真。淡极名心宜在野，生成傲骨不依人。陶潜此后无知己，沦落天涯为怆神。

这诗首先赞美了菊花的孤芳难掩，它的灿烂英华使得秋色分外清新。诗人之所以觉得它有那么美，其实还不在它的外表，而在它的内质：这野菊不求虚荣，"淡极名心"，所以甘愿生长于野外，远离尘世。它有一副傲骨，不依傍他人。诗人还特别感叹，菊花的这种可贵品质，自从陶渊明之后，就无人能认识它、欣赏它，于是这菊花也只"沦落天涯"的份儿了。诗人为菊花遭遇的伤怀"怆神"，是这首诗的重心所在，它反映了作者对当时社会现实的深刻看法和深切不满。在这首诗之前还有一段小序："寻秋东皋，有金英灿然于陇之畔，开不后时，而乃无赏者。喜其独秀，而复伤其不遇也，长言咏叹，岂曰不宜。"这里也说明作者要"长言咏叹"的就是菊花的独秀，生不逢世，无人能赏。

在这同时，作者还有一首《采菊歌》，值得一读，虽然稍长一点：

清晨采菊东山阳,紫茎绿叶垂幽芳。世人贵蕙贱真菊,弃置在野容堪伤。萧敷艾荣苦迫压,谁复过问荒丘旁。秋霜杀物百卉死,若抱晚节天为彰。空山无人蔚深秀,正色独得中央黄。流传伪种世竞采,紫色夺正工时妆;此花隐逸应鲜识,山中开并神芝光。我生于时得秋气,独寡时好成清狂。黄金照耀忽满谷,采撷宁使英华藏。度阡越陌野则获,烟荚露柏珍同囊。贵之为宝贱则草,齐东野语非吾诳:(贵则为宝,贱则为草,乡谚语。)要之摧折世俗手,毋如老死荒山荒。吁嗟乎!故园有菊看不得,开傍战场空太息。采花酿酒强作欢,共保风尘好颜色。

在这首诗中,作者生动地描绘了他在深山幽谷中采集菊花的情景,并从中抒发了他的感触。作者发现许多"真菊"被"弃置在野","谁复过问荒丘旁"?尤其在空山深谷中,那里蕴藏了许多"正色"的珍贵菊花,它们开得灿烂辉煌,犹如"黄金照耀忽满谷",却无人顾及,而这些菊花也自珍自重,并不稀罕那些红尘闹市的场所,它们觉得与其"摧折世俗手,毋如老死荒山荒"。在世俗人中间,真假不辨,贵贱倒置:"流传伪种世竞采,紫色夺正工时妆。"他们竞采伪种,因而那些伪劣品种也便乔装打扮,抢占正品的位置。而作者却偏偏不喜追随这种低级的时尚,独自去到深山老林、僻径幽谷去采获"正色"的"真菊",于中表现了作者独有的眼光和不同流俗的高尚品位。

这首诗字面上都是写的菊,但在作者心目中却不仅仅是写菊,而是通过菊来写人,来写社会世情。人世间不也是这样吗?现实社会中多少真正的人才被弃置不用,而一些巧于装扮的"伪种"却为"世竞采",备受青睐,这样,大批贤能就只有退隐山林了。而这种现象却并非偶然,是古已有之的锢疾,远在屈原时代便是"黄钟毁弃,瓦釜雷鸣;谗人高张,贤士无名"(《楚辞·卜居》)。这种现象,历朝历代皆不少见。作者通过写菊把它特别揭示出来,并表示强烈的愤慨,这充分显示了作者的正义感和独到的眼光。即使今天,作者的这种诗也有重要的警醒意义,那市场上叫卖得最凶的东西,许多便是假货,而正是这样的假货还常常在社会上扈扬高张、排斥、压挤正货。可惜的是像丘逢甲那样别具只眼、能看穿这号"伪种"的人却是不多,因此它仍能大行其道。

在历代的诗人、诗作中,歌颂、赞美菊花的名篇名句不在少数,除了陶渊明的爱菊与林和靖的爱梅、周敦颐的爱莲为世人所熟知之外,其他还有许多,略举数例。

早在屈原的《离骚》中,便有"朝饮木兰之坠露兮,夕餐秋菊之落英"的名句,这是在赞赏菊花之清秀可餐。

唐朝元稹的《菊花》诗中有"不是花中偏爱菊,此花开尽更无花"之句,充满了爱花、惜花之情,亦写出了菊花能开到最后的坚强品格。

唐末农民起义领袖黄巢的《不第后赋菊》诗有句:"待到秋来九月八,我花开后百花杀。"亦表达了同样的意思。

南宋诗人王十朋亦有菊花诗,题为《十月望日买菊花一株颇佳》(二首之一):"秋去菊方好,天寒花自香。深怀傲霜意,那肯媚重阳。"以菊花开在重阳节之后而赞誉它不肯媚俗,有傲岸之气。

南宋末年的著名画家郑思肖也写了一首《画菊》诗曰:"花开不并百花丛,独立疏篱趣未穷。宁可枝头抱香死,何曾吹落北风中。"此诗情景交融,借菊的特性歌颂了它高风亮节、至死不变的崇高品质。

淡装素裹,清雅高洁,独立傲兀,不媚世俗,这便是历代诗人共同为菊花描绘的可贵品质。丘逢甲笔下的菊花也是承袭并发扬了菊花的这种品质。可以说,他是古代中国写菊最有成就的最后一位诗人。

以景抒情,借物寓言,这是诗人的共同手法。然而要说每个人的实际行动与他所抒发、倡言的"情"、"志"一致，则恐怕未必，文不如其人的事例还是不少的。只有文行一致，其诗才有价值、有生命力，才是一位真正的诗人。丘逢甲就是这样一位诗人，他所赞颂的菊花的高贵品质完全可以在他的行动中体现出来。

在丘逢甲青年时期所作的《柏庄诗草》中就有一首《菊花》诗：

> 钿朵应教误散金，迎年曾入鹭洲吟。寻常偶向春风坐，不改东篱隐逸心。

此诗反映了丘逢甲早在青年时期便具有不想入仕、早日归隐的心思，而事实上他也是这样做的。光绪二十五年(1899)，才二十六岁的丘逢甲就考中了进士，这本是可以青云直上的一个好开端，但他的行动却颇出人意料，据丘晨波、黄志平编撰的《丘逢甲年谱简编》载：

> 春，与许南英等同赴北京会试，中第八十一名贡士；殿试中三甲第九十六名进士，钦点工部虞衡司主事(据《明清进士题名碑录》)。到署不久，无意仕途，以亲老告归。

刚考取进士而踏入官署，便"无意仕途，以亲老告归"，这确确实实应验了《菊花》诗所说的"寻常偶向春风坐，不改东篱隐逸心"了。历史上能找出几个这样特立独行、傲兀不群的人来？

然而丘逢甲却不是一个消极遁世者，他虽然不肯做官，却关心国家大事。当日寇入侵台湾，面临家国危亡时，他组织团练，勇敢地挑起了保台抗日的重担，进行了艰苦卓绝的斗争。在朝的衮衮诸公又有几个这样的抗日英雄？

乙未内渡以后，丘逢甲仍未忘记匹夫有责的信念，他大力兴办教育，目的是要从根本上振兴中华，为此他孜孜不倦。后来他又与革命党人有了接触,做了大量有益革命的工作,在当时已有很好的声誉。但尽管如此,丘逢甲仍没有改变他的初衷,在他后期另一些菊花诗中明显地表现了出来。1895 年,他写有《菊枕诗》四首,其一有说:

> 荣枯谢槐蚁,得失泯蕉鹿。将花共隐逸,安享睡乡福。

其四又有说:

> 至人安曲肱,浮云谢非望。我生罹百忧,魂梦鲜舒畅。何当高枕卧,心境两平旷?眷怀陶靖节,赏菊倾清酿。

在以上诗句中,作者明确表示不计较个人的荣枯得失,他把人世的荣华富贵看成不过卑微的南柯一梦和虚幻的东西,他只希望能和菊花一起过一种隐逸的生活。在这种生活中他可以安贫乐道,像陶渊明一样视富贵为浮云,对酒赏菊,于愿已足。

大约十三年后,丘逢甲又写有《菊花诗四律》,其第二首有说:

> 平生耻作呈身事,坐爱黄花淡不浓。何忍投人羞晚节,不妨供佛借秋容。

其第四首又有说:

> 平生不饮自天性,惟赏金英独饮多。十日壶觞秋色老,满城风雨醉颜酡。

诗人诉说的还是对菊花的喜爱,他平生天性本不饮酒,但当独对菊花时,却能长饮不止,直至沉醉。值得注意的是,写作此诗时,离他去世不过三四年之遥,作者合时地提到"晚节"的问题,这不是随便说说,而是非常重视它,因为早在四五年前,他写的《题菊花诗卷》五首中就提到"也知晚节留香好"。可见他是非常重视晚节问题,要"晚节留香",而不能让它蒙"羞"。要保晚节,就得与初衷保持一致,就是要"不改东篱隐逸心"。丘逢甲确实也是这样做的。内渡后,他一直在办教育,不遗余力,后来又接受了新的思想,为革命做了不少工作,但他从未谋求过任何功名富贵。只是由于他的卓越表现,受到了广泛的尊崇和信任。辛亥革命成功那一年,他曾被举为广东革命军政府教育司司长,第二年,即他去世的那一年,他在病中又获悉被举为临时参议院参议员,但未及上任,便一病不起,不幸去世了。

不妨作一个假设吧。如果不是病故,他会不会因此踏入仕途呢? 按照他一贯的心愿和多次要保晚节的表白,他也未必会接受这种推举,尽管这是他同情和为它做过大量工作的新政府。当然,这只是一种推想。万幸的是这种推想却确实找到了证据,丘复的《仓海先生墓志铭》中记载,临时政府刚成立,丘逢甲即南归。

　　至潮,始接参议院议员之电,而君已病矣。京、粤函电交驰,且以粤督相推举。时,病益剧。君尝言:愿居监督政府地位,即不病亦不任受也。

果然,丘逢甲在病中也对刚刚发生的推举表示了态度:"即不病亦不任受"。他确实是信守了他最初的心志,始终如一,至死不变。丘逢甲是一个诚实的诗人,一个高尚的诗人,一个值得我们更深入地去了解、学习的诗人。

石头的故事

　　凡言石者，一般都说的是奇石，这也容易理解，因为许多人都在收藏奇石，到处都有奇石展馆，奇石市场也相当火热。因此研究、介绍奇石的书籍和文章也大量出现。这里不详述。本文要说到的自然也少不了奇石，但重点或许有所不同，不是着力去全面介绍、阐释奇石的各种品类及其特点、产地等，而主要会比较多地说到普通的一般石头的方方面面。因为奇石和普通石头之间本来就没有一条明确的界限，在不同环境和不同人的眼里，一块石头的价值和命运是可以完全不同的。也就因此，历来古籍中有关石头的记述也大都没有针对普通石头与奇石的区别。如果我们只着眼于奇石而忽略了普通的石头，那就会遗弃大量可贵的文化信息，只有把它们都包括进来，既有总体，又有专项地予以审视，我们才可以获得在以往研究中所没有的奇闻与奇趣，获得更深刻更广阔的文化信息。当然，这是一个大题目，本文只是撮要就简，窥其一斑而已。

　　这里说的是中国古代石头的故事。

一、石头的由来

　　石头是从哪里来的，或者说，石头是怎样形成的？用最简略的、比较符合现代科学的说法，石头主要是地壳内部的岩浆喷出地表经冷凝之后而形成的，又因外力的推移、挤压、碰撞而出现了散布于各处的大小不一和形状各异的石头。

　　古人未必也都有这种现代科学知识，如果也有人对此问题有兴趣的话，或许就只能凭各自的想象，因而得出一些我们难以预料的答案了。事实也是如此，在我们能找到的有关资料中，只有两条说到这个问题，却很有意思。

　　一条是三国时期吴国徐整在他的《三五历记》中记录到盘古开天地的传说，说到大英雄盘古在撑开天地之后，自己因过度疲劳而死，死后将自己身体的各部分化为了天地万物：

> 　　盘古垂死化身，气为风云，声为雷霆，左眼为日，右眼为月，四肢五体为四极五岳，血液为江河，筋脉为地里，肌肉为田土，发髭为星辰，皮毛为草木，齿骨为金石，精髓为珠玉，汗流为雨泽，身之诸虫，因风所感化为黎甿。

在这个神奇的故事传说里，开天辟地的伟大英雄所化的世间万物这里只是有选择地重点记录了十余种，其中便赫然有石头："齿骨为金石"。石头与日月星辰、江河山岳、风雨雷霆、田土草木并列，可见它地位之极其重要。

　　另一条是宋代杜绾在其《云林石谱序》中提到的：

> 　　天地至精之气，结而为石，负土而出，状为奇怪。

这话十分精简，也至为重要。"天地至精之气"是什么，恐怕谁也难说得清楚，但却可以肯定是一种至大至刚的浩然正气，是对石头的一种最高赞美。当然也可以认为，此说是传承了盘古开天地传说的精神，是从它那里生发出来。盘古的故事，应该说在徐整之前早就有了，只是经他完整地记录下来而定型了。它也一直流传在之后历代的各种典籍中。这说明对石头的这种肯定与赞美已在历史的长河中形成了一种共识。

也许正因为如此，才有后面那许许多多不同凡响的石头的故事出现。

二、石头的灵异

由于认识水平和客观条件的限制，过去的人对自然界的许多奇特现象无法作出科学的解释，因此就常常把它们归为不可知的灵异。这些灵异现象非常多，它们往往发生在有生命的植物、动物身上，如花妖、树怪、狐狸精、蚌壳精、蛇精等等。这种灵异现象发生在无生命的矿物质身上就非常少，但偏偏在石头身上却非常多，而且十分离奇有趣，因而广为流传。我们自然也该去略作一番考察，或许可以获得一些知识和趣味。

石头的灵异情状丰富多彩，许多还具有深可玩味的内涵，远非其他灵异现象可比称。我们可以大致分几个层次来加以简略的述评。

（一）灵异一斑。这里说的是一般的灵异现象。

1.《太平广记》卷七《皇初平》载：

> 皇初平者，丹溪人也。年十五，家使牧羊，有道士见其良谨，便将至金华山石室中。四十余年，不复念家。（后其兄初起进山觅得）相见悲喜，语毕，问初平羊何在，曰："近在山东耳。"初起往视之，不见，但见白石而还。谓初平曰："山东无羊也。"初平曰："羊在耳，兄但自不见之。"初平与初起俱往看之。初平乃叱曰："羊起。"于是白石皆变为羊数万头。

此说原出自葛洪的《神仙传》，虽有宣扬神仙道教的意味，亦见石头的奇异。

2. 宋徐弦《稽神录》卷一的《犬吠石》载：

> 婺源县有大黄石，自山坠于溪侧，莹澈可爱，群犬见而群吠之。数日，村人不堪其喧，乃相与推致水中。犬又俯水而吠愈急，取而碎之，犬乃不吠。

3. 宋李昉编《太平广记》卷二百九十三的《石人神》载：

> 石人神，在丰城县南，其石状似人形，先在罗山下水中，流潦不没。后有人于水边浣衣，挂着左臂，天忽大雨，雷电霹雳，石人臂折，走入山畔。时人异之，共立为祠，每有灵验，号曰"石人神"。

以上两例都显得神异离奇，不可思议。

4. 宋朱弁《曲洧旧闻》卷四载：

> 秘魔岩灵迹甚多，尝有飞石入厕，度其石尺寸，则大于户，不知从何而入也。僧有不被袈裟而登岩者，则必有石落中路，或飞石过耳如箭声，人皆恐怖。

石头的尺寸比门窗还大，却能飞入其中，这恍若现代舞台上魔术师的魔幻表演，这石头也灵异得可以了。

类似以上石头的灵异现象，还可以举出许多许多，若仅仅如此，则和其他单纯的灵异现象也差不多，并无什么意义，也不值得去作过多的关注。我们不妨再进入另一个层次看看。

（二）灵异之中，透出人性。先看下面：

1. 宋《大业拾遗记》载：

> 大业七年二月，初造钓台之时，多运石者，将船兵丁，困弊于役，嗟叹之声，闻于道路。时运石者，将船至江东岸山下，取

> 石累构为钓台之基。忽有大石如牛十余,自山顶飞下,直入船
> 内,如人安置,船无伤损。

这十几块大石也够灵异的了,竟像是大型吊装机似的把它们安稳
地放置在船里。而更使我们感到惊讶的却是这些巨石好像是有意
识地专为解除那些运石兵丁的"困弊"才从天而降的,莫非它们还
通人性?孤例不足为证,还有其他奇迹么?那就再看:

2. 宋徐应秋《玉芝堂谈荟》卷十三载:

> 元丰三年五月青州临朐益都石化为面,民取食之。又唐
> 垂拱三年,武威群石化为面,贫乏者取以给食。太和二年,石
> 生面。

石头竟然会化为面,供贫穷人取食! 这种记录远不止个别的,
还有:

3. 清卢若腾《岛居随录》卷上《生化》载:

> 唐元宗天宝三载武威番禾县醴泉涌出,石化为面,贫民取
> 食之;宪宗元和四年,山西之蔚伐之州山谷间,石化为面,人取
> 食之;宋真宗祥符五年,慈州民饥,宁乡县山生石脂如面,可做
> 饼饵;仁宗嘉祐七年五月,钟离县地生面;哲宗元丰三年,青州
> 临朐、益都石皆生面,人取食之。

可见石头会生面的说法很普遍,而且看来都是为贫民、饥民而生,
非常有针对性。另一条记录则更有力地证明了这一点:

4. 清褚人穫《坚瓠广集·神石度饥》载:

> 崇祯中杭湖山间,忽生异石,色白微赤,体软质细,状如茯

苓，研之可作粉面。民竞取，杂糠核为饼。食之，得活者甚众，俗号观音粉。迨岁有收，此石乃坚不可复捣，捣亦不可复食矣。

灾荒之年，石化为面供贫民充饥；年成好时，就不再有此奇异现象，此石头不是既有灵异且通人性么？

（三）比起前面那些为兵丁运石、为贫民化面之类的灵异，石头下面的灵异情状或许还更为可观、更有意趣呢。先看一条：

1. 唐姚汝能《安禄山事迹》卷三载：

潼关之战，我军既败，贼将崔乾佑领白旗引左右驰突。又见黄旗军数百队，官军潜谓是贼，不敢逼之。须臾，见与乾佑斗。黄旗军不胜。退而又战者不一，俄不知所在。后昭陵奏，是日灵宫前石人马汗流。

昭陵，即唐太宗李世民的坟墓。安禄山作乱横行时，陵前的石人石马竟也会组队与之战斗。这里，石头给人的惊讶已不是它的灵异，而是它居然有一副如此有"觉悟"的头脑，简直可以达到人类的水平了。自然，这也不是仅此一例，我们不妨再看看：

2. 宋徐应秋《玉芝堂谈荟》卷十三载：

崇德县有白马岗。宋康王南渡，金兵蹑之，忽见一白马跃出，乘而宵遁，行七百里至此天曙，康王喜曰："金人不吾及矣。"视之，乃石马也，因葬于此。

3. 清屈大均《广东新语》卷五《相石》载：

文信国尝于潮阳与元将李恒战，兵败，马蹶不能起。忽有巨石,轰然坠于道旁,追兵惊仆,公乃脱。居人异之,因名其石曰相石,今有相石亭焉。

之所以把这两例合在一起来说,是因为它们都说的是南宋的故事:高宗赵构南渡,在危急之时,是石马跃出救了他,可说有建国之功;南宋危亡之时,又是石头救了朝廷的擎天柱宰相文天祥。只是宋朝气数已尽,最终未能逃脱灭亡的命运。上面三例合起来,用当时的观念来说,大概也够得上一个"忠"字吧。

4. 清厉鹗《樊榭山房集》卷二《义石谣·序》载:

慈谿县长溪岑下有石翁仲,明故宦某墓上物也。后嗣衰落,将鬻于他姓,夜梦翁仲告曰:"吾事君先人久,义不可去。"明日,集众牵挽之,重不可移,强至数武,遂折焉。乡人奇其事,为亭覆之,颜曰"义石"。予过而作是谣。

翁仲即墓前的石人石马。墓主的后人因家境衰落而卖掉翁仲,这些石人石马则宁愿断折而不肯离去,所以当地人称他们为"义石"。这称呼可以说是十分恰当的。

5.《南齐书》卷五十三《虞愿传》,言虞愿为晋平太守时——

海边有越王石,常隐云雾,相传惟清廉太守得见。愿往观视,清澈无隐蔽。

这块石头灵异得竟与为官清廉联系了起来,真是不可思议了。而当我们把这一组五例灵异现象综合起来,就可以明显看到,它们都与当时人类的最高伦理道德忠、义、廉之类紧密相连,简直就是具有高级思维与情操的人类的化身,远非一般的灵异现象可与之相提并论。

（四）然而石头的灵异境界并非至此就到了尽头，它似乎还有比这个更为神奇的。请看著名的因而也是人们较为熟知的两例：

1. 晋无名氏撰《莲社高贤传·道生法师》载：著名僧人竺道生因倡言"顿悟成佛"、"阐提之人皆得成佛"等新论，被守旧僧众认为是背离经典而受到排挤，于是道生法师——

> 被摈南还，入虎丘山，聚石为徒讲《涅槃经》。至阐提处，则说有佛性，且曰："如我所说，契佛心否？"群石皆为点头。旬日学众云集。

这则故事明显表达出一个意思，众僧徒不能理解接受道生的新论，而"群石"听了却能会心地"皆为点头"，可见石头的悟性比人还高。这便是流传至今的"石点头"的有名传说。"生公讲台"至今还成了苏州虎丘的热门景点。

2.《左传·昭公八年》载：

> 昔，石言于晋魏榆，晋侯询于师旷曰："石何故言？"对曰："石不能言，或冯（凭）焉；不然，民听滥也。抑臣又闻之曰：作事不时，怨讟动于民，则有非言之物而言，今宫室崇侈，民力凋尽，怨讟并作，莫保其性。石言不亦宜乎？"

统治者腐化奢侈，劳民伤财，民不聊生，民怨沸腾，但统治者不为所动，而石头仗义敢言，发出呼声，于是惊动了统治者。可见，石头不但关心民瘼，而且比一般人更有效力，胜人一等。

（五）或许由于石头有那么多的奇特和灵异，它似乎是无所不能的，于是，我们果然看到，石头曾经有过许多无与伦比的伟大创造。且举最为突出的几例：

1.《淮南子·览冥篇》载：

> 往古之时，四极废，九州裂；天不兼覆，地不周载；火爁炎
> 而不灭，水浩洋而不息；猛兽食颛民，鸷鸟攫老弱。于是女娲
> 炼五色石以补苍天，断鳌足以立四极，杀黑龙以济冀州，积芦
> 灰以止淫水。苍天补，四极正，淫水涸，冀州平，狡虫死，颛
> 民生。

好惊险啊，完全是一幅世界末日的景象！就靠了那些女娲炼就的
彩色石头，才重塑了世界，拯救了人类。否则，哪有今天啊！

2. 清马骕《绎史》卷十二引《随巢子》载：

> 禹娶涂山，治鸿水，通轩辕山，化为熊，涂山氏见之，惭而
> 去，至嵩高山下化为石。禹曰："归我子！"石破北方而生启。

启是夏朝最早的皇帝，也是中国近三千年家天下帝制的第一人，对
中国历史影响深远。他本来应有父母，却被安排为从石头里破生
出来，显得非同寻常。

3. 明吴承恩《西游记》第一回说花果山正当顶上有一块仙
石——

> 自开辟以来，每受天真地秀，日精月华，感之既久，遂有灵
> 通之意。内育仙胎，一日迸裂，产一石卵，似圆球样大。因见
> 风，化作一个石猴，五官具备，四肢皆全，便学爬学走，拜了四
> 方，目运两道金光，射冲斗府。

不用多加介绍，这便是家喻户晓、空前绝后的盖世英雄——后来的
孙悟空了。大概也只有石头才能孕育出这样的人物来。

写到这里,也许就不用再为石头作更多的描述了吧。

三、爱 石 一 族

接触了上面那些尽管不算太多的石头的故事之后,我们大概都可以感觉到,这石头真是灵异非常,但却不祸害世人,而且颇通人性,还能频频助人,不求回报,它们甚至比许多人还更有悟性,在较高的意识层面上竟比人更胜一筹。因此这样的石头便显得十分可爱。

世上可爱的东西非常多,但由于种种原因,各人所喜爱的对象往往不同。如卫懿公爱鹤,致国破人亡;晋僧人支遁爱马;陶渊明爱菊花;林逋爱梅与鹤,因他未婚,致有梅妻鹤子之说;周敦颐独爱莲花;古代寓言中还有叶公好龙之类等等。

上面说到的种种传说,就其喜爱所达到的极致程度而言,大体上都是单一的个例。而人们对石头的喜爱,其情状却大大不同。

第一,对石头的喜爱,不是单个人的行为,而是古往今来,包括不同阶层的许多人的共同嗜好。

第二,人们对石头的喜爱,其形式各各不同,它们的表现往往令人目瞪口呆,惊讶莫名。它们构成了一个多姿多彩的奇异世界,可以让关注者品味到许多相当有意义的内涵。

第三,由于石头世界的丰富多彩,加上众多人对石头的喜爱,便形成了一种特别的文化现象,可以让研究者对它去进行广泛而深入的研究。

第四,石头独特的魅力引发人们对它的喜爱进而竞相收藏,从而还形成了一个同样独特的石头市场,而且越来越红火。这也是任何其他受宠之物所无法比拟的。

不过这一节我们所要说的只是人们对石头喜爱的种种情状。这或许是许多人不大了解的。

在中国历史上是什么时候、什么人首创爱石、藏石、赏石、玩石,恐怕已经难以考究了。根据刘基《郁离子·泗滨美石》的记载,认为战国时的孟尝君是首开纪录的人。其实孟尝君当年"派使者求石",人家"以车十乘"给他送了石去,他只是想用这些石头作建材来修补他的"下宫",这与后世的石迷、石痴们爱石的情趣完全不同,是两码事;否则,历代君王大修宫室还不知用过多少石材呢。

应该说,喜爱和收藏石头的少数个例恐怕历代都会有,比如东晋时的陶渊明、盛唐时的杜甫等都有爱石的嗜好。但就所能见到的文字记载而言,玩石真正成为一种潮流、一种普遍现象,当在唐代,而且是中唐以后。这也符合这种现象的产生是要社会财富比较充实作为基础的这样一个社会规律。当代的情况也很有力地说明了这一点。

中唐前后,至少在一些文人中间,就常能见到有石头的馈赠和文字酬写。比如在刘禹锡的诗题中就有《谢柳子厚寄叠石砚》、《唐秀才赠端州砚石以诗答之》之类的记载。这自然不会是个别的案例。

值得关注的是诗人白居易,在他的集子中有不少有关石头的作品,如《双石》、《太湖石》(格诗杂体)、《太湖石》(律诗)、《莲石》、《问支琴石》、《北窗竹石》、《老题石泉》、《磐石铭》、《太湖石记》等等。

据此,白居易当然应该也是一个喜爱石头的人了。他曾经连任杭州、苏州刺史,完全有条件罗致大量的太湖石,可是他没这么做。而当有人送他一块从洞庭口得来的被人长期遗弃的石头时,他十分高兴,细心洗去石头身上的污泥青苔,并为之写了一首长诗《双石》,结尾说:"回头问双石:能伴老夫否?石虽不能言,许我为三友。"太和九年(835)夏,又有友人送他一块磐石,他尤其高兴,因天气暑热,便坐卧其上,并因"爱而铭之",为它写了一首《磐石铭》并序,赞此石"清冷可爱,支体甚适。便是白家,夏天床席"。白居易自然是一个爱石、玩石的名家。与白居易同时的一些诗人文士,如刘禹锡、柳宗元、张祜、陆龟蒙、皮日休、杜牧等人也都有着同样的嗜好，但影响并不大。

当时政坛上有两个重要人物，都是朝中宰辅，地位显赫，但他们却各结党派，互相倾轧，轮流执政，排斥异己。这便是历史上有名的"牛李之争"的为首者：牛僧孺和李德裕。这两个人却偏偏都是爱石之人，其爱石的狂热程度，藏石的业绩，是白居易等人所远远不可企及的。

牛僧孺，平时致力藏石，退隐后在洛阳城中归仁里建第，把平生罗致的石头移入其中，平日少与人游，结石为友，闲适其中。白居易有长文《太湖石记》记述了其中情状：

> ……今丞相奇章公嗜石。……公以司徒保厘河洛，治家无珍产，奉身无长物。惟东城置一第，南郭营一墅。精葺宫宇，慎择宾客，性不苟合，居常寡徒。游息之时，与石为伍。石有族，聚太湖为甲，罗浮、天竺之徒次焉。今公之所嗜者甲也。……石有大小，其数四等，以甲乙丙丁品之。每品有上中下，各刻于石阴，曰：牛氏石甲之上，丙之中，乙之下。噫！是石也，千百载后，散在天壤之内，转徙隐见，谁复知之？欲使将来与我同好者，赌斯石，览斯文，知公嗜石之自。

真是一个石迷！牛僧孺把整个身心都扑到石头上去了。再看李德裕，其痴迷程度也不逊于牛僧孺。李德裕在洛阳城外三十里的平泉庄营造园林，广搜花草树木和各地的奇峰异石，十分珍爱。在《平泉山居诫子孙记》中他特别告诫他的子孙们：

> 后代鬻平泉者，非吾子孙也。以平泉一树一石与人者，非佳子弟也。吾百年后为权势所夺，则以先人所命，泣而告之，此吾志也。

李德裕的这种愿望，自然显得幼稚可笑，宋人欧阳修、郑景望都曾经讥笑过他。事实上在他之后不久，那些奇石异树、名花珍草就烟消云散了。宋人张洎的《贾氏谈录》曾记载，平泉庄中的"怪石名品甚众，多为洛城有力者取去"。他的孙子与人争一块醒酒石，甚至酿出人命，这都是另话，不及细说。但从上面的述说，也足见李德裕之癖石是达到什么程度了。

唐之后，五代十国虽然才五十多年时光，却有两位君主还值得一提。

一个是南唐后主李煜，他是历史上有名的词人皇帝，人人皆知。他也是一个爱石的人，对这一点知道的人不多。他不像上面说到的牛、李二人那样拥有大量的美石，人们知道的他只有一块研山，却颇有传奇性。宋人蔡絛所著《铁围山丛谈》卷五记载：

> 江南李氏后主宝一研山，径长才逾咫，前耸三十六峰，皆大犹手指，左右则引两阜陂陀，而中凿为砚。及江南国破，研山因流转数士人家，为米元章得……

从李煜传到米元章那里，此研山已历时一百多年，很难估计它经过了多少人之手。而且这块研山并未在米元章那里就此打住，因为他后来又把此石和别人换了一套住宅，最后研山竟被宋徽宗攫取去了。元、明、清三代都有此石出现的传说，至今还有人在搜寻它，并有它的照片流传。可见此确是佳物，而且产生了巨大的影响。

另一个君主知道的人恐怕不多，他乃是与李煜同时的南汉国最后一位君主，名叫刘鋹。位于广州的南汉国第一代皇帝刘龑，经营了一座宫室园林，他除了在此享乐之外，还痴迷于修炼丹药，以求长生不老，所以此处便叫"药洲"。刘鋹继承了这一胜境，却特别热衷于罗致各类奇峰怪石安置其中，其手法却非常特别。据宋人朱彧《萍洲可谈》卷二载：

　　刘铵好治宫室,欲购怪石,乃令国中以石赎罪。富人犯法者,航海于二浙买石输之。今城西故苑药洲有九石,皆高数丈,号"九曜石"。

"以石赎罪",这种搜罗石头的手段,真是见所未见,闻所未闻。这个皇帝也确是够荒唐的了。不过从另一角度来看,不也显出他痴迷于石头到了何等程度吗?

　　一千多年前的药洲遗址坐落在广州市越秀区的教育路与西湖路之间,正门前额有署名米芾书写的"药洲"二字,遗址中的西湖已远没有当年开挖时的那么大,但游人可以在里面悠闲地品茶,喝咖啡,欣赏各种碑刻、建筑,有兴趣的尽可以前去一游。

　　有了上面所述作为基础,进入宋代之后,爱石、迷石、玩石就达到一个空前繁荣的时代。可以作为这种判断根据的至少有三个方面:

　　第一,这个时期开始有了记述有关石头的专门著作,它便是南宋人杜绾所著的《云林石谱》,其中记载的各类石头便有一百一十余种。此后,各种石谱便纷纷面世,促进了人们对各种石头的了解。

　　第二,宋朝出现了各种石头交易的市场,在《云林石谱》中就有多处提到石市交易的情况,宋人笔记中还记载有不少买石的具体价格。石头交易已进入了社会的经济领域,自然就加速和扩大了石头的流通和传播。

　　第三,宋代开始还出现了颇有见地的赏石理论,如米芾对太湖石提出的"透、瘦、皱、漏",直至今天还是公认的原则。这时期理论与实践的共存,又相互产生积极的影响,标志着爱石、玩石活动已经开始进入了成熟时期,提升了这一活动的文化品位。

　　石谱、赏石理论之类,自然都是文人们创造出来的,文人也会去做买卖石头的事情,这类记载也有不少。所以,文人也就自然成为玩石活动的主力军。这类例子实在太多,我们无法遍举,只须挑两个最有典型意义的人物来说,并探视一下他们的特点,也就可以想见其他了。

第一个先说苏轼,他号东坡居士,是著名的文学家,也是书画家。他的生活经历丰富多彩,他与石头有不解之缘,也是他丰富生活的内容之一,这一点了解的人并不多。

在苏东坡丰富的诗文著作中,写到石头的篇幅相当多,是同类人中比较突出的。他甚至在《咏怪石》一诗中记述了他在梦中与家中一块"粗险石"的对话,他本想"弃捐"这块石,却在听了石头的一番辩说后说:"吾闻石言愧且谢,丑状欻去不可攀。"足见其对石头的痴迷,到了何等程度。

苏东坡的爱石、玩石有一个突出的特点,那便是亲力亲为,富于实践性。他在被贬黄州期间,曾获得当地齐安江中的许多美石,为此,他写了一首有名的《怪石供》,其中说道:

> ……今齐安江上往往得美石,与玉无辨,多红黄白色。其文如人指上螺,精明可爱,虽巧者以意绘画有不能及。岂古所谓怪石者耶?……齐安小儿浴于江,时有得之者。戏以饼饵易之。既久,得二百九十有八枚。大者兼寸,小者如枣、栗、菱、芡,其一如虎豹,首有口、鼻、眼处,以为群石之长。又得古铜盆一枚,以盛石,挹水注之粲然。

当时已经四十多岁的苏东坡,以当地地方官员的身份,却要经常跑到齐安江上去用饼饵与小孩儿交换石子,回来还要逐一数过,才知道有二百九十八枚(在另一篇《后怪石供》中还提到另有二百五十枚),这要花多少时间和精力才能换到这么多石子啊!如果不是对这些"美石"(又叫"怪石")有特别的癖好,是很难做到这一点的。

随后,苏东坡被贬到了山东登州,又与那里的石头结了缘。在他的诗集中,至少有两首诗反映了这种情况。我们从那两首诗的比较长的题目就可知大概。第一首的诗题是《始于文登海上,得白石数升,如芡实可作枕。闻梅丈嗜石,故以遗其子子明学士,子明有诗,次韵》。东坡弄到了数升像芡实一样的白石子,而且还可用来作枕头,确实可爱。第二首的诗题是《文登蓬莱阁下,石壁千丈,为海浪所战,时有碎裂,淘洒岁久,皆圆熟可爱,土人谓此弹子涡也。取数百枚,以养石菖蒲,且作诗遗垂慈堂老人》。这"弹子涡"的特点便是"圆熟可爱",没接触过的人不一定能体味到它的妙处。三十多年前,我有幸与三友人在蓬莱县对面渤海湾砣矶岛的月牙湾捡拾了一个下午,获得一袋子的弹子涡石,真是太好了。而苏东坡却不知是怎地能轻易地"取数百枚",拿回去"养石菖蒲",似乎有点贵材贱用了。

或许因为苏东坡在黄州有五年之久,因此有时间从容地去用饼饵与小儿换齐安江里的小石子,而他在登州只不过二十多天,正处人生遭遇风云变幻之际,他却竟然还有闲心去弄那么多石头,足见石头在他的心里和生活中占有何等重要的地位。

也许因为上面那两种小石头比较容易获取吧,所以他还分别送了一些给他的好友。但他不是什么石头都可以送人的,哪怕是挚友相求。元祐七年(1092),东坡"至扬州,获二石",甚佳,一绿一白,非常喜爱,视为"稀世之宝",因其形状奇特,恍若甘肃境内有名的仇池山,因此命名为仇池石。东坡写有《双石》诗并叙以记其事。返京后,他的诗友、政治上又受过东坡连累的驸马都尉王诜(字晋卿),想要借观此石,东坡知不可拒,先后写了几首诗作答,其间还和三个朋友商议此事,两人认为不能借给他,另一人持相反意见,后来此人见了此石也后悔原来的意见了。最后东坡想了一个巧妙的办法,提出要以仇池石和王诜所藏的名画、韩幹的《牧马图》相换,这一下,击中了王诜的要害,他便只好一笑了之。后来东坡这三个朋友中,一个想石画兼得,一个想焚画碎石,虽然都不可能实现,但也可看出当时一般文人对奇石之热衷。顺便还可一提的是,东坡倒是主动提出过,要以自己家的铜剑去换朋友张近几的石砚,张则大方地把石砚送给了东坡并退回铜剑,后来东坡还是硬把铜剑又送到张家。可见东坡并非吝啬之人,只是太爱石头了。

命途多舛的苏东坡,绍圣元年(1094)又遭贬岭南英州,尚未到达,又再贬到惠州。在经过江西湖口时,他在藏石家李正臣那里见到一块奇特的石头,给他很大震动,他写了一首《壶中九华诗》并引,在"引"中他说:"湖口人李正臣蓄异石九峰,玲珑宛转,若窗棂然。予欲以百金买之,与仇池石为偶,方南迁未暇也。名之曰壶中九华,且以诗纪之。"在诗中他描绘这块像九华山的异石为"九华今在一壶中",这是何等的奇妙!可惜在贬谪途中,未能如愿。后来东坡又从惠州贬到海南儋县,直至徽宗即位大赦北返,他又过湖口,再去找李正臣,但那块壶中九华石已被他人买去,他无奈之余,又和前韵作诗一首:《予昔作〈壶中九华〉诗,其后八年,复过湖口,则石已为好事者取去,乃和前韵以自解之》。诗中说道"尤物已随清梦断",可见在八年时间里,这石一直记挂在东坡心中,还时常出现在他的梦里。这诗写于徽宗建中靖国元年(1101)四月,而东坡却于同年七月卒于常州,终年六十六岁。可以说,石头在苏东坡的精神生活中占有相当重要的地位,研究苏东坡的学者们似乎还没有充分注意到这一点。

第二个要说的是米芾,字元章,是著名的书画艺术家,也是苏东坡的诗友,因行为古怪,人称"米颠"。其实,他最"颠"的表现,乃在于对石头的狂热,以至罔顾一切。

流传最广、最为出名的是米芾"拜石"的故事,说法很多,但内容大同小异。据《宋史·米芾传》,米芾在无为军做官时——

> 无为州有巨石,状奇丑,芾见大喜曰:"此足以当吾拜!"具衣冠拜之,呼之为兄。又不能与世俯仰,故从仕数困。

对米芾来说，这种"颠"态并不是偶然的行为，他在别的地方做官时，也有同样的表现。明人毛子晋《海岳志林》的《河壖石》记载：

> 米元章为临江太守，守壖须日，闻有怪石在河壖，莫知其所自来，人以为异，而不敢取。公命移至州治，为燕游之玩。石至遽命设席，拜于庭下曰："吾欲见石兄，二十年矣。"言者以为罪，坐是罢去。

看来，米芾为了坚持他的"颠"，就是丢了官也在所不惜。他后来受到宋徽宗的赏识，可是他并未吸取教训，在皇帝面前也"颠"性不改。《海岳志林》的《请砚》中写道：

> 召令书一大屏，上指御前一端州石砚，使就用之。书成，芾捧砚请曰："此砚曾赐臣濡染，不堪复以进御。"上大笑，因以赐之。芾舞蹈以谢，抱负趋出，余墨霑渍袍袖，喜动颜色。上复笑曰："颠名不虚传。"

可以说，米芾是借石来充分抒发他的"颠"，又凭着"颠"来最大地获取他所喜爱的石，连皇帝也莫奈他何。或者可以说，与其叫他"米颠"，不如就叫他"石颠"吧。他虽然如此之"颠"，但却颇得人们的喜爱，他朋友很多，也有许多与石有关的故事和趣闻，有一件事就不止一种著作中都有提到，如明人周应治的《霞外麈谈》卷九记叙的：米芾在涟水为官，他不理政事，整天就在书房里玩石，他的上级去检查到他——

> 时杨次公为察使，正色言曰："朝廷以千里郡邑付公，那得终日弄石？都不省录郡事。"米往前于袖中取一石，其状嵌空玲珑，峰峦洞穴皆具，色极清润，举石宛转反复以示杨，曰："如

> 此石,安得不爱?"杨殊不顾,逼纳之袖,又出一石,叠嶂层峦,奇巧又胜,又纳之。最后出一石,尽天划神镂之巧,又顾杨曰:"如此石,安得不爱?"杨忽曰:"非独公爱,我亦爱也。"即就米手攫得之,径登车去。

这段文字完全是一篇精彩生动的微型小说,两个人物形象栩栩如生,情节富有戏剧性,这就是它能广为流传的原因吧。从中可看出石头的巨大魅力,米芾是一个不但能充分体味到这种魅力,而且能忘形地、尽情地去享受这种魅力的人。这就无怪乎他有许多大异常人之举了,如《海岳志林》中还有《眠石》一则:

> 僧孜周有端州石,屹起成山,其麓受水可磨。米后得之,抱之眠三日,嘱子瞻为之铭。

古今中外谁能想象有什么人可以抱着一块石头睡三天呢? 而米芾却硬是做到了。这只能说明他对石的痴爱是超乎人们的想象的。也就因此,我们也就无须对他再多说些别的什么了。

苏轼与米芾的突出表现,不但可以成为宋代爱石的代表,而且通过他俩还带出了其他一些人物以及显现了石头在当时的状况。

除此之外,还有一个特殊的人物也值得一提,那便是与苏、米同时的当朝皇帝宋徽宗赵佶。他即位后,于汴梁城内建造了有名的园林宫苑,名叫艮岳,又名万岁山或华阳宫。他广搜天下奇花异石,特别任命佞臣朱勔任职于苏州应奉局,专门负责此工作,将搜刮来的东西以"花石纲"的名目输送到汴京,弄得民怨沸腾,痛苦不堪。大宋《宣和遗事》记其事:"搜岩剔薮,无所不到,虽江湖不测之澜,力不可致者,百计出之,名做神运。凡士庶之家,有一花一木之妙者,悉以黄帕遮覆,指做御前之物。不问坟墓之间,尽皆发掘。石巨者高广丈,将巨舰装载,用力夫牵挽,凿河断桥,毁堰拆闸……"真是为了一人之享乐而完全不顾人民之死活。也许是一种报应吧,该园建成仅四年,金人入侵,城破园毁,徽、钦二帝被掳北去,最终客死异乡,北宋也随之灭亡。宋徽宗不择手段地全力罗致奇花异石,完全是封建帝王穷奢极欲的个人享乐行为,与一般人的玩石、赏石在性质上完全不同,它的社会效果也极恶劣。不过从另一个角度来看,他的这些作为,在客观上对提高人们对石头的兴趣,对扩大石头在社会生活中的影响都是大有推动作用的。

玩石、赏石之类的风气形成,特别是要成为一种时尚、一股潮流,是需要一些特定的条件的。比如经济较发达、社会较安定、有一定的文化氛围,市民,尤其是士子们的生活环境较宽松,而这些条件又需要比较充裕的时间来累积,所以唐朝和北宋的玩石、赏石高潮在时段上都比较靠后,也就是说,这时候上面说到的那些条件都蕴蓄得比较充分了。相对来说,元朝的时间比较短,不足百年,其他条件也相对较欠缺,特别是奉行了一种民族歧视政策,对汉人,尤其是对爱石主体的知识分子打击、压抑得非常厉害,在这样的背景下,哪里还有可能出现像白居易、苏东坡、米芾这样的石迷、石痴呢? 虽然也出现过像赵孟頫等少数与石头有打交道的人物,但整个有元一代,已远远没有了前朝的气象了。

跨过元朝的低谷之后,石头到了明朝又展现出勃勃生机,当然,它主要是在明中叶以后,这正符合我们在上面所说到的所需要的几个条件,这里不细说。

明朝的石头行情,主要还是继承并发扬了宋朝的特点,还有进一步的发展。这里首先要提到的一个人便是米万钟。

米万钟,字仲诏,自号友石,明万历二十三年(1595)进士,历官至太仆少卿。从他的自号中已可见出他与石头的特别关系。

据清人吴长元《宸垣识余》记述:"米氏万钟嗜石成癖,宦游四方,唯石而已。"他家藏有五方珍贵名石,其中灵璧石二,英德石一,兖州石一,仇池石一,"五石罗列,各具形胜,皆数百年物"。

米万钟的独特收藏,令人钦羡,也让他享有盛名。其实他还有更为出色的事情,却不为许多人所知道的,那便是他和雨花石的故事。雨花石是因他的慧眼才热火、走红起来的。据明人姜绍书的《韵石斋笔谈》卷上的《灵岩子石记》记载:灵岩子石(又叫六合石、雨花石、文石等)"出六合灵岩山之硐中",最初很少有人知道,偶有樵夫牧童捡到,把玩一阵又弃掷水中,直至——

> 万历丙申岁,米友石尹于兹邑,簿书之暇,觞咏于灵岩山,见溪流中文石垒垒,遣舆台褰裳掇之,则缤纷璀璨,发缕丝萦。其色白如霏雪,紫若蒸霞,绿映远山之黛,黑洄瀚海之波……友石得未曾有,诧为奇观。更具畚锸,采之重渊。邑令所好,风行影从,源源而来,多多益善。自兹以往,知音竞赏,珍奇琳琅。想米颠袖中无此一种,坡老怪石供不必取之齐安江上矣。

这些美丽的灵岩石子,从养在深硐人未识,到"知音竞赏",走红尘世,自然都得托于米万钟所赐,而米万钟凭着地方长官的优势,通过命人"更具畚锸,采之重渊"的强力搜寻,收获之丰,可以想象得到,这远非苏东坡用几块饼饵在齐安江上从小儿手中换来的区区可数的若干小石子可比。

米万钟尽管所获颇丰,但他却十分珍惜,不像苏东坡那样可以把辛苦换来的石子全部送给别人,米万钟可是一粒也不肯轻易放弃的。请看清人宋洙《筠廊偶笔》上的一段记载:

> 米友石先生万钟明万历中为六合令,好石,六合文石得名自公始。曩晤公子吉土先生,言公珍藏六合石甚多,第一枚如柿而扁,彩翠错杂,千丝万缕,即锦绣不及也。一日,舟泊燕子矶下,把玩失手堕江中,多方捞取不得。明年复系缆于其处,

> 忽见江面五色光紫回不散,公曰:"此必吾石所在。"命篙师没水取出,果前石也。后此石与七十二芙蓉研山同殉公葬。

一块小石头失手掉在河里,遍寻不得,第二年还去原地硬是把它找了回来,这米万钟爱石的痴迷劲儿实在难找到第二人了。

米万钟是米芾的后裔,在这点上肯定会受乃祖的影响,但却是青出于蓝,更甚于蓝,他对石头所下的工夫,所获得的成就,比之乃祖可以说有过之而无不及。要说有什么不同之处,那便是在形迹上没有米芾那么疯癫罢了。

不过,就在和米万钟同时,却也赫然存在有类似米芾式的人物,而且比之更有特点,如果说米芾还有人觉得他有点作秀的话,而此人确是实实在在,完全出自内心的强烈情感,他便是袁宏道。

袁宏道,字中郎,自号石公。和米万钟一样,他的"自号"中也带上了"石"字,其中含义,不言而喻。他在中国文学史上是最具个性的作家之一,是"公安三袁"中的领头人物,这方面的情况许多人都比较了解,研究的文章和著作也不少。可他对石头近乎疯狂的感情却鲜为人知,我们不妨来见识一二。他在游记《飞来峰》中写道:

> 湖上诸峰,当以飞来为第一,高不余数十丈,而苍翠玉立。渴虎奔猊,不足为其怒也。神呼鬼立,不足为其怪也。秋水暮烟,不足为其色也。颠书吴画,不足为其变幻诘曲也。……余前后登飞来者五:初次与黄道元、方子公同登,单衫短后,直穷莲花峰顶,每遇一石,无不发狂大叫。

袁宏道的这种"发狂大叫",绝无任何作秀成分,而是完全被沿途所见的石头征服。这些石头突现在他眼前,其怪异的形状以及从中迸发出的莫名威慑,令他震撼、惊异、共鸣,从中产生一种力量。对这突发的一切,他无以名之,不能用语言来表达,便只有通过"发狂大叫"来抒发他的全部感受了。这里其实表现了他已进入一种赏石的最高境界:石头已不仅是他所欣赏、把玩的对象,而是人石相融,产生了无名的愉悦。所以光是一座飞来峰,他便可以攀登五次,乐此不疲。

袁宏道所达到的这种赏石境界,看来在他的时代也并不止他一人,他登峰的五次之旅,都有同伴共行,这些人必定有相同的情趣,才会不辞身体的劳累去苦中作乐。同时我们还看到一个不应视作偶然的同例。晚明文学家张岱(他也有趣地字"石公"),在其《陶庵梦忆》卷二的《花石纲遗石》中记载:

> ……吴无奇游黄山,见一怪石,辄瞋目叫曰:"岂有此理!岂有此理!"

吴无奇和袁宏道遇到怪石之所以"叫",实在是出于同一心态,反映了同一的赏石境界,它们共同表达了明代的这种境界已经达到了最高的水平。

由于袁宏道对石头具有这样独特的感受,所以他追求石头的狂热,远远不止是"发狂大叫"而已,他更有超乎常人的举动。他在另一篇游记《由舍身岩至文殊狮子岩记》中写道:

> 野性癖石。每登山,则首问巉岩几处,骨几倍,肤色何状。行庄途数十步,则倦而休。遇嵚崎转块,至遇悬石飞壁,下瞰无地,毛发皆跃,或至刺肤踬足,而神愈王。观者以为与性命衡,殊无谓,而余顾乐之。退而追惟万仞一发之危,辄酸骨,至咋指以为戒,而当局复跳梁不可制。

他因为狂热地"癖石",竟养成了一种反常的习性:爬山越岭,他脚步飞快,遇悬崖绝壁,他精神旺盛,甚至毛发皆竖;而走平地坦途,不到数十步便神疲体倦。别人劝他不要这样玩命,他也曾下决心咬破手指来戒除此危险习性,可是一到身临其境,他便仍然激动跳跃,不可自制。"癖石"到连命也不顾,这种狂劲,古今中外恐怕也找不出第二个来。米芾之"颠",比起他的"狂"来,恐怕也略逊三分吧。

"公安三袁"在文学上的旨趣相投,三兄弟共组一个流派,都作出了贡献。他们在"癖石"上其实也一样,老大袁宗道,字伯修,号石浦。在他的《白苏斋类集》中有一篇游记《锦石滩》,记载了他家乡一条江,江心有一洲,"满洲皆五色石子。或洁白如玉,或红黄透明如玛瑙,如今时所重六合石子,千钱一枚者,不可胜计。余屡同友人泛舟登焉。……余尝拾取数枚归……东坡《怪石供》所述,殊觉平常"。他还曾"偕诸舅及两弟游洲中"。三兄弟同行游洲寻石,亦是难得的佳话。

袁宗道、袁宏道过世后,小弟袁中道仍乐此不疲。他偕友人童仆多次赴石洲觅宝,据《珂雪斋集》中《游居柿录》卷十载,他们登舟顺流而下,至洲上,"舟人及稚子辈,皆踊跃而上,至洲觅石,各求奇者。凡得一枚,即以呈予。……余大笑"。他已完全沉浸在获得美石的欢乐之中。

米万钟及"三袁"以及他们周围的众多亲友僮仆,已经形成了一个庞大的石头发烧友群。明朝的玩石、赏石家们,于此亦可见一斑。

到了清朝,我们自然很难找到像袁宏道这样的"癖石"狂人,但从整体来说,石头在清朝的行情仍然是继续向前发展和看涨的。我们不妨从它们的几个特点来对它进行一番考察。

第一,清朝人爱石、藏石的热情仍然强劲,毫不逊色于明朝人。《清稗类钞》鉴赏类的《张幼量爱石》说:

　　邹平张幼量,名万斛,尝行长白山中,见有巨黄石,甚佳,

　　乃以牛三百头,拽至其家之园亭。每语人曰:"此石绝似大痴
　　画中物。"

动用三百头牛的物力,将一块巨石从长白山运到山东邹平县家,是
一件多么艰难的事。明代的米万钟也曾从外地运一块大石回家,
因不堪重负而中途放弃了。张家父祖辈在明朝做过大官,入清后
到张幼量时,家庭已衰落了,要做这样一件事,殊属不易,没有对石
头的强烈喜爱,是难以施行的。张幼量还是一个鸽子迷,《聊斋》中
有记载。

　　以撰写《选石记》闻名的满人将军成性,记叙他有一次带领部
下出差西蜀,道途艰险,进入陕西后,"历栈道之险,路一线,马不得
并而驰"……

　　　过阳平而西,舟行日三舍,虎啸林深,人烟稀绝,凡为大滩
　　数十处,每于滩之最险者,必舍舟而徒。岸有石子,层层而积,
　　一望如棋置。予随步随拾,手盈把则衔之口,口不容,则扱襟
　　于带,带重,腰为之不伸。

公差在外,道途如此艰险,以至疲惫不堪,但一遇到有中意的石子,
竟如此振奋、专情而忘形地去拣选,连嘴里都衔满石子,这是何等
地着迷! 在回程时,因故有不少捡来的石子坠于河中,对那些通过
打捞也无法取回的石子,"余不胜其悲","犹时时在梦魂间也"。其
痴迷之情,绝不逊于前朝任何人也。

　　第二,清朝时爱石、追石的风气更为普及,各色人等似乎对此
皆有嗜好,不像以前更多地是发生于文人士子之间。

　　就在上面成性的《选石记》那段引文之后,接着说道,正在他捡
得不亦乐乎的时候——

> 于是从者、牵者、以兵卫者，数十人皆染余癖，而大索乎石，狡者得奇而匿，余则若翼以待射，而听选于余。

这些从者数十人之多，都爱石，且能分辨妍媸，好的会私自藏起来，剩下的才呈送给成性去选。和当年袁中道的家人们把捡到的石子尽数交给主人的境况完全不同，他们都爱石、识石。

再看另一条，当年江南文人士子中的著名人物、曹雪芹的祖父、康熙皇帝的宠臣、江宁织造曹寅，在他的《楝亭集》中有一首诗《寄题顾书宣编修踞酒石》写道：

> 君家石好我未见，颇窕洞窅诗得之。……吾生有癖亦嗜此，大车捆载罗阶墀。经营位置每终日，宾客杂坐儿童嬉。

曹寅身任肥缺，皇帝宠爱，自然有钱，所以石头可以用"大车捆载"而来，在众宾客小孩面前"经营"摆放终日，这自然也不会是仅此一次，因此众人习以为常，和石头有着密切的交往。

不仅一般群众，甚至方外之人的和尚也如此。许多僧人也爱石，著名的"苦瓜和尚"石涛，既是名画家，也是石友，他还掌握了叠石的高超技艺，乾隆时扬州著名的片石山房中的假山就是他一手用太湖石叠成的。于中可见当时对石头的喜爱、普及之广。

第三，与上面情况相适应的是，石头的地位不断攀升，身价日重。以前也有买卖石头的，但不像清朝这样普遍，尤其金钱意识还没这样浓烈，此时石头已开始有了商品的性质。我们先看一例：

乾隆时著名的性灵派诗人袁枚，有一次乘船经过广西的全州、湖南的永州时，被沿岸河滩上林立的奇石震动了，立即赋诗一首。我们且看看这首诗的题目：《全、永两州，奇石林立，如虫蚀剑穿者；江岸不一而足，置之园中，皆千金直也》。一首描写奇石的短诗，却在诗题中指出它每块都可价值"千金"，对石头的金钱意识何等强烈！这是从来没见过的。虽然这首诗具有对人才遭致遗弃的讽刺意味，但它的比喻手段也是包含了紧密的现实性的。因为这是很常见的一种现象。就在上面说到的《选石记》中，当成性的下属把挑剩后的一些石子给他再选之后，他会根据情况，"以上等进者，酬以银数钱，奉酒数觥；以次等进者，银少杀，酒有无"。即使是下属的进奉，你收了人家的石子，就得付钱，这已成了天经地义的事了。而此前却是十分罕见的。

我们不妨再来看一条记载，仍是《清稗类钞》鉴赏类的《佘某江某藏雨花台石》：

> 江宁雨花台所产小石，五色斑烂。光绪时，将备学堂学生佘某，一日雨后登台，得一石，径寸余，白质莹洁如水晶……佘故贫，付之质库，得四十金，已出非望，竟不赎也。又某校教员有江某者，曾得一石……质晶莹，映日益显，乃以八金购得之。

想这种石子在得到米万钟赏识之前，并不为人所知，如《灵岩子石记》所言："此石初为山灵所秘，人未之知，或樵夫牧竖过而拾之，玩弄俄顷，旋复弃掷，惟与晓烟暮霭出没于潺湲中而已。"待米万钟发现之后，则是令人"更具畚锸采之"，于是"源源而来，多多益善"，而时至今日，竟是可以按质论价，逐个交易，其中的差异，何止天壤之别！

由于石头在这时具有明显的金钱价值，在它身上有利可图，于是我们发现，跟随而来，善于辨别石头优劣和特点从而确定石头价值的专门人才也出现了。试看《清稗类钞》的一则《某甲藏马精石》：

> 浙中某甲于市见一圆石，大如鹅卵，光白可玩，以钱数十文易归。初不知重也，供压书镇纸之用而已。一日，有西贾

来，见之，反覆详审，问愿鬻否？甲知有异，即曰："非善价，不沽也。"贾问值，甲戏之曰："银币百圆耳。"贾曰："谨如教。"甲大骇，问石何宝。但听一言其异而后可。贾虑其中悔，甲誓不翻变。贾曰："须二三齿德俱尊者至，署券交易，然后告汝。"甲如言署券已。贾付价收券，握石在手，嘱甲取清水一盂出，置石水中。石入水，忽表里莹澈，了无翳障，中现一小马，状极神骏，若跃跃欲动。甲与邻人俱大惊异，问石何名，曰："此名马精石，稀世奇珍也。"

一块原本只花"钱数十文"买来的小石头，突然间被一个商人以"银币百圆"买去，还在卖家惊疑不定的时候，商人又在众人面前魔术般地让此石头变成了"稀世奇珍"，真是让人目瞪口呆。此石头何止身价百倍。而在交易的过程中，商人还和卖家签署了证券，并有类似于现代的公证人在场，才最后完成了这项买卖。这块石头从头到尾不是完全被商品化而包裹在金钱当中了吗？而这正体现了在清朝这个阶段的突出特点。

第四，清朝的石谱、石论著作特别多，反映了当时人在爱石、玩石、藏石的同时加强了对石头的理性思考，是一种明显的进步。

更重要的是，石头已不仅是人们喜爱、欣赏、把玩、收藏的对象，它还融入了人们的生活，尤其是精神生活的许多方面。这方面的内容相当丰富多彩，我们在后面还要说到，这里就点到为止了。

石头正是因为有了在中国古代这样长时间的与人遭遇的历程，才有了以后以至今天这样繁荣、火热的局面。

四、奇石及其鉴赏

我们在上面所说到的那些石头，实际上有两种情况：一种是就石头的整体性质而言，并不特指某类或某块具体的石头；另一种则说的是石头中的某一部分，即被人喜爱、欣赏、搜寻、收藏以至进行交易的那一类,它们大至需要三百头牛才搬移得动,如张幼量从长白山运回山东老家的那块巨黄石,小至可以把玩于指掌之间,如雨花石、弹子涡石等。这一类石过去有许多不同的名称,如奇石、雅石、美石、锦石、文石、秀石、岩石、异石、怪石、供石、贡石、巧石等等;近些年来,人们渐趋都用"奇石"这一称呼。这是好事情,可以避免混乱。而且这个名称也是在诸多称呼中相对比较合适的一个,我这里也乐意采用。

地球上的石头不计其数,随处可见,但可以称之为奇石的石头所占比例并不多,有的石头不但不奇、雅、文、美,还十分丑,丑到难以形容,令人难受。我们在前面说了那么多奇石,现在不妨也来看一例丑石。南宋著名诗人范成大,也是一个石头迷,他写过一首《嘲峡石》,在诗前还有《序》说:"峡山江滨,乱石万状,极其丑怪,不可形容,举非世间诸所有石之比,走笔戏题,且以纪异。"这些"丑怪"得"不可形容"的乱石,作者还是把它们形容出来了。它们究竟会是个什么怪状,恐怕许多去过三峡的人也未必见过,不妨摘引出来,大家见识一番:

> 峡山狠无情,其下多丑石。顽质贾憎唾,傀状发笑哑。粗类坟壤黄,沉渍铁矢黑。或如沟泥涴,或似冻壁坼。堆疑聚廪粟,哆若坏城甓。槎牙镂朽木,狼藉委枯骼。礧砢包赢蚌,淋漓锢铅锡。纵文瓦沟垄,横叠衣褶襞。鳞皴斧凿余,坎窨蹴踏力。云何清淑气,孕此诡谲迹? ……

这些石头丑怪到如此模样,无怪乎作者要为之感到憎恶和发笑了!之所以要引出这样一段文字,只是想说明,石头还有丑的,而且可以丑到这种地步。因此对于占比很少的奇石,应该感到特别珍贵,同时也要特别珍惜它们。

那么,什么样的石头才能叫作奇石?有些什么标准或者界定的条件吗？关于这方面的意见自然有不少，概括来说，不外乎根据石头的外部形状、内涵质地、色泽光洁、纹理图形、整体结构等来加以判别，而这几个方面又难以有具体的要求，总之，是以能否引起鉴赏者的美感，使之能感觉到赏心悦目，产生对此石头的喜爱作为依归。而又由于每个鉴赏者个体的年龄、身份、文化程度、审美经验等的不同，对同一块石头的感受也是有不同甚至差异很大，这些都是不奇怪的，是符合自然规则的。因此上面提到的那几条标准也是大体而言，不能绝对化。

至于还有一些论者提出过关于奇石的种种界定，认为这样才是奇石，那样就不是，这也需要具体分析，不能一概而论。比如认为奇石必须是自然天成，不能经过人为加工。这种界定是完全正确的，应该成为奇石界最基本的条件。因为如果经过人力雕饰，它就成为了一件工艺品，它可以在工艺品领域获得各种成就，却不能称为一块最起码的奇石，它已经丢失了自然之理，缺失了自然之气，它们是两个不同领域的物品，不能混为一谈。还有认为奇石必须是能储藏的，这就未必。因为储藏需要一定的物质条件，是否得到储藏并不影响它是否够得上成为一块奇石。长白山那块巨黄石被张幼量用三百头牛拉回山东老家，自然是一块奇石了，但世上有几个人能有这样的物质力量呢？如果它一直没有被人发现，或者发现了也运不回来，它就算不上是一块奇石吗？有关的论说还有不少，大家可以自己去琢磨，这里就不一一加以评说了。

至于我国奇石的有关情况，如奇石的种类、数量、特点、产地以及经济价值等，这里难以尽述，好在自古至今已有不少的石谱和奇石专著，有兴趣的可以自己去慢慢阅读。如南宋人杜绾的《云林石谱》，明朝人林有麟的《素园石谱》都是这方面较早的代表性著作，前者载有各类石品一百一十六种，并做了简明扼要的介绍；后者图文并茂，绘事精致，便于阅读，这些书都易于找到。

这里要说一说的是中国古代的一些赏石理论，比起丰富多彩的奇石来,有关的理论却显得单薄和零碎,但仍不失它们的意义。

　　首先要提到的是北宋的米芾,他的相石法为许多人所熟悉,多处典籍都有记载,如《海岳志林》的《相石》说:

　　　　米南宫相石法,曰瘦、曰秀、曰皱、曰透。

这里的四字诀,说的是有名的太湖石的几个特点,见过太湖石的人都会觉得它概括得十分简明而又准确,所以成为经典,为赏石者所乐道。米芾所处的时代,因宋徽宗建造艮岳,大量采用太湖石,米芾的理论适时而生,更增强了它的效果。

　　米芾之后,产生了大量的石谱、石论、石著,对各种奇石都有不同程度直至详尽的介绍,但绝对没有米芾的四字诀(有的版本是六字,还有"皱"、"漏",其实意思也差不多)使人印象深刻。可见语言的精确是何等地重要。

　　直至清朝的郑板桥,他是著名的文艺家,被称为诗、书、画三绝,虽未见他有什么玩石、赏石、藏石的特别举措,他却对石头情有独钟,喜欢画石,而且对石有特别的见解。且看他在《题画》作品《石》中的一段:

　　　　米元章论石,曰瘦、曰皱、曰漏、曰透,可谓尽石之妙矣。东坡又曰:"石文而丑。"一"丑"字则石之千态万状,皆从此出。彼元章但知好之为好,而不知陋劣之中有至好也。东坡胸次,其造化之炉冶乎!燮画此石,丑石也;丑而雄,丑而秀。弟子朱青雷索余画不得,即以是寄之。青雷袖中倘有元章之石,当弃弗顾矣。

郑板桥认为,米元章的四字诀,说尽了石头的妙处,但他只知道好的才是好,而不知道表面"陋劣"之中却有"至好"的存在。他告诉大家，他画的乃是"丑石"，但却是"丑而雄，丑而秀"，意思是此石在"丑"的外表下，却有"雄秀"的内涵存在。这种观点充满了观察事物的辩证法。当然，要能做到这一点，需要有相应的审美经验和能力，才能独具慧眼，发现本质，否则，就只能看到丑石一块而已。

上面说的是如何去鉴别石头。古代赏石理论还有说到应该如何去赏石，这是一个很有意义的话题，却也是很难说明的话题，因为每个赏石者个体的主观条件千差万别，是很难依照同一个模式去赏石的。比如《素园石谱》的作者林有麟在该书的《自序》中曾提出，"石尤近于禅"，要在远离"人间肉飞丝语境界"去欣赏。能做到这样，固然极妙，果然探出了石中的禅意，更是高深，富有哲学意味，可是又有几个人能达到这种境界呢？这种理论难免会遭到曲高和寡的结果。

有没有较为简单浅白而又能为多数人接受和易于实践的理论呢？倒也有，那便又要提到白居易，他在著名的《太湖石记》中，借友人之口，提出一种主张。他说：

> 昔故友李生名约有云：苟适吾志，其用则多。诚哉是言！适意而已。

这就是白居易的"适意说"。赏石就是要适意！如果你在赏石时，感到高兴、愉悦、喜欢、开心、亮眼、有美感等，那便有了收获，达到了目的。这种收获和达到目的的程度因人而异，但都可以得到满足。所以"适意说"便是一条大体上对每个赏石者都适用的原则。

当然，如果谁都能像袁中郎那样，刹那间被石头感动、震撼得"发狂大叫"，能像吴无奇那样被黄山的怪石震惊到"瞑目叫曰：'岂有此理！岂有此理'"，那便是进入了人石合一、物我两忘的状态；那便是一种难有言词形容，只剩下情绪激动和精神亢奋的最高赏石境界了。

五、石头的精神以及积累而成的石文化

石头无所不在,它和人类社会生活各个方面的关联也无所不在,举凡矿业、建筑、园林、军事、交通、医药、工农业……哪里也离不开它。这些说不胜说,写不胜写。这些都是物质方面的,我们无暇顾及;我们只说点精神方面的,而且只说两点,因为它们和文人士子的关系特别密切,而他们正是组成爱石、玩石、赏石、藏石一族的主力军。

(一) 石头与文学、绘画

在前面的叙述中,我们接触到许多与石头相关的传统诗文,这些诗文的作者多是爱石、寻石、藏石的人,其实还有许多名士文人,虽然并未记载到他们有这一类的行为,但他们也同样是石头的爱好者,在他们的文学作品中,石头也普遍地成为他们写作的题材。如北宋初期的文坛盟主、著名的文学家欧阳修就同时以诗和文记述过同一块石头,那就是有名的散文《菱溪石记》和诗歌《菱溪大石》了。这两篇诗文不但记述了这块石头,还发表了赏石的很好见解。这种个例自然很多,容易见到,这里就不一一缕述了。

中国古代文学中,介乎诗文之间有一种文体,叫作赋。写它的人不像写诗文那么普遍,数量相对就少很多了。但它和石头也很有缘,以石名赋的作品也不鲜见。第一个写《石赋》且颇有影响的作家是南朝陈时的张正见。全赋近五十句,通篇用典,句句写石,对普及石的知识很有价值。中唐武后、中宗时有个李邕,诗文、书法都负盛名,他也写了一篇很有影响的《石赋》,比起张正见的《石赋》来,它篇幅更大,内容更丰富,尤其感情充沛,既写了石,又写了人,人石相融,显得思想更为深刻、更富意境。

传统的诗文我们接触了许多,具体的个例举不胜举。我们不妨把眼光放大一点,看看石头与小说又有什么关联。在广义的概念里,先秦以来的史传文、诸子散文和其他许多作品中的不少篇

章,都可视为小说,这样,我们就曾接触过诸如女娲炼石、启产于石等与石有关的著名的故事、传说,不再重复。在中国小说史上,作家真正自觉地创作小说是在唐代,而至于繁荣,达到巅峰则在明清时期。

石头与小说的关系,令人震撼的成就也正是在这个时期。

明代家喻户晓的小说《西游记》第一回,写到东胜神洲傲来国有一座名山叫花果山,有一块仙石,这块大石——

> 自开辟以来,每受天真地秀,日月精华,感之既久,遂有灵通之意。内育仙胎,一日迸裂,产一石卵,似圆球样大。因见风,化作一个石猴,五官具备,四肢皆全。便就学爬学走,拜了四方,目运两道金光,射冲斗府,惊动高天上圣大慈仁者玉皇大天尊玄穹高上帝……

真可说是石破天惊了!这只石猴,便是后来闹天庭、搅龙宫、闯地府、天下无双、古今第一的盖世英雄齐天大圣孙悟空。这样的人物除了从石头中爆出,大概是没有更合适的来路了。这也足见石头在《西游记》作者心中的崇高地位。它和古代神话中夏启也产生于石头的思路、意涵是一脉相承的。

清代著名小说家蒲松龄,他的《聊斋志异》以文言短篇小说写神仙鬼狐、妖魅精怪而独步文坛,蜚声中外。蒲松龄也是一个石头的爱好者和收藏家,他一生科场受挫,蛰居乡间,长期在同乡毕际有家当塾师。毕家有石隐园,蒲松龄在授徒之余,便常在园中与花草树石为伴,还写下了《石隐园》、《题石》等诗。近年又发现他还编写有《石谱》一书,介绍了南北名石九十余种,足见他与石头的关联非同一般。在这样的背景下,我们自然要注意到他《聊斋志异》中的名篇《石清虚》,写奇石迷邢云飞获得一块奇石,却被豪强硬夺了去,他费力又把石头寻了回来,中间还经过许多周折和艰苦,临死前嘱咐儿子将石头随葬棺中，后又被人盗墓窃去，告到官府后，县官见石又想把它占为己有，石头忽从差役手中跃出，跌为碎块，其子才得再将石头归葬墓中。这一切全是石头本身的灵异所达到的结果。这个过程充分揭露了社会的不平、官场的黑暗，抒发了作者对现实的愤慨与不满。这是中国小说史上唯一一篇从头到尾都直接以石头为描写对象的小说，十分稀罕，也十分珍贵。

旷世无匹的《红楼梦》，是我国小说发展史上的顶峰，中华民族的瑰宝，它也和石头有着极为重要的关系。《红楼梦》原名叫《石头记》，为何会有这个书名呢？原因是第一回写到，这书的全部故事乃是由一个空空道人经过"大荒山无稽崖青埂峰下"时，看见一大块石头，上面刻满了文字，而且这石头还口吐人言，说服了空空道人把故事抄回去广为流传，这便是《石头记》的来历。作者为什么要让这部书的故事出自一块石头，而且是一块会说话的石头呢？因为石头如果说话，乃是一件非同小可的事情。《左传·昭公八年》有一段晋侯和师旷关于石言于晋魏榆的问答，师旷说，"作事不时，怨讟动于民，则有非言之物而言"，也就是说，石头本来是不会说话的，但是如果社会上发生了重大的事情，诸如政治黑暗，民不聊生，弄到民怨沸腾，那么，本来不会说话的石头，也忍不住要说话了。那么，根据这个道理，这部《石头记》，也就是石头所说的话，岂不就是一部含有丰富的社会、政治内容的小说么？所以，这部书在一开头，就对石头作了这样一番描写，并起了《石头记》这样一个书名，正是要告诉大家这部书的真实内容和旨趣。长期来人们对这部书的"大旨"争论不休，乃是因为许多论者没有懂得这个道理之故。

除了上面这几种著名的个例之外，明、清两代还有几部短篇小说集，它们的书名也和石头紧密相关，如《石点头》、《醉醒石》、《五色石》等，亦足见石头与文学的重要关系及其影响。

再来说说石头与绘画的关系。

在古代文人心目中,诗与画是可以合二为一、融为一体的。他们在吟诗作文的同时,也常常绘画,而且同是这方面的高手。苏东坡在称赞王维时就说他"诗中有画"、"画中有诗",足可说明这种状态,而且也是一种很高的境界。

因此,正像石头在文学领域广泛存在那样,在绘画园地里也同样如此。

在画家的眼里和心目中,石头的地位是很崇高的。北宋著名画家郭熙的《林泉高致》说:"石者,天地之骨也。"这是在总体意义上对石的评价。与郭熙同时,也是著名画家的韩拙,著有画论《山水纯全集》,在《论石》一章中说:"况石为山之体,贵气韵而不贵枯燥也。"这是具体说到在绘画中石的作用。"骨"与"体"意相近。这种看法是流行于画坛、为大家所公认的,所以清代满人有名画家潘岱著《绘事发微》一书,其《坡石》一章也说:"石乃山之骨,其体质贵乎秀润苍老,忌单薄枯燥。"与韩拙之说一脉相承。也就因此,赏画者很看重石在画中之地位。明代唐志契所著《绘事微言》颇有影响,在其《看画诀》一节中提出:"山水第一,竹树兰石次之,人物花鸟又次之。"把石放在人物花鸟之前,可见其在画中所处的位置。

在中国画、尤其是它的最大门类山水画中,石头几乎无所不在,成为不可或缺的材料。道理很简单,没有它便不成为山,正如清代郑绩《梦幻居画学简明》在《论泉》一节中所说:"石为山之骨,泉为山之血,无骨则柔不能立,无血则枯不得生。"

石头在绘画中的地位如此重要,无怪乎古代画论中,对画石有许多专论专篇,有关技法也周详备至,也就是理所当然的。

尽管如此,但要画好一块石头却并不容易。虽然在一般人看来它不过那么简单的几笔勾勒皴擦,但要真正做好却并非一日之功所能达到,所以杜甫《戏题王宰画山水图歌》说的"十日画一水,五日画一石",已成为古代画家的共识。其实还有画更长时间的,陆游《别曾学士》诗就有"画石或十日,刻楮有三年"之说。不管它几年吧,这都说明要画好一块石,必须付出艰辛的努力。清代画家花璇或许说到了其中的究竟,他在《过云庐画论》的《山水篇》说:"作画与作文同法,一处消息不通,一字轻重不称,非佳文。一树曲折乖违,一石纹理错乱,亦非佳画。"而同时的龚贤在《龚安节先生画诀》中更指出:"学画,先画树,后画石。""画树易,画石难。"这些话都是亲身经验所得,道出了个中三昧。

既然画好石头需要下工夫,而工夫是不负有心人的。事实上也有这样的人,他们的功夫不仅娴熟,几近化境,而且非同一般,超出了一般技法之外。如元代著名书画家赵孟頫,董其昌在《画旨》中说他"常为飞白石",就是用书法中飞白的技法去画石。要做到这点必须书画皆精,并且能把两者融会贯通,这自然是一种高超的艺术,也只有赵孟頫这样水平的人才能做到。更为神奇的是唐朝著名画家王洽(又名王默、王墨),朱景玄的《唐朝名画记》记载此人性格疏野,好饮酒,作画前要先饮酒,"醺酣之后,即以墨泼。或笑或吟,脚蹙手抹。或挥或扫,或淡或浓,随其形状,为山为石,为云为水。应手随意,倏若造化。阁出云霞,染成风雨,宛若神巧,俯视不见墨污之渍,皆谓奇异也"。赵孟頫和王洽画石的技艺精湛到如此造化、神巧的地步,使闻者目瞪口呆,为之倾倒。

不过,我们只看到他们技艺的最后结果,却一点也见不到他们练成此结果的漫长过程。但完全可以想象得到,他们一定也经历过"五日画一石"、"画石或十日"的艰辛劳动的。

清朝有一位特别出色的作家,被称为诗、书、画"三绝"的郑板桥,他是"扬州八怪"之首,在他的画作中,石头也画得特别多,这从他的《题画》作品中便可看出。他在《题画·一笔石》中写道:

　　西江万先生名个,能作一笔石,而石之凹凸浅深,曲折肥瘦,无不毕具。八大山人之高弟子也。燮偶一学之,一晨得十二幅,何其易乎! 然运笔之妙,却在平时打点,间中试弄,非可率意为也。

郑板桥为学"一笔石"，一个早晨就画了十二幅，可见用力之勤！他同时指出，"运笔之妙，都在平时打点"，也就是说，要平常就有很好的基础，在"运笔"上要很有功力，否则，是不能在一个早上画出十二幅画来的。郑板桥的所说所为足可说明画画、画石之不易。

上面所举三位在绘画方面已属大师级的人物，他们与石头的种种因缘，正足表明石头在绘事中的重要位置，是完全不可或缺的。

不过这些还只是一个方面，主要是就山水画中的情况而言。山水树石是山水画中的主要因素，石头在其中的作用和位置虽然无可替代，但也是根据全画的结构来处置的，完全是适应描绘自然图景的需要而决定它的取舍。除此之外，石头还大量地被与其他事物，主要是植物、花卉等同时作为主角出现在画图中。这些植物花卉主要是松树以及梅、兰、竹、菊等，这类作品在文人画中普遍存在，诸如梅石、兰石、竹石、菊石之作非常多。郑板桥的画作中便诸色皆备，尤以《竹石图》《兰竹石图》为多，不下数十幅。在中国传统文化中，松、竹、梅乃"岁寒三友"，梅、兰、竹、菊为"四君子"，在它们身上，被赋予了诸如清高、劲节、幽香、淡雅、清纯、傲霜、突崛等美德和情操。当这些佳卉、奇木与石头相配出现在画中时，石头自然也就具有这些特点，而且使图画更显得高古、朴拙、敦厚、峻伟、刚毅、沉伟，成为绝配，这就无怪乎会有那么多人去从事这种题材的创作了。

石头还有以单个的形式出现在画作中的，数量较少，也不易作。相传早在唐朝时王维曾为在山西的岐王画过一幅巨石，后此石在雷电中破轴飞去，颇有神秘色彩；加之谁也没有见过，自然难以评说。

最有名的另一幅画石，恐怕要数曹雪芹的作品了。虽然原画

并未流传,但他的朋友却记述了此石的形状,曹的好友敦敏有一首《题芹圃画石》说:

> 傲骨如君世已奇,嶙峋更见此支离;醉余奋扫如椽笔,写出胸中魂礧时!

原来这是一块极富个性的石头,它兀然耸立,傲岸而又峻峭,奇崛且还挺拔。在敦敏看来,这块石头"嶙峋"、"支离"得有形,完全画出了作者曹雪芹的无形的傲骨。只有曹雪芹才能画出这样的石头,只有他的知心挚友才能作出这样透彻的评论。曹雪芹的时代,由于严酷的文字狱等原因,作家们往往不能畅所欲言,优秀的作家只能运用高超的写作技巧来实现他的创作意图。所以,正如大家公认的,蒲松龄是借助神仙鬼狐来书写胸中块垒,而曹雪芹更为高明的是,他不但通过一部百万字的皇皇大著《红楼梦》来书写他胸中块垒,他还能通过一块外形至为稳静而内涵却又极具动态的石头来高度凝练地达到同样目的。也许从中我们还可以探寻到一点《红楼梦》为什么原名会叫《石头记》的信息。从某种意义上来说,这幅石头画竟可以和一部《石头记》相媲美了。

石头与文学、绘画的关系自是千丝万缕,不胜其写,上面这些只是略见其一斑而已,却已尽显它的非同一般。

(二) 石头与中华文化——石头故事的精髓

石头不但是作家、画家笔下的重要题材,它和他们本人还有着直接的、重要的、特殊的关系。

从比较表层的一点关系来看,作家或画家(亦即普通的文人士子)由于前面说到的种种因由,他们都很愿意和石头结交成为朋友。

早在唐代的白居易有两块得自洞庭湖的美石,用来支琴、贮酒,日随左右。他在《双石》诗中说:"人皆有所好,物各求其偶;渐恐少年场,不容垂白叟。回头问双石:能伴老夫否? 石虽不能言,许我为三友。"元朝有名的散曲家张养浩,在济南老家蓄有十块名石,他称之为"十友",友石之情可掬。清末四川总督赵尔丰也是一个玩石大家,他对石头有着精细的研究,在《灵石记》中说:"石性沉静,不随波逐流,然叩之温润纯粹,良士也。吾乐与为友。"

这一类与石为友的人基本上还是一些把玩、蓄藏和据有者,他们都是处于主动、居上的地位,显得颇为闲适和潇洒。

而另一类人的情况却完全不同,我们且看几个具体的个例。

魏晋时"竹林七贤"的首要人物阮籍,在他有名的《大人先生传》中,借他人之口,慨叹当今之世"豺虎贪虐,群物无辜,以害为利,殒性忘躯"。他很不满意这种状态,因而提出:

> 人不可与为俦,不若与木石为邻。

阮籍自己就是一个不满现实,远离政治,不肯与司马氏政权合作的人,所以常与几个好友饮酒于竹林,因此远世人而邻木石,正是他自己的思想。

唐朝的柳宗元,在政治斗争中失败被贬湖南永州达十年之久,长居蛮夷之地,身心俱惫,十分苦闷,于是在《与萧翰林俛书》中,他也表示:

> 用是更乐瘖默,思与木石为徒,不复致意。

柳宗元的情况和阮籍是极为相像的。

北宋的程颢,世称明道先生,与其弟程颐共称"二程",是有名的理学创始人,对后世有很大的影响。可是在他生前却过得并不如意,他因不赞同王安石的一些变法措施而被迫离开朝廷,做过一些下级官员,政治上很不得志,心中的郁闷可想而知。我们在他的一首《游重云》诗中看到：

> 久厌尘笼万虑昏，喜寻泉石暂清神。目劳足倦深山里，犹胜低眉对俗人。

他之所以要"寻泉石"为伴，是因为久厌尘世的"俗人"——主要是官场中的那些同僚们！

　　明遗民陈璧是一个不见经传的人物，他的诗文也只残存第四、五两卷，在极少的资料中，知道他曾积极参加抗清斗争。在光绪年间编纂的《常昭合志稿》卷三十一有一段关于他的非常简短的传记："陈璧字崑良，崇祯末尝三上书论事，不报，归隐。"可见也是一个不得志于世的人。就在他的残稿中我们也看到在入清后的顺治年间，有两首作于同一年的诗可予关注。其一题名《性癖》，说到他自己动手结庐隐居时的生活情状，诗中说：

> 只就先人庐，诛茅重构结。……手垒石数堆，堆石曲且折。石畔栽新松，亭亭出墙缺。宁忍饥嗷嗷，不愁寒冽冽。薜叶暖绮罗，菜根甘庖鳖。抱石穷亦欢，看花悲亦悦。

另一首名为《遣愁》，其中又说道：

> 人苦不知足，日日生忧煎。我有安心法，弗为名利牵。……常洗一片石，独坐落花巅。常持一竿竹，独钓缩项鳊。……栽花及种石，此外何求焉！一切诸烦恼，请将肺腑湔。倘复偶触发，朗诵此一篇。

陈璧的情况和阮籍、柳宗元有所不同，他是家国之仇、民族之恨，交织郁结在心中，诗题叫《遣愁》说明了他的愁有多深重，他在努力寻求解脱之道,而其归宿也和阮、柳一样,也是石头。

还有一个可以一说的人物是清朝乾隆时著名才子诗人袁枚。他博学多才,二十出头中进士,曾任江宁等地知县,三十三岁便辞职回家,三年后再起用,任职陕西不到一年因与总督意见不合又坚决辞官回家,再不复出。他在家乡江宁小仓山下筑随园,悠游岁月。他开创"性灵诗派",大胆收女弟子,制随园食谱,尽情享受生活,七十岁时还游历南方数省。他在《新正十一日还山》诗中不无自得地说:"自觉山人胆足夸,行年七十走天涯。公然一万三千里,听水听风笑到家。"看来,袁枚和前面几个人的情况大不相同,他生活优越、闲适,有社会地位,而且身体也好,一直活到八十二岁。他在八十岁生日时写《八十自寿》诗十首,第一首后半部分说:"潇洒一生无我相,奉迎到处有人缘。桑榆晚景休嫌少,日落红霞尚满天。"在古代文人中,能有几个有这样的潇洒人生呢?

然而,不管在人生历程或遭遇上,袁枚和前面几个人有着很大的差异,但是在脑海深处的意识趣向上,他们又有着十分一致的趋同内容,那就是都有很强的癖石情结。如他的《秋夜杂诗》共十五首,其中一首说:

心与木石交,家与老农居。

他和其他几个人的心境是完全一致的。而在这"一致"中,我们应注意到两点:第一,他们与白居易、张养浩、赵尔丰等人的赏石、玩石的态度不同,他们是以石为伴,成为知心。第二,在此同时,他们却与现实生活中的许多人格格不入,誓不为伍,阮籍说的"人不可与为俦"、陈璧说的"犹胜低眉对俗人"都是这个意思。而袁枚的另一首诗《偶然作》就说得更清楚,诗曰:

开卷见古人,开门见今人。古人骨已朽,情形与我亲。今

人乃我类，嚼蜡闻语言。宁与木石居，不与俗子俱。欲见何代
人，但翻何代书。

他与古人情性相合，而厌恶今人、俗子，与他们没有共同语言，但古
人不可见，就"宁与木石居"了。其意思十分明显，而情绪更为
强烈。

那么，他们在绝望于"今人"之后，为什么偏偏只钟情于石头
呢？多人如此，便非偶然。其根本原因乃是在中国文人的心目中，
石头有着许多优秀品质，与之共处，可陶冶自己的灵魂，提升自己
的情操。且看几例：

明末清初的归庄，入清后不仕，痛恨剃发，行为怪异，与顾炎武
并称"归奇顾怪"，工诗书画，擅画竹石图。《昆山石歌》诗说到一块
昆山奇石：

> 奇石由来为世重，米颠下拜东坡供。今日东南膏髓竭，犹
> 幸此石不入贡！贵玉贱石非通论，三献三刖千古恨。石有高
> 名无所求，终老山中亦无怨。

看来归庄思维非常清晰，毫无怪异。与他同时的一位著名文化学
者李渔，颇有才华，却生活放浪，为人诟病。但他在戏剧和戏剧理
论创作方面颇有建树，对其他一些事物亦很有见地，于石亦然。他
在《闲情偶记·居室部·零星小石》中说：

> 王子猷劝人种竹，予复劝人立石；有此君不可无此丈。同
> 一不急之务，而好为是谆谆者，以人之一生，他病可有，俗不可
> 有；得此一物，便可当医，与施药饵济人，同一婆心之自发也。

"此君"指竹，"此丈"指石。竹石并重，是传统看法，所以画竹石图

的特多。清末有一个赵尔丰,前面已经介绍到他,并引用了他的《灵石记》中的一段话,紧接着这段话之后,还有一段更有意思的话,适合在这个地方再介绍给有兴趣的石友:

> 石体坚贞,不以柔美悦人,孤高介节,君子也,吾将以为师。

认为石头有君子之风,把它视为老师。

以上三人,一个称石有骨气,耐得住寂寞,可以老死山中而于世无所求;一个把石头当成药饵,可以治病去"俗",这是一般药物所无能为力的;另一个则直呼石头为老师。他们都对石头表现得尊崇备至。

在前面说到石头与绘画的时候,我们曾正面概括出石头的一些美德嘉行,而在这里,我们似乎还可以从另一面来归纳出石头的另外一些高风亮节:那就是它无私无畏,无欲无求,因而就绝不谄上傲下,也不欺世媚俗;它既不吹牛拍马,更不哗众取宠;它不朝秦暮楚,也不表里不一;它不懂钩心斗角,更不会算计他人……

总之,人的美德、善行,它都具有;人的丑恶、劣迹,它一概俱无:这就是石头。

更为难能可贵的是,石头的这种特性不管在任何条件下都永远不会改变。无论是严寒酷暑,狂风骤雨,还是山崩地裂,星移斗转,石头都丝毫不改它的本性,表现得无比顽强和坚毅,这正是许多人所不可企及或难以达到的。所以韩愈的《雪后寄崔二十六丞公》诗说:"时时抚石三叹息,安得此身如尔顽?"这确实是"叹息"到点子上了。

既然如此,那么只要人性未泯,或稍有良知的人,就都自然会对石头产生程度不同的感应,或一般地爱石、玩石,或对之痴迷癫狂,或结之为友,或尊之为师。于是,大群的人,尤其是文人学士便成为这些人的主流,就是很自然的事了。

这样,石头可就不简单了! 它不光是物质世界各行各业所不可缺少的工具和材料,它还在精神世界起着非常重要的、不可替代的作用。它让许多人的眼光凝聚在它身上,还使许多人都程度不同地认同了石头的美质,这就有了一种共同的精神,这种精神从古至今几千年延续不断,不断积累,便自然形成为一种文化:石头文化。这种文化乃是中华优秀传统文化的一个重要组成部分。

有几个词语或者能为此说增添一份理据:石破天惊、水落石出、水滴石穿、海枯石烂、坚如磐石……这些词语有的出自著名诗人李贺、大文豪苏东坡的笔下,有的则为普通作者所创,还有的甚至不容易找到它的原始作者,它们在各自的原文中都不过是普通的词语而已。但我们如果把它们集中起来一观察,就会发现它们具有一个共同的特点,那就是把石头坚硬不变的特性都说到十分,无与伦比:与海枯、天惊、无穷的水滴等并列起来,因而石头的坚硬性就达到一种不能逾越、至于极致的状态。这种不约而同的思想和写法,正说明了他们对石头精神的一致认识。而且,更应看到的是,这些词语一旦出现之后,就得到广泛的认同而被普遍沿用,成为无可置疑、人人都确认的词语。它充分说明了石头精神及其文化的确切存在和巨大作用,只不过不是每个人都能自觉地认识到罢了。

石头所达到的这种境界,绝非一日之功,而是经历过漫长积累的历程。而在此过程中,石头从未进行过任何宣传和张扬,从未有过夸夸其谈的举动,而且它根本不会说话。达到这种状态绝非易事,或许也是绝无仅有的吧。这正是石头的魅力所在。南宋大诗人、也是有名的石友陆游在其晚年的诗作《闲居自述》中说:"花如解笑还多事,石不能言最可人。"可以说是深谙其中三昧了。《史记·李将军传赞》说:"桃李无言,下自成蹊。"它来自普通的谚语,道理更为浅显明白。当然,对于那些利禄之徒、蝇狗之辈来说,却是未必能体味得到的。

　　这段石头的故事说得比较长了，不过，自然界处处有石头，无穷无尽，每块石头都有一段自己的故事，相对来说，这篇故事只不过是实际故事中的沧海一粟罢了。但愿、也相信必定会有更多的人去关爱石头，与石为友，写出更多更好的石头的故事来。

漫说"四维"

　　中国幅员辽阔，人口众多，历史悠久，几千年来，虽然经历过无数的风雨波澜，但始终都保持着一个统一的多民族共处的国家。能做到这一点，原因自然很多，其中很重要的一点，应该是中华民族有着丰富厚重的优秀传统文化，它是保持民族团结、人心凝聚的向心力和凝固剂，起着无形的巨大作用。

　　思想精神方面的优秀文化传统在这方面所起的作用尤为突出。而传统的优秀道德可说是其中的核心部分。它内容丰富，涵盖面广，单就基本道德规范来说，便有诸如忠正、仁爱、孝悌、宽厚、诚信、谦恭、礼让、义勇、自强、劲节、贞介、廉洁、知耻、勤俭、节约等，这是每个人都应遵行的普世法则。

　　这些法则各有各的内涵，其作用和意义都不相同，但它们又自有轻重、主次的差异。其中，最早、又被摆在突出的地位、而且影响深远的是春秋初期管仲在《管子·牧民》中提出的"四维"说：

　　　　国有四维，一维绝则倾，二维绝则危，三维绝则覆，四维绝则灭。倾可正也，危可安也，覆可起也，灭不可复错也。何谓四维？一曰礼，二曰义，三曰廉，四曰耻。礼不逾节，义不自进，廉不蔽恶，耻不从枉。故不逾节，则上位安；不自进，则民无巧诈；不蔽恶，则行自全；不从枉，则邪事不生。

这便是至今仍被人们信奉的"礼义廉耻"的最初出处。它一出现就很高调,宣称是国之"四维",缺失了它,国家便会倾危覆灭。后世的许多政治家也都奉之为治国的政纲。汉代著名政治家贾谊在他的《上疏陈政事》中说:

> 《管子》曰:礼义廉耻,是谓四维,四维不张,国乃灭亡。

贾谊以简练的语言,对《管子》上面那一段话作了最精确的概括,继而以秦的灭亡为例作了进一步的发挥。他的分析虽有不全面之处,秦朝的短命,其原因远不是"四维"缺失所能涵盖的,但他的言论,无疑提高了"四维"在人们心中的地位,而且进一步得到继承和发展。且看有代表性的两例:

首先是宋代欧阳修《新五代史·冯道传论》:

> 礼、义、廉、耻,国之四维。四维不张,国乃灭亡。善乎,管生之能言也! 礼义,治人之大法;廉耻,立人之大节。盖不廉则无所不取,不耻则无所不为。人而如此,则祸乱败亡,亦无所不至。况为大臣,而无所不取、无所不为,则天下其有不乱,国家其有不亡者乎!

这是该《论》开头的一段文字。他在重复了上面贾谊的话之后,首先赞扬了管子即管仲说得好。《管子》一书的作者虽有不同说法,但欧阳修却至少肯定了这四句广受推崇的话是出自管子,这是有道理的。因为管仲是春秋时著名的政治家,他成绩卓著,辅助齐桓公成为春秋五霸之首,所以孔子曾不止一次地称赞他。《论语·宪问》载:"子曰:管仲相桓公霸诸侯,一匡天下,民到于今受其赐。微管仲,吾其披发左衽矣。"因此,"四维"之说,出自这样一位政治家之口,是一点也不奇怪的。

　　欧阳修的这段话可以注意的有几点，首先，他继承了管子、贾谊的说法，再一次肯定了"四维"之说。其次，他进一步发挥了"四维"的意义和作用，指出礼义是"治人之大法"，廉耻是"立人之大节"，并特别对缺失廉耻的危害作了申述和阐释："不廉则无所不取，不耻则无所不为。"它的结果便是"祸乱败亡，亦无所不至"。在这里我们看到，欧阳修是把礼义和廉耻分开来说，对前者他只一句带过，而对廉耻则作了较多的解析，可见他是偏重于关注廉耻的。再次，他除了说明一般人和廉耻的关系之外，还特别把着眼点落在"大臣"即官员们的身上，强调说如果"大臣"们也"无所不取、无所不为"，那么就必将天下大乱，国家灭亡。这是一种十分深刻的见解。欧阳修二十三岁中进士，涉足官场四十余年，几经波折颠沛，上下升降，内外调迁，对当时官场吏治了然于心，所以这种指向不但是眼光犀利，而且现实性极强。这也是它最可贵的地方。

　　第二例要说的是清初的顾炎武，在他的《日知录》中有一篇著名的论《廉耻》，该文在一开头便照引了前面《新五代史·冯道传论》的那段话，说明他是完全认同了欧阳修的那些观点的。接着那段文字，他又写道：

　　　　然而四者之中，耻尤为要。故夫子之论士曰：行己有耻。《孟子》曰：人不可以无耻，无耻之耻，无耻矣。又曰：耻之于人大矣，为机变之巧者，无所有耻焉。所以然者，人之不廉，而至于悖礼犯义，其源皆生于无耻也。故士大夫之无耻，是谓国耻。

这段文字不长，却内容非常丰富，十分重要。可以关注的有三点：

　　一、欧阳修在"四维"中偏重廉耻，而顾炎武又在廉耻二维中突出耻，强调"四者之中，耻尤为要"。并引孔子、孟子的话作为佐证。在本文的后面，顾炎武还谈到"耻"对于"治军之道"的重要性，引《吴子》话说:"凡制国治军,必教之以礼,励之以义,使有耻也。夫人有耻,在大足以战,在小足以守矣。"它的意思也是在突出"耻"的重要性。

二、他明确提出:"人之不廉,而至于悖礼犯义,其源皆生于无耻也。"这就是说,凡是"礼义廉"的缺失,都是由于"无耻",换句话说,必须确立有"耻",才能保证"礼义廉"的存在。"耻"是其他"三维"的根源。这一说法,突出了"耻"在"四维"中的首要地位,也是对第一点的进一步申说。

三、欧阳修强调首先要在"大臣"们身上确立廉耻,顾炎武继承并发挥了这一思想,提出"士大夫之无耻,是谓国耻"。除了"大夫"也即"大臣"、官员之外,他还增加了一个"士"即知识分子或读书人,认为他们的无耻,乃是"国耻",是国家最大的耻辱,不可原宥。

顾炎武说得太好了! 不妨也说一句:善乎顾生之能言也。好在哪里? 后面还会具体说到。

从春秋初年管仲提出:"礼、义、廉、耻,国之四维"以来,历经诸如西汉初年的贾谊,到北宋初年的欧阳修,再到清初的顾炎武,历时二千二三百年之久。这"四维"之说,就像一条红线贯穿于其中,以至于后代。它生根于人们心中,自然就成为中华民族优秀的传统文化、道德准则。在这过程中,人们不断地承传着它,而且不停地加以阐发,到顾炎武时,这种情况达到了闪光的高度。如前所述,主要表现在两个方面,一是突出"耻"在"四维"中的作用和地位:"耻尤为要。"二是强调"士大夫"无耻的严重性,乃是"国耻"。

顾炎武之说,有它深刻而厚重的道理,试就这两个方面作些探究。

先说"耻尤为要"。是管子在"四维"说中最早提到了"耻",此后,它一直受到后人的重视,尤其是儒家。在所引顾炎武的那段话中,已几处引到孔子、孟子关于"耻"的论说。此外还有不少,后面还会提到。

且先看《论语·为政》中孔子的一段重要的话：

> 子曰：道之以政，齐之以刑，民免而无耻；道之以德，齐之
> 以礼，有耻且格。

它的意思是说，只是通过行政命令和法制刑罚的约束，老百姓虽然可以免于犯罪，却不知道犯罪是可耻的；只有通过道德的教化，老百姓才会懂得羞耻并自觉遵守规矩。孔子的话，把礼义与廉耻的特点和不同功能清晰地区别了开来，而且明显地强调了"有耻"的特别作用，已包含了"耻尤为要"的意思。

孔子扼要而精确的说法，无疑是非常正确的。因为在"四维"中，礼、义是通过行政命令规定的贵贱尊卑等级和行为规范准则，廉、耻则是着重于对思想意识和操守素养的要求，欧阳修说的"礼义，治人之大法；廉耻，立人之大节"，正是这个意思。所以对每个个体的人来说，礼、义是一种外来的限制，而廉、耻则是一种内心的自觉；遵守这种限制是一种被动的行为，自觉奉行某种原则则是一种主动的行为。被动的行为并不牢靠，一旦超出可以承受的限度，就必定会脱轨突破而不可收拾；自觉的行为自然就稳固可靠。所以不要说过去的封建专制国家，就是当今号称最发达的现代文明国家，不管它的法制如何严密，刑罚如何严酷，各种犯罪仍然无所不有，甚至十分严重，其中的原因可以有很多，而廉耻的缺失常常是重要的因素。

孔子的说法对后世的影响是很大的，不但许多政治家接受了它（实践的效果如何就难以言说），甚至也得到了一般文人的认可，如经明、清两代冯梦龙、蔡元放相继修订成的历史演义小说《东周列国志》第五十六回中写到，晋国多盗，愈抓愈多，晋景公向羊舌职问"弭盗之策"，羊舌职分析了一番之后说：

> 故弭盗之方,在乎化其心术,使知廉耻,非以多获为能也。

这段话的意思和上面所引孔子的话,其思想是一脉相通的。于此也可见这种思想在古代的政治思想中得到了相当广泛的认可。

孔子的话并非针对管子的"四维"说而发的,但它们的思想倾向是一致的,所以顾炎武的论说是兼容地继承了两者的思想。

而更为可贵的是,顾炎武还有进一步的发展,那就是把"廉耻"又区分开来,明确地表示"耻尤为要"。这便是他的独创之处。

以"廉"为核心组成的名词主要有廉洁、廉正、廉明、清廉等,还有"廉耻"亦常使用,不过它近乎偏义复词,中心意思是"耻",说某人没有廉耻就是无耻的意思。廉的直接反义词是贪,贪是一种欲望。《三字经》中把人的喜、怒、哀、惧、爱、恶、欲归之为人的"七情"。无论情感或欲望,人是可以通过理智去控制它们的,廉也同样。廉之与否,或者廉到什么程度,都可以用理智加以控制。一个贪欲极强的人,表面上还可以装得十分廉洁,甚至成功地瞒过了周围的人,这也不是什么很稀奇的事了。

而耻则不然。耻是一种感觉,它渗透在人的血脉中,镕铸在人的神经里,只要稍一触及,便会不由自主地作出强烈的反应,而这整个过程是丝毫不受理智的支配的。这个特点是完全不可能伪装出来的。正是它,便鲜明地让自己和廉区别开来了,而且显得品位更高一筹。

和这个话题有关的,清人阎若璩在其《潜邱劄记》卷一中有段话倒是可以一读:

> 今人称廉耻二字,辄相连,其实廉易而耻难。如公孙弘布被脱粟,不可谓不廉,而曲学阿世,何无耻也。冯道刻苦俭约,不可谓不廉,而更事四姓十君,何无耻之甚也。盖廉乃立身之一节,而耻实根心之大德,故廉尚可矫,而耻不容伪。

阎若璩用广为人知的两个事例论证出的中心思想便是"廉易而耻难","故廉尚可矫,而耻不容伪"。他的论证相当成功,因而得到钱锺书的充分肯定:《管锥编》中的《史记会注考证·平津侯主父列传》一则在引用了上段文字的主要部分后称它为"析理入微"。这是相当高的评价。阎、钱的言论,自是对顾炎武"耻尤为要"的说法完全认同。

再说"士大夫之无耻,是谓国耻"。前面欧阳修已经说到,如果"大臣"们都没有廉耻,因而无所不取、无所不为,那么就会天下大乱、国家灭亡。顾炎武不仅全盘继承了这种观点,而且把这种状况强调到更高的程度,认为是一种"国耻"。也就是说,他把这事看得更为严重,到了无以复加的地步。

此外,顾炎武还有更为独到之处,即他不但关注到"耻"对于官员的重要性,还把这种重要性扩大到"士",即读书人、知识分子的层面,让"士"与"大夫"并列。这一点很重要,但道理却也简单,因为历来的官员,绝大部分皆出身于知识分子(也即士或文人),"士"就是官员的预备军,如果为"士"时便寡廉鲜耻,将来一朝握权在手,就没有不是无耻的贪官。明末的社会现状,文人无耻的卑污行为比比皆是,无须具列。顾炎武的尖锐言论,隐隐透露出他心中的亡国剧痛,同时也反映了他对某些无耻知识分子看得十分透彻和无比地厌恶、鄙视。

我们之所以颇为推许顾炎武的这番言论,是因为它不但在当时有强烈的现实性,就是在今天仍有深刻的警示意义。

在相当长的一段时间里,许多人都能感到,而且有过不少议论,即今天的社会道德在不断滑坡和沦落,优秀文化传统大量丢失。这方面的事例每日都可以在媒体上见到,而且日益突出,常常令人目瞪口呆,连想也想不到。明代曾经震动一时的著名小说,如多种《拍案惊奇》和《今古奇观》之类,其内容在今天看来便显得苍白无力、平淡无"奇"。尤其令人忧心的是,这种状况同样还发生在

知识分子最为集中的环境中,举例来说:

一是医疗卫生部门,具体来说便是医院。问题的焦点集中在一个钱字上,医院的宗旨不是全心全意去治病救人,为患者着想,而是如何去创收获利。于是,过度治疗,动辄全面体检,专挑进口的贵药开等等,已成为尽人皆知而又无可奈何的普遍现象,其着眼点自然就是一个钱字。至于收受甚或索取"红包"以及各种打点之类,患者简直就是无声地被宰割。尤其还有许多防不胜防的欺骗和陷阱,如小病被说成大病,没病被检查出有病,假药被当着优质药等弄虚作假的事例,亦绝非只是个例。医患紧张关系导致的矛盾冲突甚至无可挽回的严重后果也时有出现。其中虽有体制不合理的原因,但毕竟许多都是通过有知识却缺少良知的医务人员来实现的。他们为了自己的私利而罔顾其他。中国几千年来的传统医德已荡然无存。他们饱了私囊,却在身心上坑了病人。中国的传统医德讲究仁心仁术,即要求医术精到,医德高尚。这方面的论述和实践都很多,如唐代的名医孙思邈在他的《备急千金要方》第一卷中有一篇《大医精诚》,它要求行医者"先发大慈恻隐之心,誓愿普救含灵之苦。若有疾厄来求救者,不得问其贵贱贫富,长幼妍媸,怨亲善友,华夷愚智,普通一等,皆如至亲之想"。对求医者"不得问其贵贱贫富"都要像"至亲"一样对待,在今天绝对是不可想象的事情。而孙思邈还有更高的要求,就是行医者在医疗过程中,"不得瞻前顾后,自虑吉凶,护惜身命"。也就是要全神贯注,不顾一切去治病,连自己生命的安危吉凶都不顾及。在今天看来这简直是神话一般。而孙思邈却是言行一致,贯穿一生,体现了我国传统的优秀医德,无怪乎一千多年来他都得到人们的无限景仰。缅怀逝者,再注目医界的现实,只能使人顿生无限的遐思与感慨。

二是各类高等学校及其高级研究部门。高校的聚财热情绝不逊色于医院。而高校的教师在创收的手段和方法上甚或超过医生,因为他们可以活动的空间更为宽广。许多大学都办有一至多所其他名目的学院,它大幅度降低录取分数线,却同样大幅度提高就读费用,每年获利不菲,这都是公开的事实。而质量如何并不受到质疑,反正双方各遂所愿,皆大欢喜,也就和谐通顺了。跟随而来的是各个院、系(甚至教研室)大办各种培训班、证书班、研究生班、自学考试班、成人高考班、夜大等等,名目繁多,难以尽述。其效果如何? 或曰:"不可问也。"这些都是以单位的名义举办,在正业之外,肯投入这么多人力、物力,其获利之丰,不言而喻。所以学校又曾有"学店"之"美"称。具体到教师个人,他们中的许多人除了积极参与到集体的创收行动之外,自己还各有各的门路,五花八门,丰富多彩。申报、获取科研项目自是重中之重,因为只要成功,便可拿到一笔可观的科研经费,少则几万,多则上亿。一旦到手,虽有一些使用的规则和制度,但往往流于形式,决定权实际全操控在个人手中,可以不同程度地使用到个人的一切消费之中,这已是普遍的现象,成了公开的秘密。近日披露的浙江大学某教授贪污挪用科研经费近千万元之巨,获判刑十年,便是一个突出的例子,它已远超过"苍蝇"的水平了。其他不同程度的类似存在,还不知多少。高校教师中还有一个热门就是招收研究生、博士生,招得越多越好,十名、八名乃至更多已不是新鲜事。这么积极的道理很简单,指导的人数越多,获得的经费也越多,更有其他许多看不清说不明、不足为外人道的好处。但学生却得不到真正的指导,有的见到导师的机会也很少,甚至还要专门为老师打工,学生称之为"老板"。与此有关的便是竭尽全力去争取建立学科的硕士、博士点,当然越多越好,没有它,你再有学问也带不了研究生、博士生。这也关乎学校的名誉所在。因此,为了能建立"点",有关的教师不管你业务能力和水平是否达到必要的程度,你还要开展一项至关重要的公关工作,即去打通多种关节,上门拜访有关的评委。这种各处去疏通、打点的功夫,更是一门独特的学问,它往往能产生出人意料的效果。曾有一个流传颇广的故事,某教授为了达到建立博士点的目的,使出浑身解数,终于如愿以偿,随后便在合适的时候,筹办了一个"学术研讨会",相关的人员都荣幸与会,"研讨"完之后,又组织与会人员到某地(自是风景名胜之地)作社会"考察",而一切费用全在他的科研经费中支出。真是皆大欢喜,其乐融融。说到这种疏通、打点的功夫,它其实广泛地存在于高校的许多活动中,诸如评职称,评重点学科,通过博、硕士论文以及其他名目繁多的项目评审……

以上这些十分龌龊的内容似乎写得太多了,虽然与现实比起来,所写到的显得微不足道,而且这些还主要是粗略地涉及经济利益的层面,而在现实的其他方面,同样存在的许多卑污行径,这篇短文还无法顾及得到。至于更深层次的腐败,就更谈不上了。在中国传统的优秀文化中,师德是一项重要的内容,广为人知的韩愈的《师说》中说:"师者,所以传道、受业、解惑也。"也就是说,教师的最重要、也是最基本的职责乃是向学生传授正确的思想和专业知识,并回答学生提出的各种疑难问题。做到了这三点,便有了最起码的师德。这三点有一个鲜明的共同点,就是教师都必须面向学生,为培养学生服务。回头再看上面说到的许多教师的状况,在他们身上哪有丝毫的师德可言,他们能培养出什么样的学生来呢?

历来备受人们尊敬且曾有"白衣天使"和"人类灵魂工程师"崇高称誉的两类人员,其中的许多人今天已全身充满了铜臭味。由于这些人多属高级知识分子,他们所处的岗位与国计民生至关重要,任之长久下去,势必贻害无穷。

这种情况的出现,并不是孤立的现象,它正是整个社会道德滑坡的集中体现。一段时间以来,国人行为的不文明表现,已十分普遍,随处可见,去到国外也毫不收敛,为外国友人所嗤笑,给数千年的中华文明蒙羞。这些人大多数未必是明知故犯,给自己和国家抹黑,而是根本不知道自己的言行是可耻的,因为已经习以为常,这才是最为可悲之处。孟子有言曰:"人不可以无耻,无耻之耻,无

耻矣。"(《孟子·尽心上》)

回过头来,我们还要看到,中华民族的优秀文化传统在它的发展历程中,并不总是一帆风顺,波澜不惊,相反是经历过许多冲击考验才日益丰富、发展起来,不管在什么情况下,都从未中断过。就是在今天的情状下,优秀传统仍未完全泯灭,它仍深深地根植于广大人民群众的土壤中,而且时刻在发挥它的积极、巨大作用。人民群众对道德缺失、无耻横行一直进行着坚决的斗争,许多"老虎"、"苍蝇"之所以能被扑灭,都与人民群众的积极参与有着密切的关系,说明大家对这些可耻行为有着极大的憎恶和痛恨。这是大的方面。其实,对那些日常生活中随处可见的不文明行为,在大多数人的心目中,也是十分厌恶和鄙视的。这正是人们"知耻"观念的表现。如在许多公共场合,一些青年男女当众做出许多不雅的举动,他们自己大概以为很受用甚至感到自豪,但在许多人眼中却是很无耻的行为,只是不便表示出来罢了。但也不尽然,在一定的环境和条件下,人们的情绪还是会表露甚至喷发出来,只是表达的方式有所不同而已。试举几个亲身耳闻目见的例子以备一览:

其一,在江苏卫视"非诚勿扰"的一期节目中,有一位女大学生嘉宾说道,她每在公共场合看见一对男女同学扭在一起时,"就像见到两只苍蝇",显得无比地蔑视。这话她重复了两次,大概是平时对此积累的不满情绪都借此机会充分地抒发出来。

其二,曾在网上见到一条信息,有一对青年男女在过往行人颇多的路上长时间地占道拥吻,旁若无人,一会上来三个男青年,不由分说,一顿拳头,打得二人脸鼻流血,三人扬长而去。大概这三人已愤怒到了极点而失去了理智。网友们的评论自是各种各样,不必细说。

其三,某女大学生相告,一天某大学学生饭堂午餐高峰之时,一张四座饭桌上,相对而坐的一对情侣正不停地相互用饭勺给对方喂食,旁坐的两位男同学,显得十分尴尬又无奈,又无地可避。

忽然间那两位男同学也把饭碗互换,同样也相互喂食起来。那一对情侣竟迅速站起跑离了饭堂,引起周围一片喝彩和掌声。众人的心态显然是一致的:乐于看到那对举止不雅的情侣受到嘲弄。

之所以举出这几个例子,目的乃在于说明尽管类似不文明的行为非常普遍,但对它们的不满和义愤同样普遍存在,甚至非常强烈,这动力正是来源于悠久而厚重的中华文化优良传统。除了前面提到的顾炎武、欧阳修、贾谊、管仲等人的有关论说之外,我们不妨再温习一下一些历史文化名人的论述。

宋代理学创始人之一的周敦颐在其《通书·幸第八》中说:

> 人之生,不幸,不闻过;大不幸,无耻。不闻过,人不告也;无耻,我不仁也。必有耻,则可教;闻过,则可贤。有耻,则能发愤而受教;闻过,则知所改而为贤。然不可教,则虽闻过而未必能改矣。以此见无耻之不幸为尤大也。

他认为"无耻"乃是人生之大不幸,这种人是"不仁",也"不可教",表现了对"无耻"者的深恶痛绝。

具有一身浩然正气的孟子,前面曾多次提到他对"无耻"的批判,其实还更有甚者。《孟子·公孙丑》说:

> 无恻隐之心,非人也;无羞恶之心,非人也;无辞让之心,非人也;无是非之心,非人也。

也就是说,一个人如果缺少羞耻之心,他就根本算不上是个人。这对"无耻"者是何等地鄙视和憎恶!

或许有人会说,这都是一些道貌岸然的封建文人的特有看法吧,其实不然。我们且看比孟子还早数百年的一首民歌《诗经·鄘风·相鼠》中的一节话吧:

相鼠有齿，人而无止。人而无止，不死何俟？

这里的"止"借用作"耻"。这诗的感情非常直白、激烈：一个人如果无耻，那就连老鼠都不如，不赶快死掉还等待什么！这应该是中国历史上对"无耻"给予最严厉鞭挞的最早表述吧。

就这样，从最晚不晚于西周初期开始，就连绵不断地形成了一条提倡知耻、抨击无耻的红线，成为我们民族一份重要的优秀文化传统，它一直流传至今，而且还在起着有形无形的积极作用。

当今社会，世风日下，无耻横行，稍有良知的人都为之痛心。所幸在现实生活中仍有一股正能量一直在与之抗衡，它给人们带来欣慰和希望。其中，传统的优秀道德文化自然起了巨大的作用。但我们决不能以此为满足，不能坐视老祖宗长期积累下来的老本被耗光。我们必须有所作为。如何做呢？不妨再看看顾炎武论《廉耻》一文，其中有一段说：

> 罗仲素曰：教化者，朝廷之先务；廉耻者，士人之美节；风俗者，天下之大事。朝廷有教化，则士人有廉耻；士人有廉耻，则天下有风俗。

这罗仲素名从彦，宋朝著名的理学家。被引到的这段话，说得非常好。首先，他认为人的廉耻需要通过教化去获得，颇有眼光。其次，他把教化的重点放在"士人"身上，认为这是关键，只有"士人"有了廉耻，才能带动整个大众，使"天下有风俗"，这显得特别有眼光。再次，他开头便提出"教化者，朝廷之先务"，这实在十分出人意表，因为从来没有人这么说过，这就不但是眼光独到，而且还相当有胆量，可谓胆识兼备。

当然，罗仲素这番言论的可贵之处，更在于它在今天同样有强烈的现实意义。当下的形势不是更有必要对全社会进行一场持久不懈的廉耻教育吗？不是更应该从重点抓住今天的"士人"下手吗？因为今天的许多无耻行为，尤其是发生在青年中的种种行为，许多人是不以为耻的。就拿前面说到的三个例子来说吧，那三对青年男女之所以敢于当众那么泰然地做出如此的不雅行为，他们肯定是不知道在别人眼中那是一种令人反感的举动，相反还可能以为这是一种新潮，很值得当众秀它一把，否则，他们怎么会愿意在别人心目中成为一对恶心的苍蝇、被别人痛打一顿以及在众人的嘲笑声中狼狈逃窜呢？而更值得注意的是，在这三对当事人之中，至少有两对都是在校的大学生，有文化的大学生尚且如此，遑论其他？这样的事实难道还不值得我们的有关部门警醒，并立刻采取有效的措施吗？即使是千头万绪，无法把这事放在"先务"之地位，也应该是有相当的紧迫感，立刻行动起来吧？

知耻自然远远不是能解决社会问题的万能钥匙，但知耻的人多了，许多人都能做到"行己有耻"，"有耻且格"，社会上就必然会减少许多冲突和矛盾；而无耻的人多了，则什么事情都可能发生，直至贻患无穷。

中国古代诗人与小说家对佛教的不同态度

在迄今大约两千来年的时间里，儒、释、道"三教"对中国社会生活的各个方面都起着巨大的作用，尤其在古代文学方面，其影响更为突出。而其中的佛教，可能由于它是外邦传入的关系，又有它本身的许多特点。

佛教自两汉之际由印度传入中国，已是在汉武帝"罢黜百家，独尊儒术"之后。它作为一家，且是外来的，要求得生存和发展，就必须证明它有存在的合理性。在初始，佛教为了立住脚跟，只好依附于黄老之术，当时人也把它们同等看待，并未有独立的地位；直到南北朝时期，佛教才取得了与儒、道并立的地位，但仍处在激烈的相互竞争中。北周武帝在登基前后曾多次召集群臣、沙门、道士等，辩论三教优劣及排列先后，最后钦定"以儒教为先，道教为次，佛教为后"①。当时的许多理论著作也围绕这一问题展开了针锋相对的辩驳。北朝兴佛灭佛之举此起彼落，受尽了折腾。而有名的"三武灭佛"则是由北朝延续到唐后期对佛教的三次沉重打击。佛教所受到的这些劫难，实际上可看成是它作为一种外来的文化，要与本土文化融汇必须经历的一个磨合过程。事实上，在这个过程中，它虽然受到过种种挫折和打击，但总的来说，它是站稳了脚跟，并且发展、繁盛了。到唐武宗灭佛之前，全国共有大小寺院四

---

① 《周书·武帝纪》，中华书局 1992 年版，第 53 页。

万多所,僧众近三十万人,已远非杜牧描绘的"南朝四百八十寺"的规模所能比拟的了。

而产生的时间实际更早,却于中、晚唐才兴盛且绵延至后代的禅宗,就可以说是这种融合的最佳表现,它标志着外来的佛教已完全汉化了,它也就因此成了佛教诸宗派中影响最大的一个宗派,受到了各方人士,尤其是知识分子的欢迎。这正是佛与儒更密切地融合的一种表现。

禅宗在士人中所受到的欢迎,对于诗人特别明显。其最浅表的原因是,禅宗的教义与其思维、传承方法和中国古代诗歌的许多传统特点有其相通之处。早在佛教传入,尤其是禅宗兴盛之前,中国古代诗坛的一些提倡,如《周礼·春官·大师》中提到"教六诗"中的"风"与"兴";《礼记·经解》所论"诗教"的"温柔敦厚";《毛诗序》中强调的"美刺"、"主文谲谏"等,它们在中国古代诗歌创作史上起了相当大的导向作用,成为重要的诗歌传统理论。它们的共同点都是要求诗歌表现出平顺中和而不过火,要委婉含蓄、不正面直说而以微词托意的特点。而这种特点恰与禅宗的会心、象征、启示、暗喻等思维、传承方法十分接近,易于沟通,因此在诗人与佛禅之间就自然形成了一座连接、融通的桥梁。

很能说明这种情况的例子是之前的著名诗人陶渊明,以他的遭遇和思想,是很能接受禅宗的影响的,他和东林寺著名的法师慧远也有交往,但并不投合,他的诗作中就没有多少佛家的痕迹。这说明当时的诗人和佛家之间虽也有表面层次上的交往,却未能沟通和融合。同时的其他文学家如谢灵运、颜延之、沈约等亦有类似情况。

待到禅宗成为独立的宗派,并且达到了兴盛时期的唐代,尤其是它的中后期乃至宋代时,诗人与佛、禅之间的关系比之此前便有了完全不同的景象。具体表现在:

首先,大量著名的、乃至第一流的诗人都以不同方式和不同程度与佛、禅结缘,他们有的出家,有的奉佛,有的自称居士,有的译经、传经,有的先儒后禅,有的儒、禅一体。他们都有亲佛、禅的共同倾向。自中唐至有宋一代,著名诗人如王维、孟浩然、韦应物、白居易、柳宗元、刘禹锡、李商隐、司空图、王安石、苏轼、苏洵、苏辙、黄庭坚、曾幾、陆游、范成大、杨万里等,莫不如此,其中有的如王维、白居易、苏轼可以说已达到十分投入、痴迷的境地。此外,其他较一般的诗人就更不知有多少了。这种情况正反映了在这一时期儒家力量薄弱,而佛、禅却蓬勃发展。事实也是如此,据《隋书·经籍志》载:"开皇元年,高祖普诏天下,听任出家……而京师及并州、相州、洛州等诸大都邑之处,并官写一切经,置于寺内;而又别写,藏于秘阁。天下之人,从风而靡,竞相景慕。民间佛经,多于六经数十百倍。"①至唐太宗时,朝廷遣玄奘赴印度取经,回国后又掀起了一场译经高潮。如此,则儒、释力量对比的情况,可见一斑。所以宋太宗时的宰相张齐贤曾说:"儒门淡薄,收拾不住,皆归释氏。"②确是符合当时的实际状况。

其次,诗与禅的融合,尤其是诗人在创作中自觉地大量与禅交融。诗与禅的这种关系,其实最初还是表现在禅僧的借诗寓禅。如神秀与六祖慧能在五祖宏忍面前所吟的那两首示法诗偈,就是众所皆知的最具影响的例子,姑且不论。而禅之融入于诗,则在在皆是,反映在当时的诗作中就是融入了浓厚的禅意、禅趣和大量的禅语。唐代最有代表性的当是王维的诗,那种恬淡幽远、静寂空灵的无限意蕴,使人"读之身世两忘,万念俱寂"③的心理效应,正是一种浓厚的禅意、禅趣所致,他也因此被称为"诗佛"。王安石、苏轼、黄庭坚等那些有名的哲理诗,实际上也是充满了禅理。而这又

　　① 《隋书·经籍志》,中华书局1973年版,第1099页。
　　② 陈善:《扪虱新话》卷三《儒释迭为盛衰》,《丛书集成初编》310卷,中华书局1991年版,第23页。
　　③ 胡应麟:《诗薮》内篇卷六,中华书局1962年版,第119页。

构成了宋诗的一个重要特点。宋人李之仪干脆说:"说禅作诗,本无差别。"①还有从宋代吴可《学诗诗》说"学诗浑似学参禅"开始,直至宋、明的许多人都这样唱和,正足以反映当时的情况。

如果说,这些信佛奉禅的诗人,在其创作中融禅入诗不足为奇的话,那么,一些尊儒崇道,而且是第一流的诗人,其作品也未能摆脱佛禅的影响,就更足以说明问题了。生活在"奉儒守官"传统家庭,自己又每饭不忘君恩的著名诗人杜甫,是一个典型的儒家信徒,因诗歌的巨大成就而被称为"诗圣",但在他的诗中也有不少明显的禅迹,直到晚年写的《秋日夔府咏怀奉寄郑监李宾客一百韵》,还说:"身许双峰寺,门求七祖禅。落帆追宿昔,衣褐向真诠。……本自依迦叶,何曾藉屋全。炉峰生转盼,橘井尚高褰。东走穷归鹤,南征尽跕鸢。晚闻多妙教,卒践塞前愆。顾恺丹青列,头陀琬琰镌。众香深黯黯,几地肃芊芊。勇猛为心极,清羸任体孱。金篦空刮眼,镜象未离铨。"②在诗里既表示了对佛境的向往,亦有浓厚的佛理禅语。被誉为"诗仙"的李白,以耽道求仙出名,一生中写了不少游仙诗。但在他的作品中也不乏像"宴坐寂不动,大千入毫发。湛然冥真心,旷劫断出没"③这样禅意、禅语十足的诗句。至其《玉阶怨》诗中的"却下水精帘,玲珑望秋月",则以其幽深的禅趣而被王士祯赞为:"妙谛微言,与世尊拈花,迦叶微笑,等无差别。"④其他诗如《赠僧崖公》、《赠僧胡美》、《赠僧行融》、《送通禅师还南陵隐静寺》、《寻山僧不遇作》也是充满了禅典、禅语,说明他与禅僧也有不少来往。杜、李的情况正说明禅对诗的巨大渗透性,即使"诗圣"与"诗仙"也不能"幸免"。

---

① 李之仪:《与李去言》,见《姑溪居士前集》卷29,《景印文渊阁四库全书》1120册,台湾商务印书馆1983年版,第529页。
② 转引自仇兆鳌:《杜诗详注》卷19,中华书局1979年版,第1699页。
③ 《李太白全集》卷23,中华书局1977年版,第1075页。
④ 王士祯:《蚕尾续文》,见郭绍虞主编《中国历代文论选》下册,中华书局1963年版,第66页。

　　是否可以说,唐诗的韵味、宋诗的理趣,它们本身的各自特点和取得的成就,实在都是和禅与诗的融合分不开的。

　　再次,许多诗人同时都是诗评家,创作和理论又是互相影响的,禅对诗有如此紧密的关系,那么对诗歌理论自然也不会例外。中唐时诗僧皎然在其《诗式》中最早用佛理说诗,认为其十世祖谢灵运的诗歌成就乃得"空王之道助"①,明白了然地把诗与佛挂上钩。到唐末的司空图,在其《二十四诗品》中,单立"含蓄"为一品,倡言"不著一字,尽得风流";在《与李生论诗书》中,又大谈诗要"辨于味",而味应在"咸酸之外",应有"韵外之致"、"味外之旨";还有《与极浦书》所追求的"象外之象,景外之景"。这里虽没直言佛与诗理之关系,但也充满了禅意。至宋代严羽的《沧浪诗话》,则更把这种思想发展到极致,他直接把禅道的"顿悟"引入诗道,大谈"大抵禅道惟在妙悟,诗道亦在妙悟","惟悟乃为当行,乃为本色"。这既是理解诗又是创作诗的最好窍门。又说:"羚羊挂角,无迹可求,故其妙处莹彻玲珑,不可凑泊,如空中之音,相中之色,水中之月,镜中之象,言有尽而意无穷。"这里说的是诗歌应达到的境界,已完全是一派禅语、禅趣了。司空图、严羽之说对后世影响非常大,至清代王士禛创"神韵说",他不但最喜欢司空图的"不著一字,尽得风流",而且把这一派的理论绝对化,鼓吹"古人诗只取兴会超妙",不得要理语,甚至可以不顾事实,带来了消极的影响。总之,这派诗论讲言有尽而意无穷,讲意在言外,韵外之致,象外之象,它们都可以归之为含蓄,而含蓄作为文学风格之一,后来竟成了许多诗论所推崇的最高追求、无上境界,被誉为"是诗之至也","词之要诀","善之善者也","天下之至言也"等等。本来,在中、晚唐之前,刘勰在《文心雕龙·隐秀》中也曾说过:"隐也者,文外之重旨者也。"钟嵘的《诗品序》又说:"文已尽而意有余,兴也。"但这些意见都是就

----

① 皎然:《诗式》,见《历代诗话》,中华书局 1981 年版,第 29 页。

言与意之间的关系而言,仅是一种具体的表现方法,而司空图、严羽以来的一派说法,却是从诗歌整体的艺术意境而言,而且作了充分的发挥,以至于极致,这明显都是受佛、禅影响的结果。这里所说的仅是佛、禅对诗论影响的一个方面,当然是很重要的一面。它对中国古代诗歌的创作也是影响深远的。

最后,诗人与佛、禅之间还有一个很突出的关系,便是诗人与禅僧之间的来往和交结十分普遍和紧密。前面提到的那些著名诗人还有大量的其他诗人都普遍存在这种情况。他们与禅僧一起游玩山水,酬唱吟诗,证道论法,参禅悟佛,甚至俯伏受教,诗人还为死去的僧人撰墓碑,书塔铭,作赞颂,写传记,两者之间十分投合、融洽。如王维早年就曾随道光法师"十年座下,俯伏受教"①;白居易问禅于乌巢禅师,并拜其为师,都是人所共知的雅事。此风至宋代尤甚,如苏轼,他和王维一样,一家好佛,又连遭官场挫折,更促使他奉佛向禅,喜与释子游,斗机锋,参佛理,禅趣无穷,如他自己所说:"吴、越多名僧,与余善者常十九。"②诗人的这种习性,一直延续到后代,从宋濂、李贽、袁宏道、钱谦益、龚自珍直至谭嗣同、章太炎,梁启超等著名诗人莫不如此。还值得一提的是,不仅那些奉佛者如此,甚至一些强烈反佛的人,也乐与僧人交往。如韩愈以辟佛著称,但其遭贬到潮州后,却与僧人交往甚密,并对他们备加称赏,正如陈梅岑所说:"游山灵运常携客,辟佛昌黎亦爱僧。"③此事曾引起当时和后人的许多议论,以为韩愈反佛的立场变了,其实不然,韩愈辟佛乃出于一种政治上的需要,而当时佛子与诗人之间那种普遍存在的融洽,于韩愈也未能免俗。

以上所说禅与诗人的许多关系,除了因作诗与禅家的思维方

---

① 《王右丞集笺注》卷25,中华书局1961年版,第460页。
② 《苏轼文集》卷72,中华书局1986年版,第2302页。
③ 《随园诗话》卷14,人民文学出版社1960年版,第490卷。

式有种种相通之处以外,还有更多、也许是更深层次的原因,并不仅仅是一种文字因缘。

其一,儒、佛两家虽然在根本上有不少相悖之处,但亦能找到可以相通的地方,中国化的佛教禅宗表现得更为明显。如儒家从孔子起,尤其孟子,皆讲心、性之学,而这也是禅宗经典的主要内容。尽管它们在内涵上有实质性的不同,但至少在形态上比较接近。而且儒家讲的"内圣",着重在"正心"、"诚意"上,即在内心修养上下工夫;而禅宗最有特色的"自性"说便认为人的本性即佛,成佛不用外求,只要内心省悟即可。儒与禅在这个大命题上便是相通的。所以一些僧人对《大学》《中庸》就特别推许,认为它们与佛典精神一致,而儒士们也可在此两者之间游刃自如。此外,儒家的《易·坤》讲"积善之家,必有余庆",《书·汤诰》说"天道福善祸淫",这和佛家的因果报应之说又不谋而合,它们也成了中国封建社会影响巨大的一种观念。同时也为儒士、佛徒之间提供了许多共同的语言条件。再有,儒家"穷则独善其身,达则兼济天下"的信念深入人心,为儒士所共守。而儒士们无论在科场或官场又常受挫折和打击,佛禅的诸多观念和独处的生活方式,就十分自然地会被这些奉行"独善其身"者所接受和实行,这就为佛禅和儒士之间编织起了千丝万缕的联系。

其二,诗人所结交的佛子,大多是有相当文化素养的诗僧,几部《高僧传》里,这类人物比比皆是。他们在出家前,生活方式和思想意识与一般儒士诗人并无什么明显的差别,大多是受多种客观环境因素所迫而出家。从某种意义上来说,他们许多人皆是披上了袈裟的儒士,出家乃所谓的"逃禅",由真正的纯宗教信仰而出家的实在不多。他们中的人只要脱下袈裟,便可立地成儒。著名诗人贾岛就是早年出家,后又还俗,于科场宦途中颠沛流离终生。因此,在诗人与禅客之间,其思想与意趣便有许多共同之处,这就为他们的交往和认同构筑了坚实的基础。加上这些方外人一般都不介入政治风云和官场是非，因此，他们的心态和生活方式就对在官场和红尘中因"翻过筋斗"而折腾得心力交瘁的失败者（他们当中自然许多又都是诗人）具有相当大的吸引力，于是"逃禅"就成了他们的必然出路，前面所列的诗人大都如此。

其三，佛教，尤其是中国化了的禅宗，它发生和发展的历史，归根到底都是要适应统治者的需要，为封建统治者服务的。而中国古代的诗人们，在其进入人生社会之初，都抱有"兼济天下"的宏志大愿，他们在不同程度上都曾涉足官场，有的甚至在朝廷终其一生，他们在根本思想上也是与佛、禅要为统治者服务的本质相通的。这一点或许可以说，更是诗人能与佛、禅融合贯通的根本原因。事实上我们看到，不仅是著名的诗人，就是宋代的理学家们亦和佛、禅有着不可分离的干连。理学创始人周敦颐就和一些禅师常有来往，并自称"穷禅之客"。他的继承者明道先生程颢就曾"泛滥于诸家，出入于老、释者几十年"①。其弟伊川先生程颐的情况也大致如此。理学集大成者朱熹自幼就曾钻研禅学，对儒、释之学的关系深有体会，他认为："今之不为禅学者，只是未曾到那深处，才到那深处，定走入禅去也。"②理学家们从儒家的角度道出了禅学的本质，这就无怪乎最后会儒、禅合一而产生出新儒学——宋明理学了。明乎此，则诗人与佛、禅的关系，无论达到怎样一个境地也都不足为怪了。

佛、禅在古代诗人那里可以说是如鱼得水，十分融洽了。可是它在小说家那里却没有受到这种青睐。

中国古代的小说，大概从唐代开始才进入"有意为小说"的阶段。而其作者的创作动机有不少是出于"温卷"的需要，并非一种纯粹的文学创作活动，也因此每个作者的作品皆不多，即使像元稹

---

① 《宋史列传·道学一》，中华书局1985年版，第12716页。
② 《朱子语类》卷18，中华书局1986年版，第415页。

那样写了著名的《莺莺传》,成为后来杂剧《西厢记》的原型,他在当时仍是一个有名的诗人,而没有人把他看成是小说家的。其他唐传奇作者的情况也大体如此。宋元话本的作者多为无名氏,更难找出以小说名家者。小说的真正成熟与繁荣、能代表中国古代小说的成就者,当是明、清,尤以明中叶以后的小说,他们的作者都是名副其实的小说家,所以这里自然也是以这一时期的优秀小说家为代表来加以论析。

佛教自传入中国,尤其是中国化之后,它已融入中国社会生活的各个方面,其影响是十分巨大的,对小说创作也不例外,无论是对明清小说或以前的小说均如此。但这种影响主要是表现在一些落后的思想意识有意无意地融进了小说作者的头脑及其作品中,如宿命轮回、因果报应、虚无空幻的思想在小说中就非常普遍。而更大量存在的却是佛、禅经典中的故事情节被作为题材大量移入到小说的内容中。这种例子俯拾皆是,无须列举。这些影响都是由于佛、禅广泛而深入地融入了社会生活,因此想避免也避免不了的。

然而在小说家们的主观思想和创作态度上,却和诗人有很大的不同。不过由于历史的原因,明、清时期许多优秀的古代小说家留下的个人资料甚少,有的作品的作者为谁也难以确定,所以在论述这个问题时,我们往往只能通过其作品中的故事情节、场面描写等来探求作者的思想倾向和态度。这样做自然也是科学的、可行的。

《西游记》是长篇神魔小说之祖,由于题材和历史框架的限制,再加上它的前身平话的影响,所以该书充满了浓厚的宗教氛围,而且在许多故事情节之外的诗、偈、曲、议里还多有对佛、禅的赞誉之词,因此就有人把《西游记》看成是一部弘扬佛教的小说,其实不然。因为要评判一部小说的意旨,主要根据还不在于作者正面说了什么,而在于作品的故事情节、场面描写、人物塑造等方面表达了什么思想倾向。而从这方面来说,作者所要传达给读者的却是与正面曾说过的实是不一样。

　　唐僧是取经故事的主脑,他是一个虔诚的佛教信徒,心地善良,但是一个懦弱无能的凡夫俗子,在取经过程中,他显得愚昧笨拙,人妖不分,是非不明,偏听偏信,刚愎自用,在对待孙悟空的态度上,许多时候显得特别偏执顽固,甚至残忍暴戾,取经事业多次因他的过失差点断送。而孙悟空的性格恰恰与之相反,而且对比鲜明。在他们身上,作者鲜明的取舍褒贬的态度表露无遗。

　　《西游记》第十九回还特别写了乌巢禅师向唐僧传授《多心经》一卷的故事。该经虽只是二百七十多字,却是大乘佛教《般若》诸经内容的核心。作者把《多心经》全文写出,并宣扬它是"修真之总经,作佛之会门",唐僧当时也即刻领悟并记住了,可见其重要意义。可是,在作品中读者却看到,每当唐僧遇到险情时,他总是一个劲地念《多心经》,却总是在这个时候被妖怪抓去。可见念那经咒,并不管用。这无疑是对佛禅经典的辛辣嘲讽。

　　在取经路上,师徒四众也遇到过一些僧人,除了小雷音寺的佛祖是妖怪变的之外,其他一些僧人也多是愚妄贪邪之辈。镇海寺的僧徒因贪色欲被化成美女的妖怪吃掉六人,不是孙悟空驱怪还不知要死去多少(第八十一回)。天竺国公主被妖风刮落到布金寺,百多岁的长老搭救了她,锁在一间破房里,哄"众僧"说"是个妖邪,被我捆了"。公主也聪明,"恐为众僧点污,就装风作怪,尿里眠,屎里卧。白日家说胡话,呆呆邓邓的",才逃过了"众僧"的污辱(第九十三回)。这布金寺"原是舍卫国给孤独园寺,又名祇园",是印度佛教圣地之一,相传释迦曾在此宣扬佛法二十余年。这个圣地的"众僧"如今竟都成了好色之徒,这不是对佛门的极大讽刺吗?如果说,这些僧徒只不过是一些凡夫俗子罢了,他们六根未净,并不足奇,那么,那灵山真如宝地,该是无比圣洁脱俗的了。然而令人诧异的是,当如来的两大弟子阿傩、伽叶向唐僧等传经时,竟向唐僧要"人事",因唐僧一无所有,两位大佛便只传了一堆白纸无字经。后来孙行者等告到如来佛处时,佛尊竟为二位弟子辩护说:"只是经不可轻传,亦不可空取。向时众比丘圣僧下山,曾将此经在舍卫国赵长者家与他诵了一遍……只讨得他三斗三升米粒黄金回来。我还说他们忒卖贱了,教后代儿孙没钱使用。你如今空手来取,是以传了白本。"(第九十八回)原来唐僧师徒以无比虔诚的心意,历尽千辛万苦去拜求的佛祖,却也是和世俗之人没有什么区别的嗜利之徒。作者这揶揄的一笔,把读者一步步积累起来的对西天佛祖的崇拜之情破坏殆尽。

从以上故事情节的描写可看出,《西游记》对所谓的佛家"三宝"——佛、法、僧都进行了无情的讥讽和嘲弄,于中也可看出吴承恩的鲜明态度。

《金瓶梅》是著名的世情小说,以贴近生活著称,明代也是佛教活动频繁的时代,所以作品中也多这方面的描写。它也像《西游记》一样,有佛、禅种种消极影响的通病,从总体上看,作者对佛、禅也是持否定态度的。

主人公西门庆也常捐银建寺、念经,但千万不要以为他有对佛的宗教信仰,他的这种作为,只是一种自我欺骗,为他所做种种坏事寻找一点心理自慰。不听他对妻子吴月娘说嘛:"咱闻那佛祖西天,也止不过要黄金铺地,阴司十殿,也要些楮镪营求。咱只消尽这家私广为善事,就使强奸了姮娥,和奸了织女,拐了许飞琼,盗了西王母的女儿,也不减我泼天富贵。"(第五十七回)可见他心目中的西天佛祖,竟是和他自己同一个德性,只是要钱。这一点倒和《西游记》里对如来的描绘是一致的。这同时的两部通俗小说有如此相同的见解,说明同是反映了当时市民阶层的思想意识,佛在他们心目中与正统封建文人脑海中的形象是完全不同的。相对来说,吴月娘倒是比较信佛的,平日佛事不绝,但作者对她的一些行为却颇不以为然,吴月娘怀孕在身,有一次聚集多人听尼姑"宣卷"、念偈、唱佛曲儿,对此,作者径加评论说:"看官听说:古妇人怀孕,不侧坐,不偃卧,不听淫声,不视邪色,常玩诗书金玉,故生子女端正聪慧,此胎教之法也。今月娘怀孕,不宜令僧尼宣卷,听其死生轮回之说。后来感得一尊古佛出世投胎夺舍,幻化而去,不得承受家缘。盖可惜哉!"(第七十四回)在这里,作者明显是以儒家的观点去反对佛教的作为。

与此思想相关,作者笔下的佛徒们也大多是一些无良之辈。报恩寺六个和尚被请来做水陆,超度武大,突然"见了武大这个老婆,一个个都迷了佛性禅心,关不住心猿意马,七颠八倒,酥成一块"。后来又去偷听"淫声",整个法事过程中,为此事胡敲乱打,"笑成一块"(第八回)。一个在广成寺门前卖东西的青年女子,竟与寺里的和尚"刮上了四五六个"(第五十七回)。此外,如永福寺长老道坚和尚,武当山下来的行脚僧,天竺国来送春药的胡僧,都是一些邪恶之徒。而写得更多又细致的却是观音庵的王姑子和莲花庵的薛姑子,这两个女尼大概除了身着尼装之外,就与世俗卑污的帮闲、市侩无异。她俩"专一在士夫人家往来,包揽经忏。又有那些不长进、要偷汉子的妇人,叫他牵引。闻得西门庆家里豪富,侍妾多人,思想拐些用度,因此频频往来"。她们在西门庆家,除了宣读宝卷,就是陪着太太等女眷围炉吃酒,猜枚行令,唱小曲,讲荤笑话,为了获利,甚至送助孕药,骗写经的银子。她们还特别懂得巴结西门庆,那天,两个姑子和大家在一起,听得西门庆给永福寺施了银子,"那薛姑子听了,就站将起来,合掌叫声:'佛阿!老爹你这等样好心作福,怕不的寿年千岁,五男二女,七子团圆。'"(第五十七回)这副溜须拍马的丑态,真令应伯爵之流相形见绌。

对于僧尼们的种种恶行劣迹,作者是深恶痛绝的,他常常跳出故事情节之外,直面给予指斥。第五十回写了王、薛二尼用助孕药各骗得吴月娘二两银子后,作者写了两句回末诗曰:"若教此辈成佛道,天下僧尼似水流。"言简意深,憎恶之情,表露无遗。

与《金瓶梅》同时的我国古代白话短篇小说的杰作《三言》与《二拍》，它们虽然采用了大量的前朝故事题材，但描写的却是现时的人情世态。两书的作者冯梦龙和凌濛初，他们的思想不出儒、释、道三家之外，非常复杂，有时甚至是十分矛盾，但在对待佛教及其教徒的态度上，却是十分鲜明而且一致的。两位作者笔下的和尚和尼姑，他们的思想和言行，除了利便是色，绝没有丝毫佛门的痕迹。《初刻》中《宣徽院仕女秋千会，清安寺夫妇笑啼缘》中的和尚，皆知"开棺者须有罪"，但因"受了重贿，无有不依"，替人开棺取走财物后又封棺。《喻世明言》中的《闲云庵阮三偿冤债》，写到尼姑们见了银子便"眉开眼笑"，甘心去为别人做些偷鸡摸狗之事。而《二刻》中《程朝奉单遇无头妇，王通判双雪不明冤》写一游方僧晚上进入民家，因奸未遂而杀人。《初刻》中《酒下酒赵尼媪迷花，机中机贾秀才报怨》则分别写了两个尼姑因贪人钱财而帮人勾引妇女，坏人家庭的故事。至于淫，则更触目皆是。《醒世恒言》中的《汪大尹火烧宝莲寺》写全寺和尚利用暗室和迷信长期大量奸骗妇女。《初刻》中的《夺风情村妇捐躯，假天语幕僚断狱》写了两则和尚因奸杀人的故事：临安庆福寺和尚广明因郑生无意撞见他地窖里藏有许多妇女，便一意要杀掉郑生；汶川县太平寺师徒俩幽禁了一个避雨的妇女，长期奸淫后又因师徒矛盾把她杀了。真是何等淫毒！在《喻世明言》中还有两篇相似的故事：《明月和尚度柳翠》和《明悟禅师赶五戒》，它们的共同特点是分别写了两个修行几十年的和尚都因在美少女面前"一时差讹了念头，邪心遂起"而破了色戒，因而断送了道行，极具讽刺意味。

作者对他们笔下的那些奸僧淫尼，憎恶之情同样十分强烈，也是不止一次地站出来给予斥责。在写了上面所举和尚广明要杀郑生之后，作者写道："……况且不毒不秃，不秃不毒，转毒转秃，转秃转毒，为那色事上，专要性命相搏、杀人放火的。"在上面提到的《初刻》的《酒下酒赵尼媪迷花》一篇的开头，作者就先发了一通议论：

"话说三姑六婆，最是人家不可与他往来出入。……其间一种最狠的，又是尼姑。他借着佛天为由，庵院为囤，可以引得内眷来烧香，可以引得子弟来游耍。见男人问讯称呼，礼数毫不异僧家，接对无妨；到内室念佛看经，体格终须是妇女，交搭更便。从来马泊六、撮合山，十桩事例有九桩是尼姑做成，尼庵私会的。"这两段话，不仅显得言辞十分尖刻激烈，更值得注意的是，他所说的并非针对某个做了坏事的僧尼，而是泛指所有的男女佛徒，作者对佛、禅的态度也就十分鲜明显豁了。

从"天崩地解"之后建立的清朝，小说继续发展并达到了它的高峰。这个时候的名家在对待佛教的态度上和明代的小说家是一脉相承的。

蒲松龄是难得几个传有文集的作家，不过他在这方面的态度也还主要明显地表现在他的作品中。《聊斋志异》中写到佛教以及佛徒的大概有十来篇，其中表露的作者倾向显得相当一致。有一篇颇可玩味的《西僧》，它写两个从西土东来的和尚，历尽艰险，途中死去十个同伴，剩下他们二人始到中国。据自云：西土传中国有四座佛教名山——泰山、华山、五台山和落伽山，"相传山上遍地皆黄金，观音、文殊犹生。能至其处，则身便是佛，长生不死"。对这一可笑的西方传说，作者在最后揶揄说："听其所言状，亦犹世人之慕西土也。倘有西游人，与东渡者中途相值，各述所有，当必相视失笑，两免跋涉矣。"作者写的这个可笑的故事和发的议论，清楚地告诉大家：世界上根本就不存在不老佛和菩萨的，西方也一样。这就从根本上否定了佛教存在的基础。其他的许多篇也都是对佛徒的嘲笑和抨击。如《死僧》写一和尚被盗杀死，至夜，和尚的鬼魂"直入殿，登佛座，抱佛头而笑，久之乃去"。原来佛头内藏有和尚生前所藏的银子未被盗去。作者借"异史氏"骂他"生不肯享，死犹顾而笑之，财奴之可叹如此"。当然，"佛头"内藏银，亦是对我佛的大不敬。此和尚和《僧术》中帮书生向阴司用钱行贿，以求功名的和尚一样,充满了铜臭味。《药僧》写和尚因卖房中丹而害人致残。
《僧孽》则写一和尚"广募金钱,悉供淫赌",结果在阴司受到"扎股
穿绳而倒悬之,号痛欲绝"的惩罚。这类和尚都是淫邪之辈。而
《金世成》则写一出家头陀,疯疯癫癫,"啖不洁以为美,犬羊遗秽于
前,辄伏啖之。自号为佛"。而"愚民妇异其所为,执弟子礼者以千
万计",则是对佛、其教徒以及万千崇佛者的辛辣讽刺。《丐僧》与
《番僧》中的僧人行动怪诡,无异江湖术士。《紫花和尚》则因生前
为恶,种下"夙冤",结果第二世还有人来"追报",年少便死去。作
者花力气写得较多的则是《金和尚》,此僧靠经商投机发家致富,
"生平不奉一经,持一咒,迹不履寺院,室中亦未尝蓄铙鼓";还买异
姓儿,并"援例"取得了功名。他死后"士大夫妇咸华妆来"吊唁,
"冠盖舆马塞道路"。这和一方的土豪恶霸毫无二致,何曾有一丝
出家人的气味。所以作者又借"异史氏"之口骂曰:"此一派也,两
宗未有,六祖无传,可谓独辟法门者矣。抑闻之:五蕴皆空,六尘
不染,是谓'和尚';口中说法,座上参禅,是谓'和样';鞋香楚地,笠
重吴天,是谓'和撞';鼓钲锽聒,笙管敖曹,是谓'和唱';狗苟钻缘,
蝇营淫赌,是谓'和幛'。金也者,'尚'耶?'样'耶?'撞'耶?'唱'
耶?抑地狱之'幛'耶?"可以说,对此金和尚极尽了讥骂之能事。

在蒲松龄笔下,也写了一个可说是正面的好和尚。《长清僧》
中的和尚,道行高洁,死后因偶然机会,其魂鬼附于一坠马才死的
少年公子身上,被仆辈拥回公子家。他生活在粉白黛绿之富家,却
一直坚守佛戒,"夜独宿,不受妻妾奉",最后仍回旧寺奉佛,真可说
是德行高洁。如果单独只有这么一个故事,则可以说是颂扬佛门
了。可是在"异史氏曰"中我们却看到这样一段话:"予于僧,不异
之乎其再生,而异之乎其入纷华靡丽之乡,而能绝人以逃世也。"这
话真是意味深长,作者竟是褒扬了一个长清僧,而骂尽诸僧也。真
是言此意彼,笔法独运。

代表中国古代小说最高成就的《红楼梦》,在这方面表现得尤

为出色。《红楼梦》故事的产生乃是缘于一僧一道对一块"顽石""高谈快论"一番之后，这石"大动凡心"，"苦求再四"要僧、道带他去尘世享受一番荣华富贵，因此上演出了这一场悲金悼玉的红楼梦。当年竺道生在虎丘聚石演说，结果使众石点头悟道，现在的和尚演说，却使顽石入世，真是极大的讽刺。

书中主角贾宝玉，专一毁僧谤道，连在睡梦里还大喊："和尚道士的话如何信得！"这是作者赋予他的叛逆性的重要内容之一。

贾宝玉之所以如此，除了因和尚干预他的婚事之外，更主要的恐怕还是在他的世界里佛徒没有一个好的。他的寄名干娘马道婆，平时嘴里常挂着"阿弥陀佛"，不但到处去骗香油，而且还因得了赵姨娘的银子收买，竟欲置宝玉、凤姐于死地；水月庵里的净虚代人向王熙凤行贿三千两银子，破坏了一桩婚事，害死两条人命；水月庵里的智通与地藏庵里的圆心趁抄检大观园之机，为了"又拐两个女孩子去作活使唤"，竟把芳官、蕊官、藕官三人骗了出家。当然，最具讽刺意味的则是奉佛最虔诚的王夫人，乃是《红楼梦》里害死人命最多的"慈善人"。

这班秃尼在外如此招摇撞骗，在她们自己的"天国"里又是如何呢？请看，水月庵里的净虚，平时克扣小尼姑的"月例香供银子"，竟和王熙凤克扣丫环下人们的月钱一模一样。芳官等被骗去供"使唤"，其佛门生涯可想而知；而智能儿直把佛门"圣地"称为"牢坑"，这恰和龄官把贾府称为"牢笼"形成意味深长的呼应，它说明佛门天国也不过是混浊人世的翻版。这就无怪乎一方面尽管还有许许多多人由于种种原因在陆续踏入"天国"，而另一方面，智能儿、葫芦僧却又受不了"天国"的煎熬而还俗。"牢坑"与"牢笼"，出出又进进，曹雪芹把世俗与"天国"看成一个事物的两个侧面，同时加以嘲弄和抨击，既揭露了世俗封建制度、伦理道德的种种虚伪和罪恶，又对佛门的"参禅"、"面壁"等修行方法进行了嘲弄和揶揄。

以上一切的综合和凝聚，则反映了曹雪芹对整个佛教所持的否定态度。他预示惜春将出家所写的那首"判词"："勘破三春景不长，缁衣顿改昔年妆。可怜绣户侯门女，独卧青灯古佛旁。"词中流露出的无限惋惜，说明在曹雪芹的心目中，"天国"实乃一个"牢坑"，而非佛徒们宣扬的极乐世界。

同时的另一位著名小说家吴敬梓，其态度亦同样鲜明，无论在他的诗文或小说中均如此。他的《雨花台》诗前有一小序，末尾写道："近年冈下建仓颉庙，郡中士大夫春日以牲牷酒醴致祭庙中，奏古乐，用佾舞，每倾城往观。此殊有三代报赛风，不似笃信浮屠者，梵呗喧天，香花匝地已也。"①从中可见出作者本人不是一个"信浮屠者"，而且对这些人"梵呗喧天，香花匝地"之类的做法不以为然。在《儒林外史》中，作者写到"清凉山地藏盛会"时插有一段话说："人都说地藏菩萨一年到头都把眼闭着，只有这一夜才睁开眼，若见满城都摆的香花灯烛，他就只当是一年到头都是如此，就欢喜这些人好善，就肯保佑人。"（第四十一回）话语中对南京城里民众大规模的佛事和地藏菩萨本身都带有明显的讽刺意味。这就可见他的基本态度了。

这种态度又形象地体现在《儒林外史》对众多僧徒的刻画中。《儒林外史》中的僧徒们，一个个都是精通人情世故的势利小人。汶上县薛家集观音庵的和尚将在那里设帐授徒的周进直视为奴役，"代饭"的伙食极差，而王举人在庵中吃酒"撒了一地的鸡骨头、鸭翅膀、鱼刺、瓜子壳"，都要周进"昏头昏脑"地"扫了一早晨"（第二回）。后来周进得了功名，升到了国子监司业，那庵里的和尚就马上为他设了"金字牌位"的"长生禄位"，甚至连周进以前写的对联也"用水揭下"准备去裱了收藏下来。（第七回）范进中举后，母亲高兴得死了，丈人胡屠户奉命去庵里请和尚做斋，和尚便是"屁滚尿流，慌忙烧茶、下面"，无限殷勤感激之情。（第四回）匡超人因

---

① 《吴敬梓吴烺诗文合集》，黄山书社 1993 年版，第 80 页。

火灾烧了房，想借和尚庵安置一下生病的老父，和尚先是执意不肯，直到潘保正出来说情，说匡超人"好个相儿，一定发达"，和尚才答应了借房。（第十六回）和尚们这种瞬息万变的势利脸孔，书中还多有描写。

书中还写到了和尚的诓骗行为，更令人瞠目。安东县一个和尚以某头肥牛前身是他父亲为由，骗得牛主施舍了给他，他却转手把牛卖了；买主把牛杀了，和尚便又以上述理由来敲诈买主再多补银子，买主不依，和尚便告到公堂上去，真是知县说的"这秃奴可恶极了！""重责二十"其实还便宜了他。（第二十四回）相比之下，南京天界寺的和尚骗季遐年字画之类的事就更是不足为奇了。

除了行骗的和尚，《儒林外史》中还有当强盗的和尚。陕西同官海月禅林那个挂单的和尚，"披着头发，两只怪眼，凶相未改"，原来他本是在山东道上当响马的强盗，被人打跑，不思悔改，反而成了一个"吃酒，行凶，打人，无所不为"，甚至还要吃活人的脑子下酒的"恶和尚"（第三十四、三十八、三十九回）。吴敬梓在写这类和尚时充满了憎恶之情。

通过对以上一批优秀小说扫描式的陈述，可以清楚地看出它们的作者和前面所述诗人们对佛教的态度确是有明显的不同。当然这是从总体上来说的，并非绝对的、划一的。正像诗人中也有反佛、小说家中也一定有崇佛的一样，其中存在的种种复杂情况，就不是本文所能一一详加区分的了。

以明中叶以后为代表的小说家们又为什么会有这种态度呢？这也是有其必然的原因的。

第一，由于明中叶以后，社会、经济各方面的变化，使得思想领域也发生了剧烈的变化。在长期占统治地位的传统思想中，产生了一些不协调的思想因素，王阳明所开创的姚江之学以及其门徒中的王学左派在这方面就越走越远，与之关系密切的李贽，就公开声称自己是思想异端。李贽的思想和行为是一个信号，它标志着思想界正在蕴酿着一种突破,各种反传统的思想都有可能产生。从思想意识的角度来看,毋宁说明中叶以后,已经是中国近代社会的开始。这可说是当时思想领域的大气候、大背景。

第二,明中叶以后,由于商品经济的发达,市民阶层进一步兴盛扩大,反映着他们的思想、愿望和要求,常常带有明显反传统的特色。作为通俗文学的小说的兴起,是和市民的命运紧密联系的。因此小说家尽管许多人本身也是封建文人出身,但他们的生活和经历,却和前面说到的正统诗人不一样。施耐庵、罗贯中、曹雪芹自不必说,吴承恩一生科场失意,只做了个地方小吏;蒲松龄则怀才不遇,一生潦倒,只说得"蕊宫榜放,直教那抱玉卞和哭死"①,"真令人愤气填胸,欲望望然哭向南山而去"②;吴敬梓是一个"文章大好人大怪"的狂狷之士,早年科场的遭遇和挫折,使他后来拒绝了进京应博学宏词科考的机会;冯梦龙、凌濛初则是长期生活在市井中的人。因此这一批小说家和正统的诗人如王维、白居易、柳宗元等不一样,他们多有愤世嫉俗、牢骚不平的心态,他们的思想和道德更易倾向于市民阶层而和上层统治者保持着明显的距离。也就是说,在他们那里容易产生,也确实具有反封建传统的思想。这些思想也必然会在他们的作品中反映出来。

第三,源远流长的三教合一思想,唐宋以来得到了进一步的发展,而到明清之时,经过长期的磨合,"合一"就已不仅是一种思潮,而是已经成为现实。它不但为许多士大夫文人所认同和推动,而且得到了一些有卓见的帝王的提倡和实施。清代的雍正皇帝就是很突出的一位。如雍正十一年(1733)有谕曰:"夫佛、仙之教,以修身见性,劝善去恶,舍贪除欲,忍辱和光为本,若果能融会贯通,实

---

① 蒲松龄:《大江东去·寄王如水》,《蒲松龄集》,上海古籍出版社1986年版,第712页。

② 蒲松龄:《与韩刺史樾依书,寄定州》,《蒲松龄集》,上海古籍出版社1986年版,第134页。

为理学之助。彼世之不知仙、佛设教之意而复不知理学之本源,但强以辟佛、老为理学者,皆未见颜色之论也。"①由于他看清了三教之间的本质关系,所以他又强调说:"……(释、道)亦有补于世教,何必互相排压为无容量之举。……中国欲将此三途去二归一,断不能之事。"②封建统治者对三教如此并提重视,正说明它们都同时是统治者的工具,只是形式不同,作用各异而已。进步的小说家及作品,既然具有浓厚的市民色彩,对封建传统的诸多内容具有批判作用和意义,自然也就会对佛门及其教徒(其实对道教亦然)持批判态度。前所述诸多作品在这方面的一致性就是很好的证明。

第四,由于历史的必然,佛教在唐宋以后已日渐走下坡路,至明清之时尤甚。表现在由于它要向儒家融合,已逐渐失去了自己的面目,它既拿不出什么新的理论和教义,也出不了真正德高望重的佛徒,众多僧人早已失去依傍和操持,而成为一批烂污之众。它们出家的动机有各种各样,却很少有出自真正的宗教信仰,因此尽管身披缁衣,却作奸犯科,无所不为。这种状况已成为公认的事实。清中叶的钱泳在谈到有关"三教"的情况时说:"今为儒者不知仁义,为释者不知慈悲,为道者不知清静。惟与利是图,则天地亦无之何矣。"③又说:"今秀才何尝讲仁义,和尚何尝说虚无,道士何尝爱清静。惟利之一字,实是三教同源。秀才以时文而骗科第,僧、道以经忏而骗衣食,皆利也。……然其中亦有稍知理法,而能以圣贤仙佛为心者,不过亿千万人中之一两人耳。"④钱泳的这种

---

① 《世宗宪皇帝上谕内阁》卷 128(雍正十一年三月十四日奉),《景印文渊阁四库全书》415 册,台湾商务印书馆 1983 年版,第 653 页。

② 《雍正朝汉文朱批奏折汇编》第一册,江苏古籍出版社 1989 年版,第 525—526 页。

③ 钱泳:《履园丛话》卷二十三《三教》,见《笔记小说大观》第 25 册,江苏广陵古籍刻印社 1983 年版,第 168 页。

④ 钱泳:《履园丛话》卷七《三教同源》,见《笔记小说大观》第 25 册,江苏广陵古籍刻印社 1983 年版,第 58 页。

看法,并非他个人的偏见,早在他之前,乾隆皇帝对此说得更激烈。乾隆皇帝在他刚登基时就曾连下谕旨说:"近日缁流太众,品类混淆,各省僧众真心出家修道者百无一二……佛门之人日众,而佛法日衰,不惟参求近觉、克绍宗风者寥寥希觏,即严持戒律习学小乘之人亦不多见。"①又说,这些和尚们只是"借佛祖儿孙之名以为取利邀名之具,奸诈盗伪,无所不为"②。看来,这些末世的僧徒们,多是"奸诈盗伪"之徒,真正有道行的和尚已少到接近于零。他们的行为,自然会引发人民群众的愤懑,而贴近生活、与下层人民气息相通的小说作者,他们的作品把批判矛头指向佛门及其徒众,也就成为十分自然的事情了。

佛、禅的历史,就是佛教为了在中国能站住脚而汉化的历史,也是为了适应封建统治者的需要并为其服务,也与之一同衰亡的历史。它受到诗人的青睐与小说家的蔑弃,也是历史发展进程的必然。大概正是这一必然而导致了另一种必然:在封建统治者所修的《二十五史》里,哪怕是二、三流的诗人也都可在其中占有一席之地;而那些堪称世界一流的小说家,却一个个踪影全无。不过他们却早已活在全世界广大读者的心中,历史毕竟还是公正的。

---

① 转引自王先谦:《东华录》,雍正十三年八月己卯。
② 转引自王先谦:《东华录》,雍正十三年八月庚子。

含蓄的魅力

中国古代文学的丰富多彩,也表现在它的文学风格的各种各样,异彩纷呈。在理论上,众多的文学风格,本来是各有特点,各具作用,不可互相替代,它们之间更没有高低优劣之分。但在实际中,许多人却似乎会显得对某种特定的文学风格颇为情有独钟,让人觉得它有一种独具的魅力。这种风格便是含蓄。事实是否如此,以及是何缘由,在这里试作一点粗浅的探究。

一

我国南朝梁时的著名作家刘勰写了一部名著《文心雕龙》,这是中国文学史上第一部系统的文学理论批评巨著,共有五十篇。也是它,在《体性》篇中第一次提出并论述了文学的风格问题。它把文学风格归纳出总共八种,并特别推许了其第一种:"典雅"。他解释说:"典雅者,熔式经诰,方轨儒门者也。"也就是说,典雅的风格一定是取法了先圣的经典,是遵循儒家的轨迹的。刘勰是一个忠诚的儒教徒,《文心雕龙》的第二篇就是《征圣》,即这本著作的思想和内容是要以圣人的著作和思想作为依据的。既然如此,那么他把"典雅"推置于八体之首,就一点也不奇怪了。只是他的这种思想和主张似乎并没有得到多少人的响应。

大约两百年之后的中唐时期,出了一个叫皎然的诗僧,著有一部《诗式》,其中又提出了诗歌的十九种风格,比刘勰的显得丰富多了，这大概和唐代的诗歌已进入一个黄金时代，具有更好的条件有关。但可惜的是，皎然只用十九个字来概括这些风格，即每一种风格只用一个字来表述。可以想见，它是如何地简略，如何地抽象，它无法提供这些风格稍稍多一点的内容。自然，它的实际影响并不大。

直到再过一百年后的晚唐，司空图的《诗品》出现了。这时唐诗的璀璨风貌已展露无遗，这就为诗歌的理论批评家们提供了最为充足的材料。果然，《诗品》成了一部专门研究诗歌风格的专著，而且总结出二十四种风格之多。它给每种风格都以两个字命名，这就比皎然的一体一字有了长足的进步，足以清晰、明确地表达出每种风格的确切内涵。而更为重要的是，它还以每种风格名为题，各写了一首四言十二句的诗歌，来充分抒写出此风格的特点。这种表达方式比一字一风格的方法其效果自有天渊之别，它们的作用也就不可同日而语。且举出本文中心内容的含蓄风格以作示例：

含　蓄

不著一字，尽得风流，语不涉难，已不堪忧。是有真宰，与之沉浮，如渌满酒，花时返秋。悠悠空尘，忽忽海沤，浅深聚散，万取一收。

由此可以看出，司空图对风格的论说，无论是内容或表达上都是远远超过了刘勰、皎然的，而且也没有出现过能超越他的后来者。因此，无论是理论上或创作上《诗品》都对后代产生了巨大的影响。研究和评论它的作者和言论也很多，但从总体评价上来看，《四库总目提要》的看法有几句话较为中肯，值得关注，它指出：

各以韵语十二句体貌之。所列诸体毕备，不主一格。

说它"诸体毕备",严格来说未必尽然,但若把它理解为是超出了所有的前人(包括我们在前面没提到的日本人写的《文镜秘府》)却是事实。而这段话里最重要的乃在"不主一格"之说。因为司空图只是平实客观地把二十四品陈列出来,并用诗的语言分列加以描绘,其中并没有体现出如有的论述者说的内部体系,更没有刻意渲染说哪种风格最好,一点倾向性的表示也没有;完全不像刘勰力推"典雅"风格那样突出其中的某种,虽然他肯定是会有对某种风格的喜好和偏爱。这正是一个成熟理论家所具有的姿态。

奇妙的是,尽管司空图本人未有态度,可是慢慢地人们却会发现,后世的无论是批评家或诗人都对二十四诗品中的一品——"含蓄"共同表现出浓厚的兴趣,特别青睐它,无论是从理论批评还是诗歌创作的角度都一致给予了相当的赞许和推崇。我们试作一点梳理。

首先,一些批评家兼诗人对含蓄风格有着特殊的爱好和兴趣。且看两位诗坛名家的说法。

早一点的如北宋大文豪苏轼,他在《书黄子思诗集后》中说道:

> 唐末司空图……其论诗曰:"梅止于酸,盐止于咸,饮食不可无盐梅,而其美常在咸酸之外。"盖自列其诗之有得于文字之表者二十四韵,恨当时不识其妙,予三复其言而悲之。

苏轼在这里所引司空图的话,出自司空图的《与李生论诗书》,文字上有所出入,却符合它的原意。所谓"美常在咸酸之外",就是他所欣赏的美不要表现得太直接、太外露,而是要委婉一些、间接一些。在二十四诗品中,恐怕就只有含蓄风格与之最契合了。苏轼在他的一首《书鄢陵王主簿所画折枝二首》诗的第一首开头写道:"论画以形似,见与儿童邻。赋诗必此诗,定非知诗人。"它的含义也和上面说的完全一致。这样,苏轼对司空图的言说表现得如此钦慕也就一点也不奇怪了。

晚一点的如直至清代康熙年间的诗坛盟主王士禛,他是"神韵派"的创始者,在他的《香祖笔记》卷八有道:

> 表圣论诗有二十四品,予最喜"不著一字,尽得风流"八字。又云"采采流水,蓬蓬远春",二语形容诗境亦绝妙,正与戴容州"蓝田日暖,良玉生烟"八字同旨。

王士禛之所以特别喜爱"不著一字,尽得风流"二语,是因为这短短八个字非常简练而又精巧地道出了含蓄风格的精髓。他落笔是在八个字上,着眼点则是对这一风格的向往。其实他的"神韵说"也正是传承了司空图、严羽等的思想一路而来的,他如此欣赏它就更不足为奇了。

如果说,苏、王二位大家是从总体上表示了对含蓄风格的赞赏与认同,那么,更多的名家则是从各自的角度对含蓄风格进行了解读与申说。

所谓含蓄,最简单的内涵便是用委婉曲折的方法来表达某种意思,而不是直接浅白地表露出来。我们且看那许多诗家是如何表述他们关于诗歌对含蓄的追求的。如:

宋欧阳修《六一诗话》第十二条引梅尧臣对他说的话:"必能状难写之景,如在目前;含不尽之意,见于言外,然后为至矣。"

宋张表臣《珊瑚钩诗话》:"篇章以含蓄天成为上,破碎雕镂为下。"

宋吴可《藏海诗话》:"郑谷诗'春阴防柳絮,月黑见梨花',少含蓄,不如义山'自明无月夜'之为佳也。"

宋严羽《沧浪诗话》赞盛唐诗人"言有尽而意无穷"。

清吴乔《围炉诗话》:"诗贵有含蓄不尽之意,尤以不著意见、声色、故事、议论者为最上。"

清吴雷发《说诗菅蒯》："诗须得言外意，其中含蓄无穷，乃合风人之旨。"

清沈德潜《说诗晬语》："七言绝句，以语近情遥，含吐不露为主。只眼前景、口头语，而有弦外音、味外味，使人神远，太白有焉。"

清沈祥龙《论词随笔》："含蓄无穷，词之要诀。含蓄者，意不浅露，语不穷尽，句中有余味，篇中有余意，其妙不外寄言而已。"

以上各种说法，有的直指含蓄，有的虽未直接点出，说的也是含蓄的意思。说诗与说词都相通。其实，以上所举到的只是这一类说法中很小的一部分，其他还有很多，尤其是北宋的文学批评家。因此，这里便需要特别指出的一点是，司空图生活于唐末，他之后的仅五十余年便经历了五代十国的战乱时期，南北分裂，朝代频替，自然谈不上什么文学和批评。但当宋朝一建国，不久便有那么多的文学理论批评家对二十四诗品中的"含蓄"一品情有独钟，而且此种态度还一直延续到清代而历久不衰，而其他各品就远远没有获得如此的殊荣，这不正说明含蓄风格是确切地具有它独特的魅力吗？

那么它为什么会具有如此的魅力呢？这自然有它的道理，概括起来，简略地说，至少有下面两个方面：

第一，从创作的角度来看，如前所说，含蓄是用委婉曲折的方法来表达某种意思。而这种方法是多种多样的，常见的如言有尽而意无穷、言在此而意在彼、言近旨远、不写之写、虚实相生，等等，此外还有许许多多，可惜还没有人专门去梳理过。而其中的任何一种又都有许多不同的表现手法，可以有深浅、繁简、取材的差别。这样就给创作者留下了广阔的空间，每个人都可以在这里找到适合自己的表现方法，充分发挥自己的特长和才能，这样，它又怎能不广受欢迎呢？

第二，从作品的艺术效果来看，由于作品的真实意思是通过委婉曲折的方法表现出来,而不是从字面上直接传达出来,这就要求读者必须透过文字表面去探求它的内在真意。又由于进行这种探求的过程及其结果是和每个人的文化素养、生平经历、当下的生活现状等密切相关的,所以对同一篇作品,不同的人其探求的结果往往是不一致的,但这并不影响每个人因各自得到的结果而获得的审美愉悦。其实,读者的这种阅读过程,也是一种参与再创作的过程,它是主动去求索、玩味,而不是被动地去接受,这自然就比那些思想内涵一览无遗的作品显得富有魅力,而愿意反复去品味它,甚至百读不厌。有了这样的艺术效果,又有谁能抗拒得了它的无比魅力呢?

二

"含蓄"一词,产生较晚,它源自韩愈一首五言古诗《题炭谷湫祠堂》,其中有"森沉固含蓄,本以储阴奸"两句,原与文学的风格无关,后被晚他出生只不过数十年的司空图借用过来,却一举成为享誉诗坛的一种风格名称。

那么,人们势必要问:既然含蓄风格如此地出色和了得,那么为什么直至晚唐才有人把它揭示出来,而且还迟至北宋才被人们刮目相看呢? 在此之前,难道它就毫无踪迹,完全不存在吗? 当然不是,只要有文学创作,尤其是在中国这样的诗的国度里,丰富多彩的中国古代诗坛绝不会没有含蓄风格的存在,只是在此之前没有人用这样的名称来标举它,更没有人刻意提出风格的专门概念。其实,它还是有一个许多人都自发地在用着的名称,它叫什么呢?

它叫"味"! 或者"滋味"!

提出此说最有名的自然是南朝齐梁时的批评家钟嵘,他在对自汉以来一百多位诗人的批评专著《诗品》的《总论》中,在肯定五言诗的作用时说:

> 五言居文词之要，是众作之有滋味者也。

这便是"滋味"说的由来。不过钟嵘更多的似乎还是喜欢单独用"味"字，它们的意思都是一样的。如他反复提倡作诗要有"味"，还是在《总论》中，他认为诗歌应达到这样的效果：

> 使味之者无极，闻之者动心，是诗之至也。

在该书评《晋黄门郎张协》的诗时说它：

> 词采葱蒨，音韵铿锵，使人味之，亹亹不倦。

都强调了诗歌要让读者能品出"味"来，味越浓便越是好诗。也因此，他就把他认为差劲的诗歌称为少"味"，"味"成了他评判诗歌优劣的一把标尺，如他批评晋怀帝时候的诗说：

> 永嘉时，贵黄、老，稍尚虚谈，于是篇什，理过其辞，淡乎寡味。

钟嵘就这样，他对诗歌无论是创作或是欣赏，无论是赞扬或是批评，都离不开一个"味"字，他可说是"味"（或者"滋味"）的大力提倡者，再加上他在文学批评史上的地位，这就使得"味"对后代产生了巨大的影响。

然而钟嵘却并非"味"的首倡者，因为远在他之前，便有人从不同的角度提到过，如比他约早四百年前东汉时的王充在其著作《论衡·自纪篇》就说过：

> 文必丽以好，言必辩以巧。言了于耳，事则味于心；文察

于目,则篇留于手。

至西晋时,陆机《文赋》中又有说:

> 或清虚以婉约,每除烦而去滥,阙大羹之遗味,同朱弦之
> 清汜。

以上两例,都接触到"味"的问题,只是没有特别加以阐发,却确切地显示出这种意识的存在。而到了与钟嵘同时又齐名的另一个文学理论批评家刘勰时,在他的《文心雕龙》里就对"味"有了更多的关注,不时地提到了它:

> 张衡怨篇,清典可味。(《明诗》)
> 子云沉寂,故志隐而味深。(《体性》)
> 繁采寡情,味之必厌。(《情采》)
> 深文隐蔚,余味曲包。(《隐秀》)

刘勰自然也没有怎样去渲染这个"味",但因为它出现的次数多了,集中起来,就形成了一种力量,而当这股力量与同时的一股相同、甚至还更强大的力量相汇合时,就必将产生巨大的影响。这里所说的另一股同样的力量自然就是指的钟嵘《诗品》中所说到的"味"。

《文心雕龙》与《诗品》,是中国古代文学理论批评史上的双子星座,在此之前,别说这样的理论专著,就是单篇的专门文论也屈指可数。它们一是庞大的综合性理论,一是专门的诗评,却不约而同地共同关注到一个"味"字上来,可见此"味"的非同一般的意义。

可是刘、钟二人在多次提到和比较重视了"味"之后,并没有进一步对它的作用和意义加以提炼和阐释。直到司空图出来,在诗

歌已达到了它的黄金时代的特有条件下,他精心总结出诗歌的二
十四种风格,其中的"含蓄",也只有"含蓄",就和有"味"有着紧密
的关系,有"味"乃是"含蓄"的核心。"不著一字,尽得风流",就是
要透过字面找出内里的"味"来。所以司空图一方面在《诗品》中倡
言"含蓄",另一方面他又可以强调懂得"味"对于"言诗"的重要。
试看他在《与李生论诗书》一开头便说:

> 文之难,而诗之难尤难。古今之喻多矣,而愚以为辨于
> 味,而后可以言诗也。

可见司空图是把"含蓄"与有"味"联系在一起的,它们并行不悖,可
以共存。也许就因此之故,从北宋起,"含蓄"走红之后,"味"并未
消失,它仍然延续下去,有许多评家就常把二者交混在一起来加以
论说。试举二例,一是南宋姜夔的《白石道人诗说》中有云:

> 诗贵含蓄。……若句中无余字,篇中无长语,非善之善者
> 也;句中有余味,篇中有余意,善之善者也。

二是清代沈龙祥《论词随笔》也说:

> 含蓄无穷,词之要诀。含蓄者,意不浅露,语不穷尽,句中
> 有余味,篇中有余意,其妙不外寄言而已。

这二人的说法不但意思相同,甚至一些关键词语也一样,可见把
"含蓄"与"味"联在一起已成许多人的共识。这样,我们或许就可
以说,"味"之说,是从东汉就一直延续到清代,而"含蓄"之说一面
世,"味"便成了它的中心内核,两者便不可分离了。"味"就更增加
了"含蓄"的魅力。如果一篇作品"淡乎寡味",哪有含蓄可言?

于是我们便看到，以往"味"之说，主要是就诗歌（包括词）而言，而自"含蓄"之说出来以后，它的意义已扩大到除诗歌以外的文学的其他领域，散文与戏曲也都把目光投向它了。如清朝著名的散文家、"桐城派"代表人物刘大櫆在他的《论文偶记》中就说：

> 文贵远，远必含蓄。

清朝著名文学家、曲律家梁廷枏在其《曲话》中则说：

> 言情之作，贵在含蓄不露，意到即止。

可见无论是散文或戏曲都同样是推崇"含蓄"这一风格理论的。

还有值得一提的是，不仅在文学领域，就是在一般文章，甚至是在讲述儒家经典的阅读和引说中，也有它赫然存在的位置。如《二程集·伊川先生语四》中伊川先生程颐在说到《四书》时曾说：

> 《中庸》之书，其味无穷，极索玩味。

又如杨万里的《习斋论语讲义序》也说：

> 读书必知味外之味；不知味外之味而日我能读书者，否也。

还有朱熹的《中庸章句序》也说该书：

> 其味无穷，皆实学也。善读者玩索而有得焉，则终身用之，有不能尽者矣。

在这里，三者都离不开一个"味"字。两位理学大师的用语都完全一样：其味无穷。足见其魅力所达到的深广程度。

三

但含蓄与味的魅力并未就此达到它的高峰，到清代文学时，才更显出了它的辉煌。

清朝，尤其是它号称"全盛"时期的康、雍、乾时代，是中国历史上文字狱最严酷的时代，达到了骇人听闻的"一字相牵，百口难辩"；一人获罪，九族遭殃的程度。当时的文人一方面对异族的统治极为不满，一方面又受到极度的高压，内心极其郁闷。尤其是许多明遗民常表现出非常愤懑狂躁的姿态，以发泄其内心的仇恨和怨怒。如著名的岭南诗人屈大均在明亡后，对清朝统治极为不满，行为狂怪，周炳曾《道援堂集序》说他尝"盛暑著羊皮袄，狂怪不可近"。他的《翁山诗外》卷三《愤歌》也说自己"时人皆谓我狂生，蓬头垢面纵横行"，并整天以酒浇愁。被屈大均称为"狂奴"的著名散文家王猷定（字于一）在明清易代之后，心情极其压抑，《明遗民诗》卷一载有他的《客燕偕内僧话》说到自己的处境："世换人多默，语低心可怜。"他的《四照堂集·祭万年少文》说到自己在狂躁难耐时，便常与同辈"酒酣则徜徉于黄河之岸，望故垒闻水声溅溅，雄心激荡，相与走狭邪，狂吟大叫，世俗之人，鲜不诧"。这内心是何等苦闷！同时人的著名书画家八大山人（名朱耷），是明宗室，明亡后，隐居不出。有一天他在门上写一大"哑"字，从此再不说话，后又忽然病癫，《清朝野史大观》卷九述说他的癫状："初则伏地呜咽，已而仰天大笑，笑已忽跳踯踊跃，号叫大哭，或鼓腹高歌，或混舞于市。一日之间，癫态百出。"还引得大批儿童在后面哗笑追逐，他也不以为意。然而他的书画精美绝伦，说明他内心并不糊涂，只是无比痛苦而已。这一类人当时还有一大批，这里点到几个，可见一斑。完全可以给他们写一部《狂人传》，可惜尚无人关注到此。

　　在如此恶劣的政治环境下,文学创作自然就遭到巨大的压力,作者无法自由畅快地表达自己的内心情感,但又不能永远把它埋藏在心中,这样,便只有在表现技巧上找办法了。于是,含蓄又顺理成章地成了当时作家们的香饽饽,因为只有它既可不正面、直接地表露出自己作品的意旨,又可委婉曲折地运用各种手法来充分达到自己的目的。既有如此多的好处,也就无怪乎会出现众人齐相采用的火热场面了。

　　这种情况最先在诗坛中表现出来。我们且看一段诗评家对诗人的评论。如赵翼的《瓯北诗话》卷九第十条中说:

　　　　梅村身阅兴亡,时事多所忌讳,其作诗命题,不敢显言,但撮数字为题,使阅者自得之。如《杂感》、《杂咏》、《即事》、《咏史》、《东莱行》、《洛阳行》、《殿上行》之类,题中初不指明某人某事,几于无处捉摸。

这里所说到的著名诗人吴梅村本是明朝旧臣,入清后隐居不仕,被荐勉强应征,心里十分矛盾,其《过淮阴诗》中有句"我本淮王旧鸡犬,不随仙去落人间",充分反映了这种心境。在此情形下,他写诗便"多所忌讳","不敢显言",要读者经过揣摩而"自得之",完全符合我们上面所说到的情状。当时的诗坛这种现象十分普遍,我们就不一一列举了。

　　由于长期的诗歌创作实践,加上还有丰富的理论基础,所以含蓄手法对于诗歌创作来说,就是轻车熟路,很平常的事。可是清朝是戏剧、小说高度发展,臻于成熟,以至达到高峰的时代,当时的戏剧家、小说家们又是如何来应对那残酷的政治现实以获得他们创作的成功呢?在他们之前,戏剧与小说并没有像诗坛那样,有许多与含蓄有关的联系,可是清朝戏剧与小说成就的获得,又确实是与大量运用了含蓄方法这个特点密不可分的。这些作者们的思考和运用过程我们无从知晓,但事实与结果却无可置疑。我们且分别从戏剧与小说来略加说明。

清初的剧作最具代表性的当首推孔尚任的《桃花扇》和同时人洪昇的《长生殿》了。

《桃花扇》以侯方域、李香君为主要人物,以他们爱情中的悲欢离合为中心线索,但它的中心题旨并不是要写他们二人的儿女情事,那是写什么呢?孔尚任在《桃花扇小引》中已有明确的表示,他的《桃花扇》乃是要写出明朝"三百年基业,隳于何人?败于何事?消于何年?歇于何地?不独令观者感慨涕零,亦可惩创人心,为末世之一救矣"。也就是说,他要写的是有明一代三百年的兴亡史,而不是写侯、李二人的情史;他写的是一部历史剧,而不是爱情剧。他为什么要如此结构故事情节和配置人物呢?在试一出《先声》中,孔尚任借剧中"副末"之口,道出了其中原委,那便是要"借离合之情,写兴亡之感,实事实人,有凭有据"。而这种借此写彼,表面写这样,内里是那样的表现手法,正是含蓄的充分表现。

洪昇的《长生殿》和《桃花扇》有颇多相似之处。《长生殿》以李隆基与杨玉环的爱情故事为中心线索,贯穿始终,占据了大部分篇幅。因此许多人目之为爱情戏,自然是有根据的。但事实上却又不然。且看第一出《传概》的第一支曲子《满江红》:

> 感金石,回天地。昭白日,垂青史。看臣忠子孝,总由情至。先圣不曾删《郑》、《卫》,吾侪取义翻新徵。借《太真外传》谱新词,情而已。

这表达作者创作意图的第一支曲子,明白地说到此剧是要写"昭白日,垂青史"的"臣忠子孝"的故事,但因这些内容在当时不能过于直白地表露,所以便要借用人们常见的爱情题材来作幌子,于是便有了"借太真外传谱新词"的写法,弄得便有了一些烟云模糊之状,让读者、观众搞不清它的主题意旨究竟是要写什么,爱情说、多主题说因此也就出现了。由于过去的名剧并没有这种写法,洪昇对此也远未能达到娴熟的地步,所以一直待此剧到了结尾,也就是说应该是作者可以松一口气的时候,我们竟发现,作者此时却反而显得颇为忧心忡忡,他很担心观众是否能真正领悟到此剧的真实含义,于是在最后一支曲子中便唱出了:

> 旧《霓裳》,新翻弄。唱与知音心自懂,要使情留万古无穷。

洪昇盼望有"知音"能"心自懂"他的作品。确实也是有这样的"知音",最具代表的当是洪昇的挚友、为《长生殿》写《序》的吴人(舒凫)。他还为全剧作了批语,其中以《骂贼》一出的总批最值得注意:

> 此折大有干系。雷海青琵琶遂可与高渐离击筑并传。尝叹世间真忠义不易多有,惟优孟衣冠装演古人,凛然生气如在。若此折使人可兴可观,可以廉顽立懦,世有议是剧为劝淫者,正未识旁见侧出之意耳。

吴舒凫在批语中热情地赞扬了雷海青"骂贼"的"忠义"行为,并批评了有些人看不到《长生殿》的真正意义,误认为是一部劝诫淫行的作品,原因是这些人不懂得洪昇所运用的"旁见侧出"的特殊手法。所谓"旁见侧出"也就是不正面表达,而用委婉曲折的手法表现出来,也正是典型的含蓄手法。

吴的批语恰好又得到了洪昇本人的充分肯定,洪昇在《长生殿例言》中说到吴为其整理该剧时又说:

　　且全本得其论文,发予意所涵蕴者实多。

　　这两位好友可以说是共同揭示了《长生殿》的真实内容和特殊的写作手法。而演出的效果又证实了它获得的巨大成功,如徐麟在该书《序》中记载此剧在当时演出的盛况:"一时朱门绮席,酒社歌楼,非此曲不奏,缠头为之增价。"吴舒凫在同书的《序》中也说到人们对此剧的热捧:"爱文者喜其词,知音者赏其律,以是传闻益远,畜家乐者攒笔竞写,转相教习。优伶能是,升价什佰。"甚至有些不景气的戏班因连演《长生殿》而兴旺起来。这类的记载还有很多,反映了该剧的"知音"普遍存在。这种"言在此而意在彼"的写法,其成败的关键乃在于"此"与"彼"是否能结合得好,做到两者之间能融合无间,成为一个艺术的有机整体。在洪昇之前,吴梅村写过的《秣陵春》、《临春阁》、《通天台》等几个剧作以及作者不详的《千忠戮》等,也用的是这种表现手法,却未获得理想的效果,影响不大,就是因为在这方面还未成熟之故。《长生殿》虽然还远非完美之作,但已有了长足的进步,才能取得这样的效果。

　　现在来说小说。小说是由话本发展而来,而话本则是宋、元时期民间说书人所使用的底本。为了让听众听得清楚明白,说书人就必须把故事说得通透、明白,容不得半点含糊。这种先天性的特点,自然也带到了小说中来。小说的作者也必须把故事写得通畅、直观,让读者一看便懂,试看明朝小说的四大名著,哪一部不是这样? 可是进入到清朝,政治、社会条件变了,诗、文、戏剧都不得不求助于含蓄的表现手法。而小说呢? 就这一文体总的性质来说,它应该是排斥这一手法的,但无情的现实让我们看到,它也许曾经做过许多努力,而结果却无可选择,它最终也被含蓄的手法捕获而去,或者说它也只好归附于后者的门下,从而使得清代的小说与以前的小说相比有一个明显不同的特点。

　　先说说蒲松龄的文言短篇小说《聊斋志异》。书中不少思想内容非常尖锐、敏感的作品，往往都会用含蓄的方法来表达。如《窦女》一篇，写世家子弟南三复玩弄贫家女窦氏，始乱终弃，连亲生儿子也坐视其死而不顾，南三复因而恶名远播，数年找不到对象。作品接着便似乎很不经意地夹写了一小段文字：

> 南不得已，远于百里外聘曹进士女。未及成礼，会民间讹传，朝廷将选良家女充掖庭，以故有女者，悉送归夫家。一日，有妪导一舆至，自称曹家送女者。……

几句话意在说明：让女儿被选进皇宫，远比嫁给南三复这样的恶少要可怕得多！这是本篇的真正意旨，但全文的大部分篇幅都是放在写南三复的丑态劣迹和遭受报应，真正要说的用了还不到二三十字，这就是一种言在此意在彼、言近旨远的含蓄手法。

又如《乱离》（二则）写"北兵入境"、"乱兵纷入，父子分窜"，以及"大兵凯旋，俘获妇口无算，插标市上，如卖牛马"。其主要文字在写百姓的流离颠沛、悲欢离合，甚至是宣扬因果报应，但其指向却是揭露"北兵"、"大兵"——即清兵的残暴虐民，给无数人带来玉石俱焚的滔天罪行；而其运行的手法却和上面说的十分类似。

以上两例说的都是针对具体的事件（选秀）和对象（清兵），这一类自然不可能写得太多，但这并不意味着《聊斋》的含蓄就仅仅表现在这些篇章上，其实它的大部分篇章都未离开含蓄这一手法，只是具体运用不同罢了。《聊斋》通部所写绝大多数都是神怪狐鬼，但实际上却是借这些异类来写人、人所处的社会。因为这些神怪狐鬼都具有人的性格，像鲁迅在《中国小说史略》第二十二篇中说的："花妖狐魅，多具人情，和易可亲，忘为异类。"实际上它们表面上是神怪狐鬼、花妖精魅，而骨子里尽是活生生的人。书中写到的每个异类，都可在生活中找到类似的人，有的是性格类似，有的是身份相符等等。如《席方平》中骂的阎王，自然便令人想到人间的帝王，真是含蓄有味。

稍后有两部有名的长篇小说——《儒林外史》和《镜花缘》，它们也用了颇为相似的手法。《儒林外史》是借写"儒林"——知识分子来揭露社会的黑暗和政治的腐败；《镜花缘》则是通过写海外来反映本土，因而落笔时可以放得开，减少了许多顾忌，结果便写得淋漓恣肆，内容表现得非常充足，收到很好的效果。尤其是《儒林外史》，在具体情节的描述以及人物的塑造上，都显出了该书诙谐、幽默的总特点。为实现这一点，它可以使用多种多样的表现手法，但必须排斥、拒绝直白、浅露的手法，而这正是含蓄的集中表现，鲁迅的《中国小说的历史的变迁》第六讲，简括《儒林外史》的特点为"旨贵而语婉"，正是这个意思。正因为有这一点，才成就了《儒林外史》成为一部杰出的讽刺小说。而后来的诸如《官场现形记》、《二十年目睹之怪现状》之类，尽管性质也与《儒林外史》相近，但由于完全缺少它的那种特点，就绝对不可与之同日而语了。

前面说到的那几种戏剧、小说，都有一个共同的特点，就是都试探着使用了含蓄的表现手法来进行创作，而且都取得了不同程度的成就。但由于大家都没有可资借鉴的经验等原因，自然就还会有某些不成熟和幼稚之处，这种情况每部作品是不相同的。孔尚任在《桃花扇》一开头就告白人们，此剧是要"借离合之情，写兴亡之感"。这本是一种含蓄手法，孔尚任却直白地先告诉了大家，这说明他对此法还不大有信心，生怕别人看不懂。洪昇的《长生殿》在写完《骂贼》、《弹词》之后，作品的思想在当时可能的条件下本已达到高潮，也就是说本剧的创作意图已经完成了，但他还是增写了从《补恨》到《团圆》好几出所谓"仙缘"之戏，这样才使得此剧确实像个有始有终的爱情戏。但这样做在洪昇的思想上却是一种原可不必要的无奈之举，所以他在该剧的《自序》中才说："第曲终难于奏雅，稍借月宫足成之。"洪昇思想上显露出来的这种矛盾和无奈，正反映了他在运用"借此写彼"的方法时还未能周密地处理好"此"与"彼"的关系,使之融为一体。《聊斋》所举二例,敢于把矛头指向"选秀"、"北兵"这样最为敏感、尖锐的政治问题,实不容易,而且懂得用掩护的方法来表达,但还显得肤浅,不到位,也就是说含蓄不深。好在此书是在作者身后才面世,否则就很难说会惹出什么事来了。《儒林外史》的许多故事情节和人物形象都十分成功,成为文学史上独一的讽刺小说,这和作者深谙许多含蓄手法有很大关系。但全书缺少前后照应和始终连贯,所以鲁迅在《中国小说史略》中便说它"虽云长篇,颇同短制"。须知,用含蓄手法写一部长篇小说比写一部可长可短的短篇小说,其要求是不可同日而语的。

上面所说是那几部作品在取得巨大成就时还存在着某些不足之处。而从文学发展的过程来说,这种不足乃是自然的、甚至是必需的,因为只有经过这种历程,它才能达到成熟,近于完美,最佳作品便是《红楼梦》。

《红楼梦》中有大量的精美诗词,但它们绝大部分都是作者量体裁衣为书中人物而作的,它们不能完全代表曹雪芹本人的诗作。但曹雪芹却在交代了《石头记》来由的"出则"之后,写下了唯一一首以他本人身份所写的五绝诗:

满纸荒唐言,一把辛酸泪! 都云作者痴,谁解其中味?

这首诗被特别安置在正文开始之前的位置上,就是突出了作者的一个重要意思:不要只看到本书表面一些"荒唐"不经的文字,而要明白它背后蕴涵的深厚意味,读者必须善于"解味",才能读懂它。

因此,《红楼梦》整部书的风格便是含蓄。要对这一点有一个起码的阐述,必需有一部大书才能完成。我写过一篇文章叫《红楼梦风格论》,说的便是这个问题,但也只是略微接触到而已,未能道其万一。这里，也只能就拙见所及，最简括地列出它的几个特点：

1.《红楼梦》不是在某一处，或者某个问题、某个情节等上运用了某种含蓄的手法，而是全书的各个方面都显出了含蓄的特点，诸如书名（原名叫《石头记》）、题旨、人物塑造（尤其是薛宝钗这个人物）、故事情节的编织、大量的诗词，还有许多主、次人物的起名以及许多人居处的命名等等都非常含蓄有味，甚至不少单个字的使用也巧布心机，饱含深意，所谓"字字看来皆是血"，其实指的就是在含蓄上所下的工夫。

2.《红楼梦》的含蓄非同一般，它所含所蓄的内容特别丰富、深厚。表现在它含蓄内容的面非常广，需要有广博的知识方能探其究竟，人们把它称为 18 世纪封建社会的百科全书已透露出其中信息。同时又特别有深度，几千年积累起来的中华优秀文化都不同层次、不同程度地在书中频频得到反映。所以要能"解其中味"，便需要有相当的各种知识和文化素养，否则，便不大容易读明白。著名的"旧红学家"周春在他的《阅红楼梦随笔》中说：

　　　　阅《红楼梦》者既要通今，又要博古；既贵心细，尤贵眼明。

他说的是读整个《红楼梦》，自然更说的是读《红楼梦》的含蓄内容。

3. 借"此"写"彼"的最大难题是"此"与"彼"关系的处理，前面所举之例已经说到。《红楼梦》在表面形式上也是这样一种模式，所以很长时间以来许多人都把它当成一部爱情小说。而其实，《红楼梦》的爱情故事确实写得不错，但它却不是孤立的，它和全书的题旨紧密地结合在一起：爱情故事充实、丰富了全书的题旨，而全书的题旨又影响、决定了爱情故事的发展和走向，两者密不可分。也就是说，《红楼梦》中的"此"与"彼"是一个有机整体，浑融为一。这也是《红楼梦》在含蓄艺术手法上大大超过其他作品的重点之一。

4．"含蓄"一词既是一种艺术风格，也指的是表现这种风格的艺术手法。这种手法多种多样，数量极大，没人统计过，也根本无法统计，因为作者完全可以自创，从中正可窥见作者的艺术才华和素养。就这一点来说，《红楼梦》无疑又是这一方面的翘楚。《红楼梦》的含蓄手法，多姿多彩，别出心裁，是一个可以为之进行专门研究的大题目、好题目，可惜现在还不见有人在做这一工作。现在仅从"脂批"中挑出一些有关的批语，即可略见一斑：

> 开卷一篇立意，真打破历来小说窠臼。阅其笔则是《庄子》、《离骚》之亚。（"甲戌本"第一回眉批）
>
> 这正是作者用画家烟云模糊处，观者万不可被作者瞒弊（蔽）了去，方是巨眼。（"甲戌本"第一回眉批）
>
> 春秋字法，春秋字法。（"甲戌本"第三回夹批）
>
> 这一句都（却）是写贾赦，妙在全是指东击西、打草惊蛇之笔。若看见写一人即作此一人看，先生便呆了。（"甲戌本"第三回夹批）
>
> 是书勿看正面为幸。（"甲戌本"第八回眉批）
>
> 勿作正面看为幸。（"庚辰本"第十二回眉批）
>
> 此书表里皆有喻也。（"庚辰本"第十二回）
>
> 观者记之，不要看这书正面方是会看。（"庚辰本"第十二回）
>
> 九字写尽天香楼事，是不写之写。（"甲戌本"第十三回眉批）
>
> 惊魂夺魄只此一句。所以一部书全是老婆舌头，全是讽刺世事，反面春秋也，所谓痴子弟正照风月鉴，若单看了家常老婆舌头，岂非痴子弟乎？（"庚辰本"第四十三回）
>
> 只看他提纲中用"尴尬"二字于邢夫人，可知包藏含蓄，文字之中莫能量也。（"庚辰本"第四十六回回前总批）

从以上文字可以看出，"脂批"反反复复所强调《红楼梦》的一个重要写作特点是用的"春秋字法"，"不写之写"，"一部书全是老婆舌头，全是讽刺世事，反面春秋"，因此切"勿看正面"，"不要看这书正面方是会看"，"若看见写一人即作此一人看。先生便呆了"，因为"此书表里皆有喻"，"包藏含蓄，文字之中莫能量也"。书中的大量事实证明，"脂批"的这些论断是完全正确的，而且除这些之外，还有许多表现手法，如草蛇灰线、一击两鸣、烘云托月、背面傅粉、明修栈道、暗渡陈仓等，都是含蓄手法的表现，它们分布于整部书中，如果对此知之甚少，甚至一无所知，这样去读《红楼梦》，便会一无所获。"红学"中许多长期争论不休的问题，其重要原因之一便是产生于此，就连某些著名的"红学家"也常常"呆"在这里。

5. 由于上面说到的《红楼梦》的那些含蓄特点，所以阅读《红楼梦》时，读者必须积极主动地去玩索、品味，才有可能读得明白，而不是像其他小说那样只须字面读懂了，便可明白作品的意思。因此读者掌握作品的含蓄手法越多，理解作品也就越深刻，获得的滋味也就越浓烈，而且没有止境。而要达到这一点，需要有两个前提：一是要具备相当高的文化素养，因为此书的文化蕴涵实在非常深厚宽广；二是要得法，即能把握住它的含蓄特点，否则再有文化未必能摸着门。"红学"研究中这类事例太多了。而只要不同程度地具备这两个前提，就可以不同程度地读出《红楼梦》的味道来，而且会有兴趣再读下去，如此地反复，便会其味无穷，没有止境。这就是为什么《红楼梦》既会有人不爱看（包括读中文系的），而爱看的人却会痴迷不已，而后者的人数总是越来越多，于是《红楼梦》自然就成了文学发展史上的高峰、中国古代小说的里程碑。也就因此，就这样互相作用、影响，《红楼梦》因含蓄而达到小说的极致；而含蓄也因《红楼梦》而尽显其魅力。

纵观以上所言可知，古代文学的风格多种多样，却没有一种能取得像含蓄风格这样的成就。清朝是中国封建社会最后一个王朝,这个时期的文学也有它独自的特色,而含蓄风格则是它诸多特色的重要点之一,这或许是治清朝文学史者所不可忽略的一个重要方面吧。

朋友古今谈

一

在人类社会里，不论任何国家、民族、时代的人都有一个人际关系的问题，如何处理好这种关系是任何群体和个人都必须面对而无法回避的。中国古代儒家就把这些关系叫作人伦。

人伦自然可以归纳出种种，但儒家的创始人孔子最重视的是君臣、父子的关系。《论语·颜渊》中，孔子在回答齐景公"问政"时就提出"君君臣臣、父父子子"，以之为治国之本，也是儒家伦理观的根基。基于此，孔子的学生子路就在《论语·微子》中批评一个不肯出仕的隐者，说："不仕无义。长幼之节，不可废也。君臣之义，如之何其废之？欲洁其身，而乱大伦。君子之仕也，行其义也。"把归隐不仕责之为"乱大伦"的不义行为。

把儒家伦理思想系统而完整地表述出来的是孟子。《孟子·滕文公》说到圣人"使契为司徒教以人伦"：

> 父子有亲，君臣有义，夫妇有别，长幼有序，朋友有信。

这五种人际关系及其准则便是传统思想中的所谓"五伦"。它与封建礼法中的"三纲五常"等共同成为统治者统治社会、稳固人际关系的最基本理念，为儒家所尊奉。所以《孟子·滕文公》说：

"夏曰校,殷曰序,周曰庠;学则三代共之,皆所以明人伦也。"在孟子心目中,"明人伦"乃是一切教育的共同重点和核心。

总的来说,"五伦"作为一个整体,乃是为封建统治阶级服务的,而且起到了重要的、长期的作用。随着时间的推移和社会的发展,它越来越不能适应社会发展进步的需要,而且起着严重的阻碍作用,它慢慢地被淘汰,最后退出历史舞台就成为必然的结果。

儒家在先秦时代,只是诸子百家中的一员。孔、孟在世时,都曾率众游说诸国,"后车数十乘,从者数百人"(《孟子·滕文公》),这是同时人形容孟子游说队伍的浩大规模,但他们收到的效果却甚微,以至孔子的学生子路也只好发出慨叹:"道之不行,已知之矣。"(《论语·微子》)孟子也清醒地看到,在他所处的时代,现状是:"杨朱、墨翟之言盈天下,天下之言不归杨则归墨。……杨墨之道不息,孔子之道不著。"(《孟子·滕文公》)

但孟子却无法使杨、朱之道息灭而让儒家的学说昭著起来,直到他过世后近两百年的汉武帝时期,经儒学大师董仲舒的推荐和导引,汉武帝接纳并定下了"罢黜百家,独尊儒术"的重大决策,从此,两千年来儒学便成为封建社会的统治思想,也是中华传统文化的主流。

随着封建社会的没落和衰亡,儒学自然也失去了它往日的地位和辉煌,而且在新的社会制度面前,越来越显出它的不合时宜,甚至落后和反动。但是,尽管历经波折,甚至遭受过"五四"打倒孔家店和"文化大革命"的批孔运动这样毁灭性的打击,几陷灭顶,可几经沧桑,时至今日,儒家的影响还广泛存在于现代社会生活中的各个方面,并起着相当的作用,只是人们未必都能认识到这种客观存在而已。这或许是说明,儒家学说在今天固然有许多是封建糟粕,早已过时,理应抛弃,但同时也还存在某些积极的因素,仍可供现代人采用。一个简单而明确的事实是,中华民族一些优良的传统文化道德,有不少正是来自儒家思想。因此我们就不可以简单地把它全盘否定,而需要进行科学的分析,去获得对今天仍然有积极作用的东西。

对于前面所说到的儒家"五伦"观念也正可作如是观。"五伦"中的父子、君臣、夫妇、长幼四"伦"无足论矣,但对朋友这一"伦"就颇有可以探究之处。

儒家是十分重视朋友关系的,所以才会把它列入"五伦"之中。但朋友的内涵却与其他四"伦"有着许多不同,突显出它自己独到的特点。

在君臣、父子、夫妇、长幼的伦理关系中,贯穿着严格的上下尊卑、贵贱亲疏的等级观念和界线,充满了封建宗法制度和血缘关系的狭隘限制,把人们束缚和禁锢在绝对不变的牢笼中。

而儒家所推行的朋友关系中却不存在上述情况,它完全没有那四"伦"中的那些封建糟粕,相反的,还显现出不少可供借鉴、吸取的有益成分。归纳起来,大体有下面这么几个方面:

1. 它不受身份、职业、贫富、年龄等的限制,只要愿意,都可成为朋友。它是社会人际关系中最宽广的纽带,所以十分重要。

2. 实行平等和自愿的原则,没有条件和门槛。孟子在回答学生关于朋友的问题时说:"不挟长,不挟贵,不挟兄弟而友;友也者,友其德也,不可以有挟也。"(《孟子·万章》)说的就是这个意思。孟子还举出了小国国君、大国国君与一般人交友的例子,甚至认为帝尧与舜也是这种朋友关系。他们互相都不着眼于身份地位,不然,"则不与之友矣"。

3. 交友必交心。不能交心便不是真诚的朋友。所以扬雄《法言·学行》有言:"朋而不心,面朋也;友而不心,面友也。""面朋"、"面友"乃是一种虚伪的交情,必须抛弃。故《后汉书·朱乐何列传》说:"绝交面朋,崇厚浮伪。"至为重要。而这一点孔子也早已说过:"匿怨而友其人,左丘明耻之,丘亦耻之。"(《论语·公冶长》)

4. 朋友之间要能互助,相与扶持。这该是朋友之道的最起码要求。清代戴震的《孟子字义疏证·原善》说:"友也者,助也,明乎朋友之道者,交相助而后济。"这应该是总结了儒家朋友观的长期实践而提出来的。早在孔子时,学生子路就曾表达自己的志向说:"愿车马,衣轻裘,与朋友共,敝之而无憾。"(《论语·公冶长》)事情虽然不算太大,但已表现出朋友之间相互共有的帮扶精神。

5. 朋友相处还需有相互一致的思想基础,缺少它,恐难以维持长久,遇事意见不一,势必离散。东汉蔡邕的《正交论》就说:"朋友之道,有义则合,无义则离。"要具有相同的道义,朋友的关系才能得以巩固和保持久远。孔子还曾经说过:"道不同不相为谋。"(《论语·卫灵公》)都强调了朋友相处必须要有相同的道义。

为了保证这一点的实现,儒家还有许多具体的论述,这里只列举较为重要的两点以见其意旨。一是曾子说的:"君子以文会友,以友辅仁。"(《论语·颜渊》)意思是通过论文说道来与朋友切磋,又因此而使自己的道行得到进益和提高。二是《礼记·表记》说的:"君子之接如水,小人之接如醴;君子淡以成,小人甘以坏。"君子之交完全是一种志同道合的友谊,之间没有任何功利、名位的追求,它平淡如水,坦诚相陈,故得持久;而小人之间的交往是利益的驱使,相互利用,它可以相得于一时,一旦出现利益冲突,或者无利可图之时,"如醴"之交便"坏"了,甚至反目成仇亦是常有之事。这两条表面词语所说不同,但它们的中心内涵是完全相通的。

6. 在"五伦"中,孟子以"信"加诸朋友,足见"信"的重要性。因为它的确是体现了儒家的重要思想。孔子就说过:"朋友信之。"(《论语·公冶长》)曾子说他自己"吾日三省吾身",其中一"省"就是:"与朋友交而不信乎?"(《论语·学而》)而且,"信"在孔子的心目中还有更为重要的意义:它是治理好一个诸侯国的首要条件:"子曰:道千乘之国,敬事而信,节用而爱人,使民以时。"(《论语·学而》)它甚至比生命还重要,子贡向孔子"问政"时,孔子回答说要做到三点:"足食、足兵、民信之矣。"当子贡进一步问:在必不得已的情况下,要抛弃三者中的二者应该先去掉哪两个,孔子说应该先放弃"足食、足兵",理由是"自古皆有死,民无信不立"(《论语·颜渊》)。"信"在社会生活中的地位是如此突出,孟子特别强调把它放在处理朋友关系中,足见对朋友这一"伦"是何等重视。

7. 有正面的提倡,自然就会有对反面的遏制。这也是孔子亲自进行的。"子曰:君子不重则不威,学则不固。主忠信,无友不如己者。过则勿惮改。"(《论语·学而》)"无友不如己者"这句名言,是说不要和"忠信"度不够的人交朋友,这和孔、孟提倡"朋友有信"的思想是完全吻合的。过去对此话争议较多,是没有和上文联系起来加以理解,自然就产生歧义了。孔子还有更具体一点的指向,他说:"益者三友,损者三友。友直、友谅、友多闻,益矣;友便辟、友善柔、友便佞,损矣。"(《论语·季氏》)这里提倡与反对并举,互相对应,而着眼点都在人的品质,观点十分鲜明。

综合以上各点,简略来说,儒家所推行的交友观就是自由平等地结交,志同道合,相互扶持,共同提高,特别讲究信用,不合则离等等。相对于君臣、父子、夫妇、长幼充满着种种限制和桎梏的关系来说,朋友的关系不啻是一个舒坦的自由王国,所以连孔老夫子也情不自禁地说:"有朋自远方来,不亦乐乎?"(《论语·学而》)在其他四种关系中,大概是不可能获得这样的乐趣的。

从孔子的"君君臣臣,父父子子"到孟子的"五伦",再到"独尊儒术"后"纲常伦理"的确立,封建礼教对人民群众的束缚越来越严酷,不满情绪也自然随之增加,但朋友这一"伦"的特质并无变化,反而更显出了它的独异之处,因而受到了特别的赞赏。比如清末"戊戌变法""六君子"之一的谭嗣同,他的思想和行为都相当激进,连梁启超都自叹不如,谭嗣同对封建纲常伦理进行了猛烈的抨击,但却特别青睐朋友这一"伦",他在《仁学》(三十八)中指出:"五伦中于人生最无弊而有益,无纤毫之苦,有淡水之乐,其惟朋友乎!"其原因总括来说就是"不失自主之权而已矣"。而其他四"伦",尤

其是前三"伦",简直就"如地狱矣"。所以他最后提出要"独尊"朋友这一"伦":

> 夫惟朋友之伦独尊,然后彼四伦不废自废。亦惟明四伦之当废,然后朋友之权力始大。今中外皆侈谈变法,而五伦不变,则举凡至理要道,悉无从起点,又况于三纲哉!

谭嗣同不光是要"朋友之伦独尊",而且要废掉三纲及其他四"伦",这在当时来说,无异是一种惊世骇俗、石破天惊之语! 这对他来说是根本不可能实现的。

二

但谭嗣同对朋友这一"伦"的赞赏却是有眼光的。事实上,在前四"伦"造就出许许多多的忠臣、孝子、烈女、贞妇,他们中的许多人的命运让人们为之无限悲叹和惋惜的同时,两千来年的封建社会里,在朋友关系中却出现了为数甚多可歌可泣的真挚友谊的故事,至今仍为人所钦慕,深感不可企及。

早在春秋时期,即在孟子提出"五伦"之前,就有管仲与鲍叔牙、俞伯牙与钟子期等真挚友情的出现;"五伦"出现之后,乃至"三纲五常"之确立,这类友谊故事不但没有因之而被扼杀,甚至还长期存在并不断丰富和发展。这就足见朋友这一"伦"与其他四"伦"之不同,它确有其可贵之处,因而值得肯定,而予以一定的历史地位。

我们可以在这类故事中略举数例,以见一斑。

《后汉书·独行列传》记载范式(字巨卿)与张劭(字元伯)为挚友,范式以恪守信用深得张劭及其家人的信任:

> 后元伯寝疾笃,同郡郅君章、殷子微晨夜省视之。元伯临

尽，叹曰："恨不见吾死友！"子微曰："吾与君章尽心于子，是非死友，复欲谁求？"元伯曰："若二子者，吾生友耳。山阳范巨卿，所谓死友也。"寻而卒。（范式在外郡梦见此事，第二天便急驰赴丧）式未及到，而丧已发引，既至圹，将窆，而柩不肯进，其母抚之曰："元伯，岂有望邪？"遂停柩移时，乃见有素车白马，号哭而来。其母望之曰："是必范巨卿也。"巨卿既至，叩丧言曰："行矣元伯！死生路异，永从此辞。"会葬者千人，咸为挥涕。式因执绋而引柩，于是乃前。式遂留止冢次，为修坟树，然后乃去。

范式远道赶来，而死者一直期望、也相信他会来到，这完全是由相互的绝对信任而做到的，自然相当感人，所以当时"会葬者千人，咸为挥涕"，也充分说明了这一点。而张劭公开称范式为"死友"，范也是当之无愧的。这一故事也为后人留下了"生友"、"死友"之说，在交友史上产生了深远的影响。

其实，范式与张劭的故事，主要还是表现了一种相互信任的友谊，它符合孔子说的"朋友信之"，孟子要求的"朋友有信"的最基本原则，所以为后世所重。若要说到以生命相托、死而无悔的这种"死友"也还是有的，我们且看《世说新语·德行》中的一条：

荀巨伯远看友人疾，值胡贼攻郡，友人语巨伯曰："吾今死矣，子可去。"巨伯曰："远来相视，子令吾去，败义以求生，岂荀巨伯所行邪？"贼既至，谓巨伯曰："大军至，一郡尽空，汝何男子，而敢独止！"巨伯曰："友人有疾，不忍委之，宁以我身代友人命。"贼相谓曰："我辈无义之人，而入有义之国！"遂班军而还，一郡并获全。

荀巨伯去探友人病，适逢"胡贼"来犯，全郡人都跑光了。友人叫他快走,他完全可以离去,因为明知留下无济于事,反而会白搭上自己一条命,可是他却坚守着不能"败义以求生"的信念,毅然留了下来,并向"贼"人要求:"宁以我身代友人命!"这可真是实足的"死友"了!或许也可以说是友情的一种最高境界吧。

当然,无须动辄为之奉献出生命来的感人友情也很多,它同样达到了一种难得的、不可替代的境界。晚清文学家刘鹗的友人连梦青因逃避清政府的捕杀而蛰居上海,生活困难,靠卖稿勉力维生,但其人耿介,不肯受人资助,而刘鹗却有效地为他排忧解难。据《刘鹗及老残游记资料》第三辑中刘鹗的儿子刘绅所写《关于〈老残游记〉》一文说道:

> 连卖文所入,仍不足维持其菽水所需。先君知其耿介,且亦知其售稿事,因草一小说稿赠之。连感先君意,不得不受,亦售之于商务。并与订约,不得更改原文一字。此小说,即近三十余年中一般人认为神秘预言之《老残游记》。

这位刘鹗之待友,的确有他的独特之处。首先,他是主动助人于困难之中,而且此友人正遭清政府的追捕,因此有一定的风险,他当然明白,却在所不顾。

其次,他的这位朋友是一个很有个性的人,他不但不会主动求助,而且不是什么资助都肯接受,显得颇为矜持、耿介,而刘鹗却能顺着他的心意,既不违拗他的感情,又收到了帮助的实际效果。李陵在《答苏武书》中说:"人之相知,贵在知心。"李陵在身陷绝境中,对"知心"这一点自是体味最为深刻的。刘鹗就完全可以称得上是这样一位知心朋友。

再次,刘鹗所采用的方法又是特别出奇的,完全出乎一般人所料:他竟亲自撰写小说,让连梦青拿去发表获酬,这样,既避免了直接金钱资助造成的尴尬,又因连梦青原也从事售稿的活计,可以自然地让两者结合起来而达到目的。不过写小说可不是一件容易的事，不是任谁都能做到的，而刘鹗竟是做到了。真是用心良苦，用力维艰啊。无怪乎"连感先君意，不得不受"了。还必须特别提到一点，刘鹗并没有因为是替别人写去换钱而马虎应付，随便交差了事，而是认真负责、尽心尽力去完成它。也因此才造就了一部著名小说《老残游记》的问世。刘鹗可以说是无愧于"朋友"二字了。

既然古人对朋友如此重视，态度如此认真，很自然，对交友也会十分慎重，甚至有一定的标准和要求。孔子早就明确提出："益者三友，损者三友。友直、友谅、友多闻，益矣；友便辟、友善柔、友便佞，损矣。"（《论语·季氏》）他还要求"无友不如己者"（《论语·学而》）。不管这些标准和要求是否科学，它们都体现了一个思想，要认真、慎重地选择朋友。所以《孔子家语》中又有说："君子慎取友也。"强调的都是同一个意思。

但人是十分复杂的，谁也不能绝对保证所交之友都能符合上述标准，万一交上了"损友"怎么办？也有办法，那就是舍弃他，或与之断绝原来的朋友关系，正如蔡邕的《正交论》所说："盖朋友之道，有义则合，无义则离。"于是，便出现了朋友之间的绝交问题，也是一个过去人们关注不多而又值得进行一番探索、议论的问题。

先说几个绝交的事例。

《世说新语·德行第一》中有段记载：

> 管宁、华歆共园中锄菜，见地有片金，管挥锄与瓦石不异；华捉而掷去之。又尝同席读书，有乘轩冕过门者，宁读如故；歆废书出看。宁割席分坐曰："子非吾友也。"

华歆因为在学习时跑出去看了一下经过门口的豪车，便被同桌的管宁与他分桌而坐，并被宣布不是自己的朋友。这在今天的人看来，未免有点小题大作，过分认真了。但它却符合当时人的观念，因为朋友是需要相互辅助学习的,《礼记·学记》就说:"独学而无友,则孤陋而寡闻。"当华歆这位朋友不能和自己一样专心向学时,就失去了作为朋友的价值了,所谓"无义则离","无友不如己者"的信条在此完全适合,管宁宣布他"非吾友也"也就成为很自然的事了。

东汉时,朱穆与刘伯宗为友,朱少年有名,早登仕途,刘于困顿时常受朱之照顾,后刘官至二千石,位高于朱,便忘乎所以,对朱倨傲不恭,朱穆便作书与之绝交,在揭发了他的前后不同态度之后,并斥之曰:"咄!刘伯宗于仁义何其薄哉!"同时还作《与刘伯宗绝交诗》一首:

> 北山有鸱,不洁其翼。飞不正向,寝不定息。饥则木揽,饱则泥伏。饕餮贪汙,臭腐是食。填肠满嗉,嗜欲无极。长鸣呼凤,谓凤无德。凤之所趣,与子异域。永从此诀,各自努力。

这诗把自己比作凤凰,把刘伯宗比作鸱鸟,并用形象的手法揭示了他的种种卑污贪腐,生动地补充了他的"仁义何其薄哉!"

最为人们熟知的绝交行动当数稍后的嵇康了。嵇康多才多艺,知名度极高。他在曹魏时曾任中散大夫,但入晋后不满司马氏政权的作为,不与合作,退隐山林,成为著名的"竹林七贤"的领班人物。所以当他的好友山涛(字巨源)要推荐他入朝任职时,他立刻写了一封《与山巨源绝交书》,称自己"荣进之心日颓,任逸之情转笃",所喜好之事是"游山泽,观鱼鸟,心甚乐之"。若一定要逼他为官做吏,"必发狂疾"。他的态度如此坚决,此事自然也就作罢。

士之常情,学而优则仕,既可享受荣华富贵,又可光宗耀祖,现在这等好事送上门来,嵇康不但断然拒绝,而且还作书与好意推荐他的人断绝朋友关系,在后世人看来,岂非矫情过度,难以理解吗?而这就是嵇康!或者也可称之为千古一人吧。这也是使他如此出名的原因吧。

　　尽管嵇康此举的真正意图是针对山涛还是借此向晋武帝表态，论者尚有不同的看法，其实这并不要紧。重要的是他的行为透露了一个信息，即人的生活和价值还有远比为官作宰更有意义的东西存在，萌生这种意识是极其难能可贵的。这也许是嵇康如此受人喜爱和尊崇的一个重要原因吧。

　　嵇康其实还有另一起绝交事件，只是远没有与山涛绝交那么出名，尽人皆知，但它却有不可忽视的意义，完全值得一议。

　　嵇康与同父异母兄弟吕巽（字长悌）、吕安（字仲悌）为好友，兄弟二人交恶，嵇康为之调停，吕巽发誓不再算计其弟，吕安也因信任嵇康不再举发其兄。但吕巽违背誓言，暗中诬告其弟，致使吕安被系入狱。嵇康十分气愤，乃作书与吕巽绝交，说自己有负吕安，实由吕巽之负己所致，最后说："怅然失图，复何言哉？若此无心复与足下交矣。古之君子绝交不出丑言。从此别矣。临别恨恨！"吕巽对朋友无信，对兄弟无义，一个无信义之人，怎能与其交友？与之"恨恨"地绝交，就绝对是唯一的结局了。

　　与绝交紧密相连的还有一个拒交的问题。因为既然"损友"不能相交，又"无友不如己者"，那么，自然便会产生拒交的可能，事实也是如此。且看一个事例，它的当事人还是嵇康。据《晋书》卷四十九《嵇康传》载：

　　　　初，康居贫，尝与向秀共锻于大树之下，以自赡给。颍川钟会，贵公子也，精练有才辩，故往造焉。康不为之礼，而锻不辍。良久会去，康谓曰："何所闻而来？何所见而去？"会曰："闻所闻而来，见所见而去。"会以此憾之。

钟会的父亲是钟繇，在汉末、曹魏政权时皆曾封侯，钟会自是声势显赫的"贵公子"，他后来先后随司马师、司马昭屡立战功，构陷邓艾后全揽兵权,随又生异心谋反,被乱军所杀。

　　嵇康尽管未能预知钟会将来的为人,但却对当时的"贵公子"就很感冒,并不接纳他,对他很冷淡,连起码的"礼"也没有,无怪钟会会"以此憾之"了。嵇康当时并不知道,他这一拒绝竟种下了杀身的恶果。

　　上面曾说到,吕安因其兄诬陷而下狱,因嵇康曾为其兄弟调停过,钟会便借此原故陷害嵇康,《嵇康传》里写到,钟会便在晋文帝面前:

> 　　因谮"康欲助毌丘俭,赖山涛不听。昔齐戮华士,鲁诛少正卯,诚以害时乱教,故圣贤去之。康、安等言论放荡,非毁典谟,帝王者所不宜容。宜因衅除之,以淳风俗"。帝既昵听信会,遂并害之。

一代千古传誉的名士嵇康,只因当年曾拒绝与一个人为友,便惹下了杀身之祸,令人浩叹:交友难,拒友更不易啊!

　　再回到绝交的事情上来。综观上面说到的几桩绝交案例,可以发现有一个特点,那就是几位提出绝交的人不是简单地断绝往来而已,而是都发出了绝交书或绝交诗,(管宁更是当面、即时作出了这种口头宣告),而且义正词严,底气十足,显得异常地心胸坦荡,十分自信,大有告示天下之概。尽管后人未必都完全认同他们的看法和做法,但他们的心态和胸怀却是难能可贵,令人尊崇。当今要找出几个在待友上类似这样纯真和直率的人来可就不那么容易了。

三

　　在几桩绝交事件发生的同时,还产生了一个现象,它自然没有那些绝交书那么引人注目,但在交友的大题目下,也是绝对不能忽视,或者说是值得去予以关注的,那就是出现了一批有关交友、绝交以及与之有关问题的"论"文,显然,它们是由那些绝交事件所引发的,而且它们中有的作者也就是某绝交书的作者。

这里且选择互有关联的三篇"论"文来略加探究。它们分别是朱穆的《绝交论》、蔡邕的《正交论》和时间较后的刘孝标的《广绝交论》。

朱穆(100—163),字公叔,他是第一个写绝交书的人,也是第一个写绝交"论"的人。他以设问的形式宣示:

> 古者,进退趋业,无私游之交,相见以公朝,享会以礼纪,否则朋徒受习而已。

朱穆的这种说法是一种过激之言,完全不符合儒家的传统观念。孔、孟都是重视交友的,只是认为朋友有"益友"、"损友"之别,必须慎重选择。《诗经·小雅·伐木》序甚至认为:"自天子至于庶人,未有不须友以成者。"事实上朋友是自古就客观存在的,而且朱穆本人也曾有朋友,不然,何来的绝交书与绝交诗?

只是由于所交受挫,他在公开强烈谴责和斥骂了对方之后才发表了这种过激之辞。

当然,促使他这种思想的产生还有更大的社会背景,那就是当时的民风日下,世俗浇离。尤其是在交友之道中,如"论"中所说,他们追求的是"蔽过窃誉,以赡其私。事替义退,公轻私重"。这种状况已达到"遂往不反,而莫敢止焉。是川渎并决,而莫之敢塞;游猿蹂稼,而莫之禁也"的地步。

这方面的情状,在可以与朱穆《绝交论》称之为姐妹篇的《崇厚论》中还有更进一步的描述:

> 时俗或异,风化不敦,而尚相诽谤,谓之臧否。记短则兼

折其长,贬恶则并伐其善。悠悠者皆是,其可称乎!……务进者趋前而不顾后,荣贵者矜己而不待人,智不接愚,富不赈贫,贞士孤而不恤,贤者厄而不存。

这种现实——个人的遭际与现世的污浊,便使他不仅产生了与友绝交,甚至要与世绝交,所以在《绝交论》中,"或曰"对他设问说:"子绝存问,不见客,亦不答也,何故?"而他也作了肯定的回答。而且,他还表示,他的这种行为即使受到了世俗的嫉恶,他也甘愿接受。

所以,朱穆是一个为人正直,为官严明的人,他不避危厄,一直与为害朝政的宦官斗争,正义不得伸张,最终愤懑发疽而死,深受世人的尊崇。

我们今天所见到的《绝交论》,现存于《后汉书》朱穆传的李善注中,篇幅不长,恐非全璧,不过,还是能反映出朱穆写此"论"的主旨精神的。

蔡邕(133—192),字伯喈,东汉末名士,博学多才,谙熟汉史,其文史成就在当时以至后代都有很大影响。蔡邕赞赏朱穆为人,曾撰写《朱公叔鼎铭》等。他写《正交论》也与朱穆写了《绝交论》有关,所以《后汉书》朱穆传的"论"曰:"蔡邕以为穆贞而孤,又作《正交》而广其致焉。"且看它们之间有什么关系,蔡邕的主张又如何。

《正交论》一开始就指出"古之交者,其义敦以正,其誓信以固",风气良好。但"逮乎周德既衰",便情况发生了很大的变化,"自此以降,弥以陵迟,或阙其始终,或疆其比周",这就引起了人们对此的不满,于是"疾浅薄而怀携贰者有之,恶朋党而绝交游者有之",这便点出了朱穆《绝交论》产生的原因。

接着,蔡邕便先赞扬了朱穆,称"彼贞士者,贫贱不待夫富贵,富贵不骄乎贫贱,故可贵也"。"贞士"自然就指的是朱穆。

然后,蔡邕才提出了自己对交友的看法:"盖朋友之道,有义则合,无义则离。善则久要不忘平生之言,恶则忠告善诲之,否则止,无自辱焉。"后面他还说:"信有可归之德,不病人之远己也。不幸或然,则躬自厚而薄责于人,怨其远矣;求诸己而不求诸人,咎其稀矣。夫远怨稀咎之机,咸在乎躬,莫之致也。"这些话说的是交友的重要原则,自然不错;但它出现在这里,它的主要意思还是在表明:交友应该有,而且是客观存在的,不能否定它,也否定不了。这样就确切地表明,他对朱穆《绝交论》在交友问题上的偏激态度是持不同看法的,只是在表达方式上较为委婉,不是那么直白地说出来。

为了说明这不是他个人的主观成见,他还拉出孔子来作依据:"至于仲尼之正教,则泛爱众而亲仁,故非善不喜,非仁不亲,交游以方,会友以文,可无贬也。"①也就是说,孔子也是主张交游的,只是要讲究方法,遵守原则。这就是孔子的"正教",也许因此,他才将自己的这些理论叫作"正交论"吧。当然,也就对其他不合"正教"的观点含有批评的意思。

不过在最后蔡邕又说:"括二论而言之。则刺薄者博而洽,断交者贞而孤。孤有羔羊之节,与其不获已而矫时也,走将从夫孤焉。"在充分表达完自己与朱穆明显不同的观点之后,蔡邕却对朱穆本人发出了非常友善的信号,表示自己非常理解甚至同情朱穆的行为,宣称在同样的情况下,他也一定会选择与他人断交,因而也成为一个像朱穆那样的"贞而孤"者。蔡邕的用心如此刻意、周到,既敢于表白自己的不同意见,又努力与对方交好友善,真是一个难得的朋友啊。

刘孝标(462—521),名峻,以字行,南朝梁人,是著名学者和文学家。他少年贫苦,好学,一生坎坷不得志。曾著《辩命论》以自寄慰。所著《广绝交论》在朱穆著《绝交论》三百来年之后,是借朱穆

---

① 《蔡中郎集》卷三。

的题目来表达和扩大这一命题的内容,它的具体起因却是由一件事所触发,据刘璠的《梁典》记载:"刘峻见任昉诸子西华兄弟等流离不能自振,生平旧交,莫有收恤。西华冬月著葛巾帔,练裙,路逢峻,峻泫然矜之,乃广朱公叔《绝交论》。到溉见其论,抵几于地,终身恨之。"

任昉是当时的名人,擅文笔,与沈约齐名,曾仕南朝的宋、齐、梁三朝。他喜交朋友,提携他人,因而经常高朋满座,车马盈门,声誉甚高。可当他一死后,便门庭冷落,风光不再,连几个后人也生活艰辛,无人周恤。其实这也是一种很普通常见的人走茶凉的现象。而且他四个儿子的生活无以为继,也不过是几个纨绔公子的必然下场,没有人去关注他们也不足为奇,为之义愤填膺而写下《广绝交论》的刘孝标,不也是偶然在路上碰见他们的落拓样子才知道他们的现状吗? 说明他之前也何曾去照顾过他们,那又有何理由去责怪他人呢? 所以刘孝标之所以写下这篇广"论",实在是借此事作由头,来抒发他因一生坎坷的遭遇而积压在胸中的怨气,这也就是为什么这篇《广绝交论》写得如此全面而深刻,成为当时人情世态的一面清晰的镜子。它更是论说交友史上的一篇经典之作,而且罕有来者。

《广绝交论》首先指出,历来交友有"素交"和"利交"之别。圣人之世,贤达们信守的是"素交",这种交情虽遇"风雨急而不辍其音,霜雪零而不渝其色"。它不可多见,是"历万古而一遇"的。而当今则是"叔世民讹,狙诈飚起……竞毛羽之轻,趋锥刀之末。于是素交尽,利交兴,天下蚩蚩,鸟惊雷骇"。缺失道义,追逐利益,成了"利交"的唯一原则。

刘孝标还归纳出当时"利交"的五种具体表现:

一曰"势交",即竭尽手段,巴结权势。

二曰"贿交",即指天示日,结交富豪。

三曰"谈交",即攀附能言善辩之辈。

四曰"穷交",即穷困相怜,相互勾结。

五曰"量交",即锱铢计较,衡量利害。

以上五种交友的表现,可谓穷形尽相,全面揭露了当时"利交"的种种丑态,它既具社会的共性,又有时代的特性(如"谈交"就与当时名士清谈之风相关)。而刘孝标对它们的评价只用了一句话:"凡斯五交,义同贾鬻。"它们完全是生意场的交易,可谓一言中的。

再进一步,刘孝标又指出了这五交的弊害:"因此五交,是生三衅:败德殄义,禽兽相若,一衅也;难固易携,雠颂所聚,二衅也;名陷饕餮,贞介所休,三衅也。"也就是说,"利交"的结果,使得人们道德沦丧,已有的友情也会反目成仇,整个社会便变得唯利是图,罔顾羞耻。丧风败俗一至于此,何等可怕。

由此可知,刘孝标的《广绝交论》视界广阔,通今达古;观察透彻,鞭辟入里;文章雄放,辞语犀利,不愧为交友论史上的一座耀眼的里程碑。

以上三"论"有一个共同点,就是都揭发了当时的世风浇离,友道沦丧,并对此表示痛心疾首,深为不满。但可喜的是还有另一面,友道的优良传统并未绝迹,贞节耿介、矢志不移之士仍大有人在,所谓清者自清,浊者自浊是也。如与朱穆、蔡邕同时的孔融就是这样一个人物,他致书魏太祖荐举盛孝章之举,就不仅是为了救盛孝章于厄难之时,而且也是弘扬友道的典范之举。这类例子不必再多举,因为三"论"的作者本人也同是这方面的优秀代表。这一些都让人们感到公道尚存,正义未泯,在失望中仍存希望,于丧气中仍具信心。

四

前面之所以那么特别推许"三论",尤其是《广绝交论》,那是因为自此之后,已很难见到如此义正词严的绝交"论"和慷慨激昂的绝交"书"了。因为友道日益变幻无定和艰难险峻,正如李白在《古风五十九首》的最后一首中所说："路歧有南北，素丝易变移"，"世途多翻覆，交道方岖崟"，难得再觅交友之正道了。

其原因大抵自汉武帝"罢黜百家，独尊儒术"之后，一段时间以来，儒生们在儒家教义、"朋友有信"之类的熏陶下，于是才有相当一批人认真地遵循了它，也就产生了上面说到的那么些绝交者以及"书"、"论"的作者。而自东汉末以来，佛、道二氏相继引入和产生，它们的影响逐渐扩大，儒家思想的主导地位受到挑战。在随后的封建王朝时期，有的崇佛，有的尊道，每个帝王对三者的态度也各有不同，同一个帝王也会因为政治需要而改变态度。有的朝廷如北周武帝还举行过三教地位、排名的辩论。到封建社会后期，还出现了三教合一的趋势，清朝的雍正皇帝更是大力提倡，儒家原来的"独尊"地位已荡然无存。它的影响力自然也今非昔比，再也难以塑造出大批像朱穆、蔡邕、嵇康、刘孝标那一类的知识分子来了。再从知识分子本身来说，他们虽然也因考科举的需要，大多数都熟读儒家圣贤之书，但骨子里却并未完全受儒家思想所控制，思想里还掺杂了许多别的东西，尤其是佛家的影响。因为佛教自传入中土后，慢慢与本土文化融合，逐渐站稳了脚跟，尤其是禅宗的出现，标志着外来的佛教已经完全汉化了，因此受到各方人士，特别是知识分子的欢迎。禅宗虽然产生时间较早，但真正成熟和繁荣乃在中、晚唐以后，并绵延、扩展开来。自中唐至有宋一代，许多著名的文人，莫不与禅宗结下不解之缘，最突出的如王维、白居易、苏轼等可以说已达到非常投入甚至痴迷的程度。无怪乎宋太宗时的宰相张齐贤就曾感叹说："儒门淡薄，收拾不住，皆归释氏。"[①]这话和当时盛行的儒士们"逃禅"之风是可以互为印证的。这足见儒家思想的影响力已衰降到何等的程度。

同时还有值得一说的是，这种状况不但是出现在一般的儒士

---

① 陈善：《扪虱新话》卷三《儒释迭为盛衰》。

和知识分子之中，就是作为封建社会后期儒家思想领地——宋明理学的创始者或代表人物，也未能逃脱佛禅的严重侵蚀。据《宋史列传·道学一》载，理学的创始人濂溪先生周敦颐就常和禅师来往，还自称"穷禅之客"。他的继承人明道先生程颢就曾"泛滥于诸家，出入于老、释者几十年"。程颢的弟弟伊川先生程颐的情况也与他相当。而理学的集大成者朱熹自幼就曾研析禅学，并对儒释两家的关系颇有体会，《朱子语类》卷十八说："今之不为禅学者，只是未曾到那深处，才到那深处，定走入禅去也。"这样说来，那朱熹肯定是已经"到那深处"，而且还"入禅去"了。既然当时那些儒家大师级的人物都一个个至少在思想意识上也皈依了佛门，那在现实社会生活中，恐怕就很难找到几个朱熹、周敦颐、刘孝标时代那样的儒者了。

因此，唐宋以降，像以前那样交友的论说已属稀见。至于绝交和绝交书之类的东西自然还有，但其内涵也今非昔比，不可同日而语了。不妨举点例子看看。

南宋陆游《老学庵笔记》卷五载：

> 曾觌字纯脯，偶归，正官萧鹧巴来谒。既退，复一客至，其所狎也，因问曰："萧鹧巴可对何人？"客曰："正可对曾纯脯。"觌以为嫚己，大怒，与之绝。

就因为按曾觌的要求对了一个人名的对子，最多也就是带有一点小玩笑，曾觌便认为是轻慢了自己，立即"大怒，与之绝"。曾觌是南宋孝宗时的权臣，为这点事便绝交，完全是摆的官架子，与"不义则离"哪有什么的丝毫关联。其实，这么两个人也从来算不上什么真心的朋友。还可以再看一例，也是南宋的故事。

南宋周密《浩然斋雅谈》卷下载：

> 刘过改之尝游富沙,与友人吴仲平饮于吴所欢吴盼儿家。尝赋词赠之,所谓"云一窝,玉一梭,淡淡衫儿薄薄罗。轻颦双黛娥。"盼遂属意改之,吴愤甚,挟刃刺之,误伤其妓,遂悉系有司。……(释放出来后)自是不复合矣。

两个朋友因狎妓时争风吃醋,一人竟拔刀相向,因误伤妓女而俱被官府收押,被释后便自然绝交。这种朋友和今天那些酒肉朋友并无二致。而两人中的刘过竟是南宋时的著名词人,自是儒人士子出身,但他的这种友况却和儒家要求的"以文会友,以友辅仁"何止天壤之别。

以上二例均发生在南宋时期,可见并非偶然的个例。它足以反映出封建社会后期朋友伦常的普遍状态。

既有绝交,自然也就会有绝交书,可是却再也见不到有朱穆、嵇康等那样著名的绝交书流传于世。道理倒也简单:绝交行为本身既然如此不值一提,又哪能写得出什么能打动人的绝交书因而流传下来呢?

但由于有名人也写过绝交书,所以虽然它的质地远不能和前人的相比,但总算还是保存了下来,尽管远不能像《与山巨源绝交书》等那么流传广远,影响巨大。比如明代有名的"后七子"的领头人物李攀龙,在他的《沧溟集》里就有一篇《戏为绝谢茂秦书》,那便是他写给谢榛的绝交书。

谢榛原也是"后七子"的首领人物,李攀龙、王世贞等起先都很崇奉他。后来李攀龙日益发迹,跻身官场,而谢榛仍是一介布衣,却依旧喜欢指摘批评别人的诗作,逐渐发生矛盾,谢最后被李攀龙、王世贞等排斥,被逐出"后七子"之列,李攀龙并写了这样一封绝交书。通观全"书",尽管篇幅比朱穆、嵇康所写的全部绝交书还长,但都是对一些琐碎事情的指责甚至人身攻击,并无言及丝毫朋友大义和重大事情的分歧,可以说纯系个人意气、私利之争。试看

《明史·谢榛传》："李攀龙、王世贞辈结诗社，榛为长，攀龙次之。及攀龙名大炽，榛与论生平，颇相镌责，攀龙遂贻书绝交。世贞辈右攀龙，力相排挤，削其名于七子之列。"因个人之争，李攀龙竟把谢榛"排挤"出"七子之列"。再看《明史·李攀龙传》又说到"后七子"之结社，"诸人多少年，才高气锐，互相标榜，视当世无人，七才子之名播天下。摈先芳、维岳不与，已而榛亦被摈，攀龙遂为之魁"。这帮才高气盛的年轻人，不但目空一切，同时又内部争斗，其结果便是李攀龙取代了谢榛成为"后七子"的首脑。《明史》撰写者张廷玉等的看法自有其代表性和根据。所以随后纪昀等撰写的《四库全书总目提要》在写谢榛《四溟集》的"提要"说到他们之间的争执时也认为："七子交口诋诃，乃一时恩怨之词，固不足据为定论矣。"既是个人的"一时恩怨"，那么它发展到绝交，自然就没有什么意义可言；还要继此来写绝交书，就更写不出什么有价值的东西来。无怪乎李攀龙自己也不得不把这封绝交书冠名为"戏为"了，它不过是把胸中的怨气胡乱发泄一通罢了，自己也根本没把它当回事。因此我们今天就更不必把它当回事了。当然，我们在这里还是提到了它，那只是为了要用它来说明在封建社会后期、宋明以来的交友状况已远不可和前面相比，完全是江河日下了。这种情况看来一直并未得到改善，时至今日更显得是每况愈下。刘孝标的《广绝交论》之所以可贵，是因为它的主要意旨仍适用于今日，有利于我们观察今天的交友状况。

《广绝交论》认为交友历来有"素交"和"利交"之别。"素交"因尊奉道德操守，难能可贵；"利交"则是缺失道义，唯利是图，成了它唯一的交友原则。

今天"素交"的传统当然还是存在，而且不管社会如何变化，它也绝不会消失绝迹。只是它属于那种"淡如水"的交往，它醇厚自然，也就不易为人知晓，也不需要张扬。而"利交"者功利性强，动作也大，有了利益便罔顾一切。有的"利交"得手还自鸣得意，恣意炫耀，不知人间有羞耻事，影响极坏。

《广绝交论》把当时"利交"的表现如上所引归纳为五类，而且指出由此又引出"三衅"，即三种祸害。对这"三衅"，作者描述得十分精练，总共才三句，但内容却十分厚重丰富，尖锐深刻。以第一衅为例："败德殄义，禽兽相若。"这话多么触目惊心！只可惜刘孝标没有把它具体描绘出来，未免有点遗憾！

然而，今天朋友场中的种种现实，却无比生动、鲜明地把此一"衅"充分地展现了出来。不是吗，为了达到"利交"的目的，人们还少见过那些形形色色的丑恶和龌龊吗？诸如吹牛拍马、招摇撞骗、盗名窃利、结帮拉派、排斥异己，种种蝇营狗苟的恶行，只要能得利，什么手段使不出来？真是寡廉鲜耻，人格全无。这与刘孝标说的"败德殄义，禽兽相若"，不是十分符合、毫无二致吗？所以，说《广绝交论》如何了不起，是一点也不过分的。

朋友，只是社会生活中各种人际关系中的一种，它牵涉面最广，所以十分重要。尤其在今天的社会，由于生活的日趋繁复，加上通讯、交通的日益发展，朋友的关系和活动，早已不是一种孤立的存在，而是和其他人际关系产生互相交融，互相影响。前面说到交友活动中的种种丑恶现象，不是照样也存在其他人际关系以至整个社会生活中吗？这些现象在这里就无须具列了。

相当长一段时间以来，人们已经在议论当今社会的传统丢失、道德滑坡，并发出了许多忧虑和发表了不少意见，提出过种种办法，但对于这样一种影响深广的交友情状，却缺乏起码的关注，甚至熟视无睹，岂非咄咄怪事！今天或许应该是到了改变这种状况的时候了。

狗之德

在人类生活中，与众多动物有着千丝万缕的关系，而最为紧密、接近的，恐怕就要算是狗了。这样说，倒不是因为许多人都在把狗当成宠物饲养，绳牵手抱，亲密无间，就像家人一般，甚或过之。因为这只是近一二十年来才有的现象，而此前的悠长岁月里，中国人并不知道何谓宠物。晚清重臣李鸿章出使英国时，已故老友戈登首相的家属派人送给他一条宠物狗，此狗在全国名狗比赛中曾获得冠军狗王的称号，非常名贵。而李鸿章收到后马上叫人把它烹制吃掉了，媒体轰动，全国震惊。清廷的达官贵人尚且如此，老百姓就更不用说了。但这也不能责怪、讥笑李鸿章，此乃国情民俗不同之故也。

我们之所以仍然要把狗与人类的关系特别看重，不仅因为狗与人类生活关系悠久，远在《诗经》中就有狗的记载，更重要的是狗具有许多其他动物所不具备的特质，而且这些特质在与人的关系中发挥了重大的作用。它机智，吃苦耐劳，严于职守，忠于主人，善解人意，对主人感情深厚，矢志不二，不嫌贫爱富，常常救主人于危难，奋不顾身，直至付出生命。这些特点，是许多人也达不到的。而且这不是个别的特例，而是相当普遍的存在，这表现在古今中外的文献中有关"义犬"的记载非常多，光是宋朝李昉等人编的《太平广记》就有三十六条之多。宋代之后这类记载就更多了，而且都是真事实录。其中许多故事都非常令人感动，常为之掩卷叹息。若有有心人把它们全部辑录起来,将会是一部非常有特色的"义犬录",可惜还没有人做这么一项工作。

这样说来,人与狗的关系应该是非常亲密融和了,那些"义犬"的故事能记录、流传下来,就很好地说明了这一点。但是,也有令人费解的、极不相称的另一方面,那就是在汉语中,如从古流传至今、一直在广泛使用的成语、俗语、谚语和一般词语等之中,却充斥了许多对狗的不敬之辞,而且岂止是不敬而已,简直是大量的攻击、鄙视、蔑视、污辱、诬陷、咒骂、无中生有的不实之词,甚至多到令人难以置信的离谱程度。这些恶意的攻击与狗狗们对人类的善意态度形成了极其巨大的反差,令人不可思议。

由于这一类词语太多,我们且把它们略加分类进行胪列,以供大家一阅,给予评判。我们也准备顺便对它们作一些简单的评点,辨别是非,也就是为蒙受了许多不白之冤的狗狗们作一番起码的申雪。

一、从头骂到尾

1. 狗头军师。指那种专在背后出坏主意的人。这种人生活中倒是有不少,狗却完全不懂这一套,用狗头来形容这种人,实是对狗的最大玷污。

2. 狗眼看人低。比喻许多人共有的那种势利眼。而狗却绝无这种心态,相反,狗不嫌主穷嘛!如果是因为狗的体位较人低矮而云然,那比狗还低矮的动物不可胜数,为何一定要拿狗来说事呢?

3. 狗嘴里吐不出象牙。比喻坏人嘴里说不出好话。意思固然不错,但除了象本身之外,能有第二种动物的嘴里吐出过象牙吗?为什么非要责难狗!就是发明这句话的人,他应该是高等动物了,不知他的嘴里曾吐出过象牙没有?

4. 狗腿子。也叫走狗。是专门骂那种专为别人(主要是有权势和有钱人)效力做坏事的人。这种人非常多,也太可恶了,痛骂他们也是应该的。但怎么骂不可以?干吗非要把狗扯进来?这与狗何干?

5. 狗尾续貂。比喻用最差的东西来接续好的东西。貂是名贵动物,用任何动物的尾巴来接续貂尾,都难以叫好,这是每一个能正常思维的人都明白的,但为什么偏要用狗尾来标示呢?如果用其他动物的尾巴来接续貂尾,它的效果就会好一些吗?

二、从外骂到里

1. 狗皮膏药。比喻市场上骗人的货色。狗皮膏药原是中医传统的膏方,有很好的疗效,后因有人卖假的狗皮膏药,便被人把它作为假货的代名词,而且被公认、流传为成语。市场上的假货何所没有?为什么偏偏要用它来作假货的代称呢?大概就因为它是"狗皮"之故吧,狗何其不幸!今天狗皮膏药因狗皮不易获得,便都用白棉布来代替,而效果便差了许多。可人们照样沿用此语,岂不可悲?

2. 挂羊头卖狗肉。比喻用假招牌骗人,名不符实。这样,羊肉和狗肉的身份和地位便显得十分悬殊,成为价位的两极了。其实不然。据有关报道,羊肉与狗肉的性能差不多,均有热补的作用,适宜冬天食用。狗肉的蛋白质尤高,质量极佳,小球蛋白比例大,能增强肌体的抗病力和细胞活力以及器官功能。羊肉则有不同程度的膻味,有些人不能接受。而狗肉在民间却有香肉之称,广受欢迎。一般市场上羊肉易得,狗肉难觅,令人担心将来是否会出现挂狗头卖羊肉的情况。

3. 狼心狗肺。比喻人的心肠像狼和狗一样凶残狠毒。说狼倒还过得去。说狗,尤其是人来说狗,如果不是完全无知,就是忘恩负义、恩将仇报了。从古至今家家养狗,相处和谐,几曾见过人可以如此与狼相处的,怎能将此二者相提并论呢?

4. 狗血喷头。形容骂人骂得极其厉害、恶毒。它源起古人认为狗血可以去邪。其实狗血本有药用价值,它可以治虚劳吐血和去疮肿等疾,把它引申为一种可怕之物,乃是古时江湖老道之言,实属胡诌。

5. 狗屎堆,也常说成不齿于人类的狗屎堆。通常用来指称那种极其丑恶,因而令人恶心和深恶痛绝的东西或坏人。但是这类东西和坏人与狗屎堆之间并无必然的联系,如果当初用的是其他动物的"屎堆"来比喻,如常见的猪屎堆、鸡屎堆之类,不也可以产生相同的效果吗? 就是人屎堆也未必会比之"逊色"多少吧? 好事者之所以一定要用狗屎堆,只不过也是因为狗善被人欺之故吧。

6. 狗屁不通。用来形容说话或写文章不通顺。在此语之前,曾有狗皮不通之说,那是对的。因为它说的是狗皮没有汗腺,不能散体内之热,故酷暑炎热之时,狗常伸出舌头来散热,所以狗皮不通之说是符合科学的。后来有人把它引申为狗屁不通,就十分离谱了。说话或文章之是否通顺,和狗的放屁是否通不通,毫无关联。所以应该说,首创此话语的人才是典型的"狗屁不通"! 遗憾的是竟有这么多人在这么长时间里也跟着他如此"不通"起来。

三、从器官骂到行为

在攻击了狗的各种实体器官等之后,便转而把目标转向狗的行为。或把各种子虚乌有的行为加在狗身上,或把狗本属好意的行为加以歪曲和污蔑,然后从总体上对狗的行为予以否定。试看:

1. 狗咬吕洞宾——不识好人心。这一歇后语用来比喻人的不识好歹,善恶不分甚至恩将仇报。在现实生活中,这种人的确很多,但把狗扯来作喻,就显得逻辑不通,思维混乱。吕洞宾本来就是传说中的人物,何时何地发生过狗咬了他的事情? 而且好人或坏人本是人的概念,动物能有辨"识"的本领吗? 以此来要求狗,只能说明他对狗的偏见或居心叵测。

2. 狗急跳墙。此话用来说明人到了万分危急的时候会做出各种极端的行为来。这确是事实,这种现象也很多,正反映了人的理性很脆弱。但有几个人见过"狗跳墙"来?既然没有或者说极少有,却硬要以此作喻,不正说明又是加在狗身上的不实之词么?

3. 一犬吠影,百犬吠声。简称为吠影吠声。比喻为不明真相,随声附和的盲目行为。这是对狗的这一行为的极大歪曲。因为恰恰相反,一犬吠影,说明此狗警惕性高,一发现有可疑形影,马上大声吼叫,这一方面可给对方施加威慑,另一方面又是给主人和同伴发出信号,引起注意;而百犬吠声则说明众犬协作性相当好,一有情况,马上大家发声,使威慑力大增,这样一来,就极有可能使坏人畏而却步,让犯罪消弥在行动之前。这不是狗的优秀品质的重要表现吗?而好事者竟将之肆意诬解贬损,岂止愚昧而已。

4. 狗捉老鼠,多管闲事。这又是一大谬说。老鼠乃人类公害,人人得而诛之,岂是猫的专利!狗在看家守户的主要工作之余,还尽力抓鼠做好事,理应给予大力褒奖,岂容对之指手画脚,说三道四!既然白猫黑猫抓到老鼠的便是好猫,那么同样道理,阿猫阿狗抓到老鼠的便应该是好猫好狗,那些对狗抓老鼠看不顺眼、横加指责的人又岂是多管闲事而已。照此逻辑,那么"老鼠过街,人人喊打"的"人人"不更是"多管闲事"了吗?

5. 狗颠屁股。比喻对人拍马献媚的丑态。其实狗的这种行为,只发生在主人及其家人亲友等熟人面前,是一种亲善的表现,而对外人是没有丝毫媚态的。而且拍马、奉迎、巴结、献媚等,只是某些人特有的心态,狗的大脑思维还远没进化到这种地步,用此语来作如此的比喻,简直是以"某些人"的心来度狗之腹罢了。这对狗也是一种亵渎和诬蔑。

6. 蝇营狗苟、鸡鸣狗盗、狗行狼心。有了前面那几条实例之后,我们自然就会发现,在那些人心目中,狗的任何行为都是负面的、可恶的。因为本是正面的、好的,都可以把它说成是负面的、坏的,狗已经没有获得那些人肯定的、赞许的余地了。因此可以确定,只要牵涉到狗,就不可能有善言好语了;同样,一遇到要说丑话凶话,就常常会把狗拉来挡灾,而不管这些说法是否符合狗的实际。狗在人类生活中的地位以及与人的关系,在本文的一开头我们就说到了,怎能把它与苍蝇、鸡、豺狼去相提并论呢? 狗与它们之间的行为有丝毫相同之处吗? 没有! 只是因为遭到无端的歧视,狗才可以被任意处置。

四、从局部骂到整体

既然对狗的行为可以恣意地污蔑和歪曲,可以肆无忌惮地全盘否定,那么对整体狗自然也就可以任意编排、信口雌黄了。于是就还可以看到许多对狗的无厘头的贬损和诋毁,对狗的声誉造成极大的损害。试举数例:

1. 猪狗不如。这是骂人的低贱无耻,而狗却成了对比物中与之最接近的一种东西。在骂人声中透露出了对狗的鄙视。

2. 狗彘不食。形容人的品格极其低下卑劣,连猪狗都不吃他。其中包含的意思和上一条基本一样。

3. 鸡零狗碎。形容零碎的东西或琐碎的事情,也含有相当藐视的意思。这其实和狗就根本不相干,因为狗被歧视,所以什么事都可以拉它来顶当。

4. 金窝银窝,不如自家的狗窝。这话含有甘守贫贱,不羡慕荣华富贵之意,其志可嘉。可是同样含有把狗看得最低贱的意思。因为从实际情况来说,难道你家的鸡窝、猪窝比狗窝的品位还高吗? 为什么不拿它们来说事呢? 而且在旧时人家,鸡与猪一般是有窝的,而狗却未必,所以这样的比喻也显得不大符合实际。

5. 狗剩。世俗中有一种说法流传,孩子要能长得健康、顺利,就要给他(她)起一个低贱的名字,越低贱效果就越好。由于传统的观念中把狗看得很低贱,所以各地都有许多小孩被起小名为"小狗"、"狗儿"、"狗伢"之类，不一而足。但在这类名字中，令人最惊叹叫绝的恐怕就要数"狗剩"了。因为从字面意义来说，它就是狗之所剩，狗已经被人们鄙视、轻蔑的了，连狗都舍弃、抛剩的东西，简直难以想象它们是一些什么下贱烂污的东西了！所以采用这个名字的人也就不在少数，包括一些上流社会的人家也未能免俗。当然，这个名字也可以说是对狗贬损得最厉害，也因此是对狗伤害得最厉害的一个名字。不过，这个名字虽然起得十分刁钻，用足了心思，但使用起来却未必真正见效，它反而让这些大脑比狗们更为发达的人显得更愚昧与无知！

以上五例乍看起来，好像杂乱无章，了无关联，但只要稍加推敲便可看出，它们有一个重要的共性，就是它的矛头指向不是狗从头到尾、从外到里的某个器官，也不是狗的某种行为特征，它是把整条狗都否定、摧毁了，真难以令人不为之叹息了。

然而狗的厄运并不是到此为止，再看下去就会明白。

五、从自身骂到亲戚朋友

旧时有株连之祸，即一人获罪，连累其他人也遭殃。被株连的主要是亲戚朋友，人数可以多至千人以上，至有诛九族者，极其惨烈。不想此种惨剧，也口诛笔伐地落在狗身上，大概在动物中，只有人与狗有此遭遇，何其不幸！

1. 狗娘养的。口语中流传的一句骂人话。其实，狗娘也是狗，既然狗已遭遇到如此不堪，自然早已包括了狗娘在内，甚至狗爹、狗爷爷、狗奶奶也不能幸免，这里非要特别点出狗娘，只说明旧时的株连观念在狗身上作祟而已。

2. 狗崽子。同样也是一句骂人话。常常表现在对某一类坏人的称呼，如对侵华日军就这样称呼过，这当然玷污了狗。"文革"时对被打成"牛鬼蛇神"的人的子女也这样称呼过，那是对这些被冤屈的人的最大污辱。而使用这样一个词语在骨子里也反映了对狗的最大鄙视。其可悲的思维逻辑和"狗娘养的"是完全一样的。

3. 犬子。字面意义便是狗儿子。这是旧时人在客人面前称呼自己儿子时常常用来表示谦虚的一种称呼。但是似乎谦虚得过头了一点，因为你的儿子成了狗，你不便顺理成章地成为狗父了吗？旧时还有人，不大理会斯文人的谦虚，径直就称对方的儿子为犬子，以表示一种极度的轻蔑。《三国演义》第七十三回诸葛瑾去荆州为孙权之子向关羽的女儿说亲，关羽勃然大怒说："吾虎女安肯嫁犬子乎！"就表达了这种意思。不过，不管上面说的哪种情况，都株连了狗的儿子。

4. 狐朋狗友。泛指社会上那些游手好闲，不务正业，专事吃喝玩乐的坏朋友。这种人倒是有不少，但和狗却完全沾不上边。把"狗友"也拉进来，正和"狗崽"、"狗娘"一样，也是一种株连。

5. 狐群狗党。比喻勾结在一起专做坏事的一帮坏人。它和上一条的内容十分相近，因此有关的评说也完全可以相通，无须重复。但这一条的存在并不多余，因为它可以特别加深人们的感知。

从狗出发，狗娘、狗崽都串在一起，可谓三代株连。狗本来无所谓朋友，更谈不上同党，也都给拉上了，可以说，狗的宗族"伦常"一项都没放过，而且没有的也加上了，狗如有知，不知会作何感想！

以上所举共约三十条常见的词语，把狗从头到尾，从外到里，把它的行为、它的整体以及身外的亲属朋友，都骂了个"狗血淋头"，糟蹋得体无完肤。这种情状不但沿用了千数百年，而且有的还是新近的创作，如"狗崽子"、"狗娘养的"以及一些十分粗鄙、完全不值得为它作宣传的词语！而狗呢，它对人始终和谐融合，忠心不二，尽力为人服务，而且与时俱进：在过去长时间里，它主要参与狩猎、放牧以及看家守护，而在现代社会里，已经出现了军犬、警犬、导盲犬等，它们为国家、社会作出了重大贡献，它们之所为，有许多是人力所不及的。

在人与狗的关系中，其态度的反差是如此之大！

人是有智慧的生物，为万物之灵，自然不能把人与其他动物相提并论。但说了上面那么多人与狗有关的事情之后，便会觉得有一些人其实是不如狗的，单就精神品质层面着眼，也可看出这种区别来。比如：

狗对它的主人绝对忠诚，从无二心，而人类中的各种叛徒，从古至今代有其人；

狗不嫌贫穷，从不挑富弃贫，而贪富厌穷的人却比比皆是；

狗从不构陷同类，而人却常常算计别人，以攫取利益；

狗胸怀坦荡，朴素单纯，而吹牛拍马、弄虚作假、招摇撞骗的却大有人在；

狗在为主人作出了贡献后，依然保持常态，不会邀功求赏，不事张扬，而有的人在取得某些成绩后，往往便要求获得相应甚至超出的回报，否则便心生怨恨，而得到了便趾高气扬，忘乎所以，甚至得志便猖狂，成了中山狼；

狗除了填饱肚子之外，没有更多的物质要求，更不会储存食品和积攒财物，而人却有过多的贪欲，除了正常的合理的物质诉求之外，有的人为了无止境地满足私利，可以无视法律，罔顾道德，小则偷抢扒窃，大到杀人越货，更有甚者，攻城掠地，窃国窃侯，无所不为……

人与狗的这类差别自然还有，但无须多列。如果要概括归总一句话，或许可以说，人有好人与坏人、君子与小人之别，狗则绝无。因此，从这一点来说，有些人绝对比狗还不如。

古代也确实已有人有见于此，还呼吁过人要向狗学习。他便是清朝的著名学者纪晓岚。在他的《阅微草堂笔记》卷五中记载了这样一件事，他流放到乌鲁木齐时，曾养了几条狗，后来他被赦回京师时——

　　一黑犬曰四儿，恋恋随行，挥之不去，竟同至京师。途中守行箧甚严，非余至前，虽僮仆不能取一物，稍近辄人立怒啮。一日过辟展七达坂，车四辆，半在岭北，半在岭南，日已曛黑，不能全度，犬乃独卧岭巅，左右望而护视之，见人影，辄驰视。……至京岁余，一夕中毒死。或曰：奴辈病其司夜严，故以计杀之，而托词于盗，想当然矣。余收葬其骨，欲为起冢，题曰义犬四儿墓。……仅题额诸奴所居室曰"师犬堂"而已。

这还真的是一条好狗，若果真被那几个仆人毒死了，确是十分可惜。纪晓岚提出狗有人值得学习之处，可以说非常有见地。感到不足之处是，他的"师犬"之说只是针对那几个被怀疑毒死了狗的仆人，眼光便显得颇为狭窄了，须知还有更多的人都应该向狗学习的。

狗的那么多优秀特点和性格，把它称为狗的品德，亦可当之无愧。因为它们不是一种偶然的表现，而是普通的长期的存在。这是没有人能否认得了的。说狗也有可以学习的地方，那是客观事实，并非降低人的尊严。

其实，如果把眼光放宽一点，则恐怕还有其他一些动物也可以被发现有人可以向它学习之处，《大学》第四章《释"止于至善"》开头说：

> 《诗》云："邦畿千里，维民所止。"《诗》云："缗蛮黄鸟，止于丘隅。"子曰："于止，知其所止，可以人而不如鸟乎！"

大概人世间有许多人都不懂得自己应该"止"于何所，而这只小黄鸟却懂得"止"于适合自己的小山丘上，所以孔子便不禁发出感慨说："可以人而不如鸟乎？"而现实中不少人不如狗的地方可谓多多，这种人为了个人私利，不择手段，丑态百出，令人作呕，而自己却毫无自知之明，真是可悲！我们是否也可以仿效孔子为之大喝一声：可以人而不如狗乎？！

中国古代小说研究的新成果

——评《中国四大古典小说论稿》

中国四大古典小说——《三国志通俗演义》、《水浒传》、《西游记》和《红楼梦》，是我国古代小说在群众中流传最广、影响最大的四部小说，也是学界研究最勤，同时也似乎是歧见最多的几部小说。一时间要做到有新的突破，看来也非易事。近读张锦池先生新著《中国四大古典小说论稿》（以下简称《论稿》），在并不太长的篇幅中，要论及四部长篇巨制，首先觉得是一件颇为费力的工作。但读过之后，却感到《论稿》在许多问题上时有创见新解，给人以启示，确是一部力作。

新见首先表现在作者另具只眼，自得妙悟，对某些问题提出了与前人和时贤完全不同的看法。如《三国志通俗演义》的主题或曰意旨，是长期以来争论不休的一个问题，诸说迭出，歧见纷呈，《论稿》却经过细密的论证，提出这部书"实际上是说给有志王天下者听的英雄史诗"，其中"宣扬了一种'三本思想'，那就是，民心为立国之本，人才为兴邦之本，战略为成败之本。这种'三本思想'一以贯穿全书，成为作者褒贬诸镇的准则，不吐不快的方略，从而也就使作品成为一部千古不朽的形象的《资治通鉴》"。这是一种全新的见解，也是作者会心之见。

新见的另一种表现是在前人不同意见的基础上，经过周密的科学论证，从而得出结论。虽与前人某种意见相合，但其论据却完全不同，因而仍然显得新意盎然，使原有的结论获得更新的活力。如《西游记》中孙悟空的"血统问题"，这既是一个有趣的问题，也是关系到这个形象的价值的重要问题。过去对孙悟空形象的血统大致有三种看法，即鲁迅主张的脱胎于唐李公佐《古岳渎经》中水神"无支祁"的"国货"说；胡适的来源于印度史诗《罗摩衍那》中猴神哈奴曼的"进口"说以及季羡林、蔡国梁提出的前两说相结合的"混血猴"说。而《论稿》经过层层深入的分析，提出孙悟空形象是"孕育于道教猿猴故事的积淀，又发展于释道二教思想的争雄，且定型于个性解放思潮的崛起。当然是典型的'国产'猴"的说法。在这同时又驳辩了另两说："如果他是'进口'猴或'混血'猴，那就意味着哈奴曼故事不仅早已传入中国，而且在当时社会上还产生了非同寻常的影响，这与史实不符。"其立论新颖，驳论又是有力的。

在其他许多问题上，本书亦时出己见。如对《水浒传》的总体评价，学界长期处于"歌颂农民起义的英雄史诗"与"宣扬投降主义的反面教材"的尖锐对峙之中，而《论稿》却抛开了这两种意见，认为："《水浒传》里的梁山好汉的形象在作者心目中是'乱世忠义'的形象；《水浒传》所宣扬的忠义思想是爱国主义思想与民本主义思想的结合；《水浒传》的主题是颂扬忠义，鞭挞奸佞，憧憬好皇帝；《水浒传》作者写此书的目的是想总结北宋灭亡的原因，并为后来者戒。"此外，如在《红楼梦》以及其他几部小说的结论等方面也都广泛地反映了作者的独立见解。

文艺作品，尤其是内容丰富而又复杂的长篇巨制，如中国的几部古代长篇著名小说，由于研究者观点、角度、方法等的不同，得出的结论也往往各异，这是文学作品研究和评论中的正常现象。在这里是没有也不可能有什么绝对的标准答案的，否则，所谓研究工作就要止步了。一般来说，只要有自己的看法，而这些看法是言之成理，持之有故，不是架空的大话，不是故欲标新立异而作哗众取宠之说，大体也就可成为一家之言。它可以让读者将之去与其他说法相比较,去评断其长短优劣。同样,《论稿》中提出的种种新见,包括前面举出的种种看法,未必都能得到大家的首肯,甚至笔者也不一定完全同意其中的一些看法,但这并不妨碍这部著作的价值,它同样可以在众说纷纭中,成为有见地的一家之言。这种情况和《论稿》有下面一些研究特点是分不开的。

首先,《论稿》注意充分占有资料,在此基础上再加详细分析,因而能得出比较令人信服的结论来。如在论宋江的艺术形象及其历史发展时,《论稿》从五个方面进行了考察,在最后一个方面谈"宋江接受招安后的结局如何"时,就考察了不同历史时期水浒故事所叙述的宋江接受招安以后命运的变化及其原因,作者依次对"信史"《东都事略》、《宋史》,产生于宋元之际的龚开《宋江三十六赞并序》、《宣和遗事》,现存的元人六种水浒戏,直至《水浒传》,作了详细的考察分析,在这样基础上得出来的结论,自然就是从事实的全部总和及其联系中得出来的,而不是从某些片断的事例中随便挑出来的,因而是有说服力的。这种特点同时也贯穿在全书的其他问题的论述中。

其次,与注意对问题进行历史的纵向考察相结合的,是《论稿》还善于在开阔的横断面上多角度地进行考察,形成了八面来风之态势,这样就使归结到最后一点上的结论显得既生成自然又特别有力。这种例子颇多,兹不详列。这里还想提到一点的是,在这过程中,作者还显示了善于思索和开拓新意的能力。如"孙悟空与观音的关系",这是论者极少涉及的问题,《论稿》不但别出心裁提出和分析了这个有趣的问题,还用它来作为阐述其他问题的一个重要侧面,自然显得别开生面。

最后,在《论稿》的论证过程中,还显出了作者在对作品的微观研究上所下的工夫颇深,有不少见解就是在这个基础上产生的。笔者认为,对作品的微观研究,乃是研究文学作品的一个基本功,缺少这一环,光说一番大理论或堆砌一套新名词,就容易失之空泛，令人读后茫无头绪，现实中确也不乏这种现象，而《论稿》在这方面却做了很好的工作。如论述《三国志通俗演义》创作本旨的"三本说"，就是详细而具体地通过作品中的大量的故事情节、人物对话、场景描写等多方面进行比较分析而得出来的，因而不仅显得见解新颖，而且论据扎实，非徒好标新立异，而又缺乏事实根基者所可比。这是很值得提倡的。

　　锦池先生长期从事教学工作，他的授课深受同学欢迎，应该说是和这种扎实的研究工作分不开的。《论稿》的文字乃是来自授课的讲稿，因此可以说，它是多年来已经受过相当一部分青年大学生的检验而且获得了好评的。

　　按作者在《后记》所说，《论稿》在结构安排上，每书三章，依次谈主题、渊源和艺术经验。而实际上并非完全如此，有的艺术经验部分也主要只谈到艺术结构问题，似觉尚未概括出该四书的全部重要问题，如具体的人物分析、多方面的艺术特点和成就等，因而仍给人以此书乃长篇论文结集之感。以后若能在突出原有重点的基础上，再补充其他一些方面的内容，使之更完善些，将能更多地满足读者的愿望。有了现在的基础，相信是完全可以做到的。

《陶潜评传》读后

　　提起陶潜(字渊明)，许多人都知道他是我国东晋时著名的大诗人，古今中外学者研究他的著作也很多，自然也是把他作为一位诗人来进行研究的。近日又有李锦全先生的《陶潜评传》(以下简称《评传》)问世，在未打开该书封面阅读之前，却发现了它的一个非同一般之处：它是作为南京大学出版社出版的"中国思想家评传丛书"中的一种出版的，显得别开生面。也因此，从某种意义来说，它也是陶潜研究中的另辟蹊径之作。

　　中国古代有许多著名人物，他们或在某一方面出类拔萃，有的则可能在多方面获得了突出的成就，但相当长的一段时期以来，在研究者那里，则不管是哪一类人，也往往只着重研究他的某一个方面，有时虽兼及其他，也只是作为一种背景材料，或旁及兼顾，略为提及而已，而很少给读者提供一个完整的全人，于是"横看成岭侧成峰，远近高低各不同"，读者则往往很难从这些著作中窥其庐山真面目。这种状况，就是在应该有权威性的一些辞典中亦是如此。如中华书局的《辞海》，在其分卷中，则有不少"一气化三清"的人物，哲学、历史、文学卷中他们都赫然在目，就是经济、法律以至科技分卷中同样占有一席之地的也不乏其人。

　　产生这种情况，原因可能是多方面的。但其中可能带有普遍性的一点是，近世的研究者们术业有专攻，而且趋势又是愈专愈深，且又愈深愈窄，至其结果则是对所专之外的东西没有兴趣或无能问津,更多的是两者兼而有之且又恶性循环,最终则是本来与其所专有密切关系的领域,自己却自觉或被迫站在了它的门槛之外。

也许是深知这种状况的普遍存在,所以哲学史家李锦全先生在撰写此书之前就按照一般常理感到:"作为我的研究方向来说,抛开比较熟悉的思想家不写,却选了著名的大诗人陶潜……写起来确是有点费力不讨好"(《后记》)。可是李先生却是自觉、甘愿选了这件"费力"的工作来做的,这点精神就十分难得。而更可喜的是"费力"之后并非"不讨好",而是此书作为对一个人的整体评价,让读者看到一个陶潜的全人这方面来说,是很成功的。简略来说,《评传》对陶潜思想的直接评论,是非常全面、充分而又细致的,在同类著作中可说是个突破。这是读了第四章后自然会产生的一种感受。能做到这一点,除了作者写作态度的勤奋努力之外,大概也和与作者的研究方向一致有关。而在这同时,陶潜主要是以一个大诗人享名于世的,按照作者自己的说法,对诗歌方面的研究,是不合他的"正业"的,但当我们读了第五、六两章对陶诗思想、艺术的分析之后,却实在地感受到,李先生在这方面也是行家里手,有其独到的见解。如果说此书与一般文学史家的分析陶潜诗有何不同的话,那便是它还多了一份与一个思想家紧密相关的丰厚内涵,它使陶潜作为一个思想家的地位更充实、更突出了:陶潜不仅是一个诗人。

《评传》一开始,从第一至第三章,用了超过全书三分之一的篇幅,写了陶潜所处的时代、他的家世与生平以及当时的思潮与学术环境,只要认真一读,就会感到这是相当费力气的部分。作者要这样做,乃是遵循了传统的知人论世的研究方法,他在书中也明确说到过:"要评价一个人,需要知人论世,鲁迅所谈的原则是对的。"(第264页)纵观全书可知,通过知人论世,作者就把陶潜放在了一个特定的历史背景下,因此能客观而又准确地把握他。从效果上来看,也能使读者一目了然,得其全人,让读者和作者顺畅地沟通起来。这可说是一个很科学的方法,也是经过时间检验的一个行之有效的方法。本书正是成功地运用了这一方法,才使得它对陶潜的思想能得出一个科学而又全面的评价。在对陶潜的研究史上,论者或强调他的"清高",或注重他的"气节",或如今天的一些论者对认为陶潜是隐逸者和新自然说都给予彻底的否定,而把陶潜提高到同一切统治阶级决裂的立场。而本书则遵循着"知人论世"的方法,指出"陶潜由于受到时代、出身及个人遭遇等各方面的影响,他的思想是矛盾而复杂的,并且前后也有所变化",并且作了具体的分析,认为他否定了佛、道的迷信思想,他的自然观是倾向于元气说的无神论。而对人的富贵贫贱,人的寿夭祸福,因自己无法控制,只好归之为自然命定论。而他的为人为文则是文如其人而又人如其文,而"真淳"二字则是他为人为文的全面、最好的概括。这个最后总结可说是全面而又符合陶潜其人其文的真实情况的。

可惜一个时期以来,有些人却把知人论世的方法一概摒弃,视之为过时之物,殊不知要真正运用好此方法却是不容易的,它要求有坚实的学问功底和踏实的治学态度,不是谁想做就能做得到的。当然,这样说并不认为这是唯一的方法,对待不同的研究对象是完全可以采取不同方法的,但盲目排斥此方法,则无疑是未见颜色之论也。

最后还有一点感受,就是把一个著名的大诗人作为思想家来写,是必须他首先能算得上是一个思想家才行,这一点陶潜自然是当之无愧的。早此之前,陈寅恪先生就指出了陶潜把道教之旧自然说创变为新自然说,因此陶潜"实为吾国中古时代之大思想家,岂仅文学品节居古今之第一流,为斯世共之者而已哉"(《陶渊明之思想与清谈之关系》)。而另一个恐怕是更重要的原因,乃李先生十分重视人之思想品节,该书《后记》中说:"同时我又认为:中国古代的知识分子,无论是出仕或是归隐,或从事各种行业,社会上总是先评价其为人，也是评价其为人的思想，所谓道德文章总是把做人摆在前面。"陶潜的时代，"真风告逝，大伪斯兴"（陶潜《感士不遇赋》）的风气笼罩整个社会，李先生却偏能选出"文学品节居古今之第一流"的陶潜来为之作评传，正表现了他思想、目光独到之处。在今天利欲横流，不少舞文弄墨之士亦不知品节为何物的情况下，多出版和介绍一些这样的著作，不也是十分有意义的事情吗？

后　记

　　因为在中文系较长时间从事明清文学史、《红楼梦》研究等课程的教学工作，根据科研要与教学相结合的要求，再加上个人的一点兴趣，所以在写作时，较多的是写了一些有关《红楼梦》方面的文章。在这同时，不免也写过一些其他的文章，涉及范围比较广，哲学社会科学内的许多内容都有，因为许多是为了参加一些学术研讨会而写，也可说是遵命文章。当然也有一些是因其他原因而写的。发表后也就没管它们了。

　　如今得闲了，想将它们作点归纳整理，却一时搜集不起来。后经年轻的朋友帮忙，有些文章还是找不到，也可能是题目记错了；却也意外找到过已被遗忘了的文章。人老了，健忘总是难免的。

　　经过一番检阅，共选出二十四篇组成此集。其中《〈西游记〉校注前言》一文是和戚世隽同志共同完成的。

　　由于这批文章撰写的时间跨度较长，题材和内容也没有相互的关联，所以显得内容较为驳杂，水平也自然参差不齐，甚至还不免有谬误之处，有待高明指正。可以自幸的是，不管是什么时候、写的是什么问题，在社会思潮剧烈变化的几十年里，这些文章所禀承的理念与意趣却始终如一，从未改变，或许这也可以算得上是一种信守吧。

　　在整理文稿时，偶然发现一张若干年前参加中学同学聚会时，在母校东隅快阁下的一张合影，眼前为之一亮。快阁是北宋著名诗人黄庭坚在我的故乡江西泰和（当时叫太和）县做了三年知县时所建，为他公务之后的憩息之所，楼高三层，历经毁塌，又被重建，后成了泰和中学的图书馆。所以是我六年中学生活经常流连之处。黄庭坚曾写了一首七律《登快阁》诗，是他的著名诗作之一。我特别喜欢它的颔联两句："落木千山天远大，澄江一道月分明。"每次读到它、想起它，故乡的景色便如在目前。因此当我一看到这张照片时，差不多就马上决定要借用其中两个字作为本集的书名，这便是《澄明集》书名的由来。它表示了一种游子对故乡的眷念之情。也解决了一个起名的小难题。

这里所辑的一批文章，大抵都是近四十来年的作品，校读一过之后，竟引发出对许多往事的回忆，虽远离数十年，却历历如在目前。唏嘘之余，只剩下一句现成的话了：逝者如斯夫？

曾扬华

二〇一六年之夏

图书在版编目(CIP)数据

澄明集 / 曾扬华著. —上海：东方出版中心，
2017.1
ISBN 978 - 7 - 5473 - 1043 - 4

Ⅰ. ①澄… Ⅱ. ①曾… Ⅲ. ①社会科学—文集 Ⅳ.
①C53

中国版本图书馆 CIP 数据核字(2016)第 280088 号

澄明集

出版发行：东方出版中心
地　　址：上海市仙霞路 345 号
电　　话：(021)62417400
邮政编码：200336
经　　销：全国新华书店
印　　刷：常熟市新骅印刷有限公司
开　　本：890×1240 毫米　1/32
字　　数：279 千字
印　　张：11.25
版　　次：2017 年 1 月第 1 版第 1 次印刷
ISBN 978 - 7 - 5473 - 1043 - 4
定　　价：59.00 元

东方出版中心邮购部　电话：(021)52069798